Die Aufgabendelegation
an die Handwerkskammern als
wirkungsorientierte Verwaltungsführung

AF828369

Europäische Hochschulschriften

European University Studies
Publications Universitaires Européennes

Reihe II **Rechtswissenschaft**

Series II Law

Série II Droit

Band/Volume **5579**

Nicole S. Blinn

Die Aufgabendelegation an die Handwerkskammern als wirkungsorientierte Verwaltungsführung

PL ACADEMIC RESEARCH

Bibliografische Information der Deutschen Nationalbibliothek
Die Deutsche Nationalbibliothek verzeichnet diese Publikation in der Deutschen Nationalbibliografie; detaillierte bibliografische Daten sind im Internet über http://dnb.d-nb.de abrufbar.

Zugl.: Mainz, Univ., Diss., 2013

D 77
ISSN 0531-7312
ISBN 978-3-631-64637-3 (Print)
E-ISBN 978-3-653-04045-6 (E-Book)
DOI 10.3726/978-3-653-04045-6

© Peter Lang GmbH
Internationaler Verlag der Wissenschaften
Frankfurt am Main 2014
Alle Rechte vorbehalten.
PL Academic Research ist ein Imprint der Peter Lang GmbH.
Peter Lang – Frankfurt am Main · Bern · Bruxelles · New York · Oxford · Warszawa · Wien

Das Werk einschließlich aller seiner Teile ist urheberrechtlich geschützt.
Jede Verwertung außerhalb der engen Grenzen des Urheberrechtsgesetzes ist ohne Zustimmung des Verlages unzulässig und strafbar.
Das gilt insbesondere für Vervielfältigungen, Übersetzungen, Mikroverfilmungen und die Einspeicherung und Verarbeitung in elektronischen Systemen.

Dieses Buch wurde vor Erscheinen peer reviewed.

www.peterlang.com

In Liebe und Dankbarkeit meinen Eltern

Vorwort

„Die Neugier steht immer an erster Stelle eines Problems,
das gelöst werden will.“

Galileo Galilei

Diese leicht geänderte Arbeit wurde im Sommersemester 2013 von der Fakultät für Rechts- und Wirtschaftswissenschaften der Johannes Gutenberg Universität in Mainz als Dissertation angenommen. Rechtsprechung und Literatur befinden sich auf dem Stand vom November 2013.

Danken möchte ich an dieser Stelle Herrn Professor Dr. Uwe Volkmann, an dessen Lehrstuhl ich fast zwei Jahre als wissenschaftliche Mitarbeiterin tätig war. Mit Anregungen und (umfangreicher) Kritik hat er wesentlich zum Gelingen der Arbeit beigetragen. Das Erstgutachten hat er innerhalb nur weniger Wochen erstellt. Danke gilt ebenso Frau Professorin Dr. Elke Gurlit für das Erstellen des Zweitgutachtens.

Herzlich danke ich meiner Schwester Dr. Nadine Rosenkranz, die mir jederzeit mit Rat und Tat zur Seite stand.

Weit mehr als Dank gebührt meinen Eltern. Sie haben mich jederzeit liebevoll und uneingeschränkt in jeglicher Hinsicht unterstützt und meinen Weg begleitet. Ihnen widme ich diese Arbeit.

Frankfurt, im Dezember 2013 — Nicole S. Blinn

Abkürzungsverzeichnis

AEUV	Vertrag über die Arbeitsweise der Europäischen Union
ALR	Allgemeine Landrecht für die preußischen Staaten
Anm.	Anmerkung
Art.	Artikel
AöR	Archiv des öffentlichen Rechts
BayVBl	Bayrische Verwaltungsblätter
BB	Betriebsberater
BBi	Berufsbildungsgesetz
BBiGuaZustV	Landesverordnung über Zuständigkeiten für die Berufsbildung nach dem Berufsbildungsgesetz und der Handwerksordnung
Bd	Band
Begr.	Begründer
BGH	Bundesgerichtshof
BGHZ	Entscheidungen des Bundesgerichtshofs in Zivilsachen (Amtliche Sammlung)
BHO	Bundeshaushaltsordnung
BremStH	Staatsgerichtshof der Freien Hansestadt Bremen
BVerfG	Bundesverfassungsgericht
BVerfGE	Entscheidung des Bundesverfassungsgerichts (Amtliche Sammlung)
BVerwG	Bundesverwaltungsgericht
bzw.	beziehungsweise
DHI	Zeitschrift des Deutschen Handwerksinstituts
DHKT	Dachverbände Deutsche Handwerkskammertag
DIHK	Deutscher Industrie- und Handelskammertag
DL-RL	Dienstleistungsrichtlinie
DVBl	Deutsches Verwaltungsblatt
DÖV	Die Öffentliche Verwaltung
f.;ff.	Folgende, Fort folgende
Fn.	Fußnote
Fs	Festschrift
gem.	gemäß
GewArch	Gewerbearchiv
GewO	Gewerbeordnung
GewRZustV RP	Landesverordnung über die Zuständigkeit im Gewerberecht
GG	Grundgesetz
ggf.	gegebenenfalls

GRUR	Gewerblicher Rechtsschutz und Urheberrecht
Gs	Gedächtnisschrift
GVBl	Gesetz- und Verordnungsblatt
GWB	Gesetz gegen Wettbewerbsbeschränkungen
HandwO	Handwerksordnung
HdbStrR	Handbuch des Staatsrechts
Hrsg.	Herausgeber
i. w. S.	im weiteren Sinne
i.d.R.	in der Regel
IHK	Industrie- und Handelskammer
IHKG	Gesetz zur vorläufigen Regelung des Rechts der Industrie- und Handelskammern
iSd	im Sinne des
iVm.	in Verbindung mit
JR	Juristische Rundschau
JuS	Juristische Schulung
JZ	Juristenzeitung
KGSt	Kommunale Gemeinschaftsstelle
krit.	kritisch
LHO	Landeshaushaltsordnung
LKRZ	Zeitschrift für Landes- und Kommunalrecht - Hessen - Rheinland-Pfalz - Saarland
m. w. N.	mit weiteren Nachweisen
MWVLW	Ministerium für Wirtschaft, Verkehr, Landwirtschaft und Weinbau
NJW	Neue Juristische Wochenschrift
NPM	New Public Management
NRW	Nordrhein- Westfalen, nordrhein- westfälisch
NVwZ	Neu Zeitschrift für Verwaltungsrecht
NZBau	Neue Zeitschrift für Baurecht und Vergaberecht
OLG	Oberlandesgericht
OVG	Oberverwaltungsgericht
OWiG	Gesetz über Ordnungswidrigkeiten
RGZ	Entscheidungen des Recihsgerichts in Zivilsachen (Amtliche Sammlung)
RhPf	Rheinland- Pfalz
Rn.	Randnummer
RPHwOZVO	Landesverordnung über Zuständigkeiten nach der Handwerksordnung und dem Schwarzarbeitsbekämpfungsgesetz
sog.	so genannten
UWG	Gesetz gegen den unlauteren Wettbewerb
VerfGH	Verfassungsgerichtshof

VerwArch	Verwaltungsarchiv
VG	Verwaltungsgericht
VGH	Verwaltungsgerichtshof
vgl.	vergleiche
VgV	Vergabeverordnung
VVDStRL	Veröffentlichungen der Vereinigung Deutscher Staatsrechtslehrer
WAB	Die Wirtschaft zwischen Alb und Bodensee/ IHK Ulm
WiVerw	Wirtschaft und Verwaltung
WRP	Wettbwerb in Recht und Praxis
z. B.	zum Beispiel
ZAS	Zeitschrift für Arbeits- und Sozialrecht, Österreich
ZDH	Zentralverband des Deutschen Handwerks
ZG	Zeitschrift für Gesetzgebung

Inhaltsverzeichnis

Abkürzungsverzeichnis XVII

1. Kapitel Einleitung 1

2. Kapitel Die Handwerkskammer als Träger funktionaler Selbstverwaltung im staatlichen Gefüge und ihre Aufgaben 5

I. Rechtliche Stellung der Handwerkskammer 6

1. Errichtung einer Handwerkskammer 7

a) Konstitutive Merkmale 8

b) Verfassungsrechtliche Maßgaben 10

2. Verortung der Handwerkskammer im staatlichen Verwaltungsaufbau 12

a) Die Handwerkskammer als Teil der öffentlichen Verwaltung 12

b) Einordnung in die mittelbare Staatsverwaltung 16

II. Funktionen der Selbstverwaltung in der freiheitlichen Demokratie 18

1. Betroffenenpartizipation 19

2. Integration gesellschaftlicher Interessen 20

3. Disziplinierung 20

4. Dezentralisierung 21

5. Staatsentlastung 22

III. Aufgabenbereiche der Handwerkskammer 22

1. Eigener Wirkungskreis (Selbstverwaltungsaufgaben) 24

a) Pflichtaufgaben 26

b) Freiwillige Aufgaben 29

2. Übertragener Wirkungskreis (Auftragsangelegenheiten) 30

IV. Selbstständigkeit und Eigenverantwortlichkeit 31

1. Gestaltungsspielräume 32

2. Aufgabenfindungsrecht 35

V. Grenzen der Aufgabenausgestaltung 35

1. Verbandskompetenz 36

a) Sachliche Komponente 36

b) Personelle Komponente 36
c) Territoriale Komponente 37
2. Verfassungsrechtliche Grundsätze 37
3. Grundsatz der Verhältnismäßigkeit 38
4. Neutralitätsgebot 38
5. Aufsichtsrecht 39

3. Kapitel Einordnung der funktionalen Selbstverwaltung in das Modell der Neuen Verwaltungsrechtswissenschaft 41
I. Ursachen und Anlass der methodischen Neuausrichtung 42
1. Ansatz des New Public Managements 44
2. Das Neue Steuerungsmodell und die wirkungsorientierte Verwaltungsführung 45
II. Verwaltungswissenschaft als Steuerungswissenschaft 47
1. Handlungsorientierter Steuerungsbegriff 49
2. Handlungstheoretische Perspektive des Steuerungsakteurs 50
3. Das Steuerungsmedium Recht 51
4. Verwaltungsorganisation als Steuerungsressource 53
a) Verwaltungsorganisation als Teil der organisierten Staatlichkeit 54
b) Steuerung durch die Verwaltungsorganisation 54
c) Selbststeuerungspotenzial der Selbstverwaltung . . . 56
d) Steuerungsleistung der Selbstverwaltung 57
aa) Dezentralisierungskonzept 57
bb) Verzahnung von Staat und Gesellschaft 59
cc) Disziplinierungsinstrument 60
dd) Betroffenenpartizipation 61
ee) Methode der Integration gesellschaftlicher Interessen in die Staatsorganisation 62
ff) Staatsentlastung 62
e) Steuerung der funktionalen Selbstverwaltung 63
III. Die Aufgabendelegation als Steuerungsmittel 64
1. Dezentralisierungsbestrebungen 65
a) Erscheinungsformen der Dezentralisation 65
b) Verteilung der Steuerungskompetenzen 68

c) Beurteilung der Dezentralisation anhand von klassischen
Maßstäben des Verwaltungshandelns 70
2. Deregulierungsbestrebungen und
Effektivitätssteigerung 71
a) Deregulierung 72
b) Effektivitäts- und Effizienzsteigerung 72
IV. Wirtschaftsverwaltungsrecht als
Lenkungsrecht 75
1. Zielsetzung und Instrumente der
Wirtschaftslenkung 76
2. Wirtschaftsförderung 77
3. Wirtschaftliche Betätigung der Handwerkskammer . . . 79
a) Wirtschaftstätigkeit als zulässige Betätigung 80
b) Formen zulässiger Wirtschaftstätigkeit 81
c) Grenzen der Wirtschaftstätigkeit 82
aa) Verbandskompetenz 82
aaa) Sachliche Komponente 83
bbb) Personelle Komponente 83
ccc) Territoriale Komponente 84
bb) Wirtschaftliche Tätigkeit von privaten Konkurrenten 86
aaa) Verbot des Verdrängungswettbewerbs . . . 87
bbb) Allgemeines mitgliedschaftliches Rücksichtnahmegebot 88
cc) Vorgaben des allgemeinen Wettbewerbsrecht . . 89
aaa) Missbrauch der hoheitlichen Stellung . . . 90
bbb) Preisunterbietung 90
ccc) Verquickung öffentlicher und erwerbswirtschaftlicher
Tätigkeiten 91
ddd) Marktstörung 91
dd) Anforderungen des Vergaberechts 92
aaa) Auftragsvergabe unterhalb des Schwellenwertes 93
bbb) Auftragsvergabe oberhalb des Schwellenwertes 94
4. Wirtschaftsüberwachung 99

4. Kapitel Rechtliche Anforderungen an die Aufgabendelegation 101

I. Verfassungsrechtliche Delegationsanforderungen 102
1. Absolutes Delegationsverbot: Genuine Staatsaufgaben 103
a) Die Staatsaufgaben in der wissenschaftlichen Diskussion 103
b) Begriff und Definition der genuinen Staatsaufgaben . 106
2. Relative Delegationsverbote 107
a) Wahrnehmung legitimer öffentlicher Aufgaben 107
aa) Begriff der öffentlichen Aufgabe 108
aaa) Öffentliche Aufgaben als Aufgaben, mit denen sich der Staat befasst 111
bbb) Öffentliche Aufgaben als von nichtstaatlichen Trägern erfüllte Aufgaben 112
ccc) Öffentliche Aufgaben als Aufgaben von öffentlichem Interesse 112
bb) Qualifizierung einer Aufgabe als öffentliche Aufgabe 114
cc) Legitimität einer öffentlichen Aufgabe 115
aaa) Der Begriff der legitimen öffentlichen Aufgabe 116
bbb) Legitime öffentliche Aufgaben eines funktionalen Selbstverwaltungsträgers 119
dd) Zusammenfassung und Arbeitsdefinition 121
b) Sonstige verfassungsrechtliche Anforderungen 121
II. Europarechtliche Anforderungen an die Aufgabendelegation 123

5. Kapitel Erweiterungen des Aufgabenbereichs der Handwerkskammer an Beispielen 127
I. Modalitäten der Erweiterung des Aufgabenbereichs 127
1. Vorliegen einer legitimen öffentlichen Aufgabe 129
2. Positive Indikatoren der Delegierbarkeit 130
II. Das Modell der One-Stop-Agency 131
1. One-Stop-Shop der Handwerkskammern 132
2. Das rheinland-pfälzische Landesgesetz über die Beleihung der Handwerkskammern mit Aufgaben nach der Gewerbeordnung 132
a) Rechtliche Grundlage des Rechtsinstituts der Beleihung 133

aa) Juristische Personen des öffentlichen Rechts als potenzielle Beleihungsadressaten 135
bb) Rechtsstellung des Beliehenen 138
b) Rechtsfolgen der Wahl des falschen Rechtsinstituts . 142
aa) Formenmissbrauch durch die Wahl des Rechtsinstituts 142
bb) Nichtigkeit wegen Verstoßes gegen die Gesetzgebungskompetenz 143
cc) Nichtigkeit wegen Verstoßes gegen das Rechtsstaatsprinzip 145
3. Bewertung der Übertragung des § 14 GewO auf die Handwerkskammer 146
a) Legitime öffentliche Aufgabe 147
b) Wirkungsorientierte Verwaltungsführung 148
III. Die Handwerkskammer als Einheitlicher Ansprechpartner 148
1. Rechtliche Grundlagen 149
2. Legitime öffentliche Aufgabe 151
3. Umsetzung und ihre Bewertung 152
IV. Mitwirkung bei staatlicher Handwerksförderung 154
1. Wirkungsorientierte Verwaltungsführung 154
2. Legitime öffentliche Aufgabe 155

6. Kapitel Schlussbetrachtung 157

Literaturverzeichnis 159

1. Kapitel Einleitung

Der durch die europäische Integration verursachte Anpassungsbedarf, aber auch neue betriebswirtschaftliche Erkenntnisse haben einen „Reform-, Modernisierungs- und Innovationsdruck“[1] auf den Bereich der öffentlichen Verwaltung ausgeübt. Dadurch wurden auch neue Rahmenbedingungen für das staatliche Handeln geschaffen. Die Folgen zeigen sich in einer zunehmenden Ausdifferenzierung der Verwaltung, die sich vom Bild einer einheitlichen, hierarchisch aufgebauten und ausschließlich rechtssatzbezogenen handelnden Organisation weit entfernt hat[2]. Im Rahmen dieser Ausdifferenzierung der öffentlichen Verwaltung ist der Staat schon seit Längerem dazu übergegangen, öffentliche und staatliche Aufgaben auf selbstständige, rechtsfähige Verwaltungsträger zur eigenverantwortlichen Erledigung zu übertragen[3]. Die Auslagerung staatlicher Aufgabenbereiche an Selbstverwaltungsträger und die Aktivierung der „Selbstheilungskräfte“ einzelner wirtschaftlicher und sozialer Bereiche[4] ist hierzu ein populär gewordenes Mittel, um die öffentlichen Haushalte zu entlasten.

Bereits durch die Errichtung selbstständiger, rechtsfähiger Verwaltungsträger durch den Gesetzgeber wird dessen Intention der Ausgliederung öffentlicher Aufgaben deutlich[5]. Insbesondere die Selbstverwaltung wurzelt im Gedanken der Dezentralisierung der Verwaltung[6] und ist folglich auf die Ausgliederung staatlicher und öffentlicher Aufgaben angelegt. Die Kammern der Wirtschaft, die als Träger funktionaler Selbstverwaltung selbstständige und rechtsfähige Verwaltungsträger sind, scheinen als Aufgabenträger besonders geeignet. Vor dem Hintergrund einer möglichen Entlastung der öffentlichen Haushalte sind daher insbesondere die Länder dazu übergegangen, bestimmte Aufgaben der Wirtschaftsverwaltung eher den Industrie- und Handelskammern oder den Handwerkskammern zu übertragen als den Kommunen[7].

Die Vorteile des Staates bestehen darin, dass er sich die einem funktionalen Selbstverwaltungsträger innewohnende Verwaltungskraft und Sachkompetenz zunutze machen kann. Hierdurch kann nicht nur eine Entlastung öf-

---

[1] *Stober/Kluth/Müller/Peilert*, Verwaltungsrecht I, § 2 Rn. 13.

[2] Vgl. hierzu ausführlich die Darstellung bei *Mehde*, Neues Steuerungsmodell und Demokratieprinzip, S. 61–81.

[3] *Poetzsch-Heffter*, in: Festgabe von Unruh, S. 111 (S. 114).

[4] *Dürr*, DVBl. 2008, S. 1356 (S. 1365).

[5] *Martens*, Öffentlich als Rechtsbegriff, S. 120.

[6] Siehe *2. Kapitel II. 4. und 3. Kapitel II. 4.d)aa).*

[7] *Schliesky*, Öffentliches Wirtschaftsrecht, S. 148.

fentlicher Haushalte erreicht werden[8], sondern auch eine effizientere Arbeitsgestaltung. Zudem verschafft sich der Staat einen „Ansprech- und Kooperationspartner"[9].

Mittlerweile hat diese Ausdifferenzierung der öffentlichen Verwaltung ein Ausmaß angenommen, dass schon grundsätzlich von einem „Wandel der Staatlichkeit" die Rede sein kann. Es ist daher zu fragen, welche Aufgabenlast der Staat noch bewältigen kann[10] und ob der Staat alle wichtigen Aufgaben selbst erfüllen muss oder er sich auf die Sicherstellung der Aufgabenerfüllung beschränken kann. Hieraus entwickelte sich zum einen die Debatte über den richtigen Anbieter öffentlicher Leistungen sowie über die Intensität der Aufgabenwahrnehmung[11], zum anderen vollzog sich zugleich ein Wandel der Staats- und Verwaltungsaufgaben[12] sowie des Verständnisses der Rolle des Staates. Hervorzuheben ist, dass in diesem Zusammenhang nicht der vollständige Rückzug des Staates diskutiert wird, sondern der „Wandel der Wahrnehmungsmodi öffentlicher Aufgabenerfüllung"[13].

Die staatliche Erfüllungsverantwortung wandelt sich zu einer Gewährleistungsverantwortung. Auch kam mit der fortschreitenden Ausdifferenzierung der Verwaltung die Frage nach der Steuerungsfähigkeit des Staates auf. Dem Staat wurde ein Steuerungsdefizit attestiert, welches eine ziel- und ergebnisorientierte Fortentwicklung des Verwaltungsrechts zur Folge hatte. Die Kategorisierung des „Verwaltungsrechts als Steuerungsrecht" und die Suche nach alternativen Konzeptionen staatlicher Steuerung standen hierbei im Vordergrund. Es entwickelte sich das Modell einer wirkungsorientierten Verwaltungsführung.

---

[8] „Aber der fruchtbarste aller Böden [...] ist die Entlastungsidee", *Di Fabio*, VVDStRL, Bd. 56, 1997, S. 239, denn „unter dem Diktat leerer Kassen stöhnt die öffentliche Gewalt wie Atlas unter dem Gewicht des Himmels", so metaphorisch *Di Fabio*, VVDStRL, Bd. 56, 1997, S. 240.

[9] So *Hsu*, Institutionen körperschaftlicher Selbstverwaltung, S. 258. Ebenso auch *Schuppert*, der feststellt, dass der „Staat künftig immer weniger alleiniger Problemlöser" sein wird, so *Schuppert*, AöR, Bd. 114, 1989, S. 127 (S. 142) und *Heinze*, Rückkehr des Staates, S. 65; diese Forderung nach „neuer Bescheidenheit der Politik" und einer Anleitung zur Selbststeuerung stellt auch *Willke*, in: *Grimm [Hrsg.]*, Staatsaufgaben, S. 685 (S. 706).

[10] Dazu vertiefend *Offe*, in: *Grimm [Hrsg.]*, Staatsaufgaben, S. 317 (S. 317 ff.); sowie die Darstellung bei *Isensee*, in: *Isensee/ Kirchhof [Hrsg.]*, HdbStR, Bd III, S. 3 (Rn. 41 ff.) über die „Formalen Strukturen des modernen Staates" .

[11] Daher auch die Bezeichnung von *Schuppert*, Verwaltungswissenschaft, S. 104, als „Trägerschaftsdebatte".

[12] *Schuppert*, Verwaltungswissenschaft, S. 102.

[13] So *Schuppert*, Verwaltungswissenschaft, S. 837.

In der vorliegende Arbeit wird gezeigt, dass eine Aufgabendelegation an die Handwerkskammer den Anforderungen einer wirkungsorientierten Verwaltungsführung gerecht wird. Der Begriff der Aufgabendelegation umfasst die Übertragung öffentlicher und staatlicher Aufgaben an die Handwerkskammer als Träger funktionaler Selbstverwaltung. Die Vielfalt der durch die funktionale Selbstverwaltung erfassten Aufgabenbereiche und ihr enormes Verwaltungspotenzial eröffnen zahlreiche Gestaltungsmöglichkeiten. Die Entwicklung der Handwerkskammer von einem Hilfsorgan der Exekutive zu einem Servicecenter für die Gewerbetreibenden wird hierbei ein zentraler Punkt, insbesondere bei der Begutachtung der sogenannten One-Stop-Shops der Handwerkskammer.

Zwar wird unwillkürlich gezögert, der Steuerungsdebatte den einen oder anderen Akzent hinzuzufügen, dennoch wird hier der Versuch gewagt werden, das hohe Abstraktionsniveau der allgemeinen Steuerungsdebatte zu verlassen. Die funktionale Selbstverwaltung wird mit der Steuerungsdiskussion verknüpft und unter den Aspekten der Staatsentlastung und Effizienzsteigerung genauer betrachtet. Offensichtlich ist, dass alternative Steuerungsformen, die den Staat entlasten und dessen Steuerungskapazitäten nicht überstrapazieren, an Bedeutung gewinnen[14]. Im Zusammenhang mit einem Staatsentlastungskonzept kommt es entscheidend darauf an, dass die Selbststeuerungsfähigkeit der Akteure des gesellschaftlichen und wirtschaftlichen Bereichs gesteigert wird[15]. Mit der wachsenden Ökonomisierung verändert sich zwar die Wahrnehmung der institutionellen Akteure, allerdings sollen die betreffenden Organisationen und ihre Organisationsstrukturen erhalten bleiben[16]. Es wird gefordert, dass das Organisationsrecht Rechtsformen für unterschiedliche Intensitätsstufen der Interessenkooperation im Verwaltungsbereich entwickeln müsse[17]. Jedoch zeigt sich gerade in der traditionellen Form der wirtschaftlichen Selbstverwaltung durch Körperschaften des öffentlichen Rechts die Verflechtung von gesellschaftlichen, beruflichen und wirtschaftlichen Interessen mit dem staatlichen Aufgaben- und Verantwortungsbereich[18]. Es wird in dieser Betrachtung daher nicht darum gehen, sich mit der Frage zu beschäftigen, wie man das Spektrum der Organisationsrechtsformen ausweiten könnte, sondern es wird auf bereits vorhandene Strukturen zurückgegriffen und deren Potenzial unter einem veränderten Blickwinkel betrachtet. Denn die weitläufigen Deregulierungsbestrebungen und Forderungen nach mehr Effektivität

14 *Schuppert*, AöR, Bd. 114, 1989, S. 127 (S. 142).
15 *Schuppert*, AöR, Bd. 114, 1989, S. 127 (S. 143).
16 *Heinze*, Rückkehr des Staates, S. 64.
17 *Schmidt-Aßmann*, in: *Hoffmann-Riem/Schmidt-Aßmann/Schuppert [Hrsg.]*, Reform des Allgemeinen Verwaltungsrechts, S. 11 (S. 11).
18 *Krimer*, Der Begriff der öffentlichen Aufgaben, S. 210.

führen nicht zwangsläufig zu einem „radikalen Bruch mit dem Althergebrachten“[19]. Das Selbststeuerungspotenzial bereits vorhandener Einrichtungen der funktionalen Selbstverwaltung muss dabei ausgeschöpft werden[20].

Herausgearbeitet wird der Aspekt, dass die Handwerkskammer als öffentlich-rechtliche Körperschaft mit Pflichtmitgliedschaft eine zeit- und funktionsgerechte Organisationsform darstellt[21] und an den Aufgaben einer modernen Gesellschaft teilhaben kann. Das wirft die Frage auf, warum gerade das Handwerksrecht als eine Materie des Wirtschaftsverwaltungsrechts in das Konzept der wirkungsorientierten Verwaltungsführung eingebettet werden soll. Das Wirtschaftsverwaltungsrecht ist ein durch besondere Dynamik geprägtes Rechtsgebiet[22], sodass neueste rechtliche Entwicklungen meist dort ihren Anfang finden. Dies zeigt sich nicht nur an den Deregulierungs- und Privatisierungsbestrebungen, sondern insbesondere auch am Einsatz von Marktinstrumenten, die die Ökonomisierung des Verwaltungsrechts widerspiegeln[23]. Die Entwicklungen bedingen somit gerade keinen radikalen Paradigmenwechsel, sondern es kann auf bereits vorhandene Strukturen zurückgegriffen werden. Das mögliche Potenzial der Handwerkskammern bei der Entlastung des Staats von öffentlichen Aufgaben wird dabei im Mittelpunkt der Betrachtung stehen. Mithin geht es um eine Neubestimmung der staatlichen Tätigkeit und Verantwortlichkeit, die insbesondere über eine Neugestaltung des Zusammenspiels zwischen Staat, Markt und funktionalen Selbstverwaltungsträgern zu erreichen ist[24].

---

[19] So *Kormann/Wittmann*, Neue hoheitliche Aufgaben, S. 9.

[20] *Schuppert*, AöR, Bd. 114, 1989, S. 127 (S. 143).

[21] Mit dieser Frage beschäftigt sich *Schuppert* hinsichtlich der Interessenvertretung durch öffentlich-rechtliche Körperschaften *Schuppert*, Verwaltungswissenschaft, S. 857 ff.

[22] *Stober*, Allgemeines Wirtschaftsverwaltungsrecht, Vorwort zur 16. Auflage.

[23] *Ruthig/Storr*, Öffentliches Wirtschaftsrecht, Rn. 34; in diesem Sinne auch *Stober*, der feststellt, dass speziell das Wirtschaftsverwaltungsrecht „den vielfältigen Funktionswandel moderner Staatlichkeit widerspiegelt“(*Wolff* et al., Verwaltungsrecht II, § 95 Rn. 7).

[24] *Heinze*, Rückkehr des Staates, S. 65.

2. Kapitel Die Handwerkskammer als Träger funktionaler Selbstverwaltung im staatlichen Gefüge und ihre Aufgaben

Neben staatlichen Behörden finden sich zahlreiche weitere Einheiten, die Aufgaben der Wirtschaftsverwaltung wahrnehmen[25]. Von herausragender Bedeutung ist die Selbstverwaltung der Wirtschaft[26], die insbesondere durch wirtschafts– und berufsständische Kammern erfolgt. Als Träger der funktionalen Selbstverwaltung[27] sind die Kammern auf einen sachlich eingegrenzten Gegenstandsbereich beschränkt, was durch das Adjektiv funktional zum Ausdruck kommt[28]. Der Begriff der Selbstverwaltung knüpft an die eigenverantwortliche Wahrnehmung öffentlicher Aufgaben durch dem Staat untergeordnete Körperschaften, Anstalten oder Stiftungen des öffentlichen Rechts an[29]. Die funktionale Selbstverwaltung umfasst somit den Teil der öffentlichen Verwaltung, der organisierten gesellschaftlichen und wirtschaftlichen Gruppen eigene Rechte einräumt, damit diese ihre Interessen wahrnehmen können.

---

[25] Zu denken ist dabei an die berufsständischen Kammern und die Kammern der Wirtschaft (Handwerkskammer, Industrie- und Handelskammer, Landwirtschaftskammer) aber ebenso an die Arbeitgeberverbände und Arbeitnehmerverbände.

[26] Im § 18 Abs. 1 S. 1 des KrW-/AbfG, das zum 1.6.2012 durch das Kreislaufwirtschaftsgesetz ersetzt wurde, fand sich eine Legaldefinition, wonach die Handwerkskammer eine Selbstverwaltungskörperschaft der Wirtschaft ist.

[27] In Abgrenzung zur kommunalen Selbstverwaltung; ausführlich zum Begriff der „funktionalen Selbstverwaltung“ vgl. *Kluth*, Funktionale Selbstverwaltung, S. 12 f.; wobei sich erst in jüngster Zeit der Oberbegriff der funktionalen Selbstverwaltung für alle Selbstverwaltungsträger eingebürgert hat. Den Durchbruch dürfte die Arbeit von *Emde*, Funktionale Selbstverwaltung, S. 5 ff., bewirkt haben. Das Bundesverfassungsgericht benutzt den Begriff erstmalig in BVerfGE 83, 37, 55.

[28] *Mehde*, Neues Steuerungsmodell und Demokratieprinzip, S. 376; *Burgi*, in: *Erichsen/Ehlers [Hrsg.]*, Allgemeines Verwaltungsrecht, S. 253 (S. 283, § 7 II 3 Rn. 21).

[29] *Dehmel*, Übertragener Wirkungskreis, Auftragsangelegenheiten und Pflichtaufgaben nach Weisungen, S. 54; *Schuppert*, in: Festgabe von Unruh, S. 183 (S. 183); ausführlich zur Entstehung des Begriffs der Selbstverwaltung (*Voigt*, Die Selbstverwaltung als Rechtsbegriff, S. 125 ff). Eine etwas weitere Definition wählt *Hendler*, der den Begriff der Selbstverwaltung wie folgt definiert: „Bei der Selbstverwaltung handelt es sich um öffentlich-rechtliche Organisationseinheiten, die gegenüber dem staatsunmittelbaren Behördensystem institutionell verselbständigt, aber gleichwohl dem Staatsverband eingegliedert sind und sich dadurch auszeichnen, daß bestimmte öffentliche Angelegenheiten von den davon berührten Personen, den Betroffenen, eigenverantwortlich (d. h. höchstens unter staatlicher Rechtsaufsicht) verwaltet werden“(*Hendler*, Selbstverwaltung als Ordnungsprinzip, S. 284).

Zu diesen Trägern der funktionalen Selbstverwaltung gehört auch die Handwerkskammer. Sie ist gegenüber dem Staat ein rechtlich selbstständiger öffentlich-rechtlicher Verband, da sie als Körperschaft des öffentlichen Rechts errichtet wird. Mit der Errichtung der Handwerkskammer als Körperschaft des öffentlichen Rechts befasst sich der folgende Abschnitt, denn bevor der Standort der Handwerkskammer im staatlichen Gefüge bestimmt werden kann, muss ihre rechtliche Stellung näher betrachtet werden. Um die Grundlagen für die weitere Untersuchung zu legen, stehen die für die Errichtung konstitutiven Merkmale und verfassungsrechtlichen Maßgaben im Vordergrund.

I. Rechtliche Stellung der Handwerkskammer

Die rechtliche Stellung der Handwerkskammer ist geprägt durch ihre Rechtsform als Körperschaft des öffentlichen Rechts und die Einordnung als funktionaler Selbstverwaltungsträger. Der Begriff der Selbstverwaltung ist formell an die öffentlich-rechtliche Organisation und materiell an die Wahrnehmung staatlicher Verwaltungsaufgaben gebunden. Die Errichtung der Handwerkskammer in der öffentlich-rechtlichen Organisationsform einer Körperschaft erfolgt ebenso wie die Berechtigung zur Ausübung staatlicher Verwaltungsaufgaben durch Hoheitsakt[30].

Der Aufgabenbereich der Handwerkskammer umfasst zum einen eigene Angelegenheiten des funktionalen Selbstverwaltungsträgers und zum anderen dezentralisierte staatliche Verwaltungsaufgaben[31]. Der Aufgabenbereich der Selbstverwaltungsaufgaben ist durch die Organisationsform der funktionalen Selbstverwaltung in Form der Körperschaft des öffentlichen Rechts geprägt[32]. „Das Verhältnis von materiellen und organisatorischen Regelungen ist insofern ein besonderes, da sich die Wahl der Organisationsform unmittelbar auf die materiell-rechtlichen Regelungen auswirkt und sich beide gegenseitig bedingen“[33]. In der Körperschaft des öffentlichen Rechts mit Pflichtmitgliedschaft sind die Interessen des Handwerks vereint und die Pflichtmitgliedschaft rechtfertigt und bedingt die Interessenwahrnehmung des Handwerks als Selbstverwaltungsaufgabe. Die Körperschaft des öffentlichen Rechts, die mit der Interessenvertretung und -wahrnehmung gesetzlich beauftragt wurde,

---

[30] *Poetzsch-Heffter*, in: Festgabe von Unruh, S. 111 (S. 113).

[31] Vgl. hierzu die Ausführung zu den Aufgabenbereichen der Handwerkskammer, *2. Kapitel III.*

[32] *Fröhler/Oberndorfer*, Körperschaften, S. 27; *Kluth*, in: *Kluth [Hrsg.]*, Handbuch des Kammerrechts, S. 106 (S.121, Rn. 62).

[33] So *Kluth*, in: *Kluth [Hrsg.]*, Handbuch des Kammerrechts, S. 106 (S.121 Rn. 62).

muss daher nach öffentlich-rechtlichen Kriterien errichtet werden. Ausschließlich dem Staat steht die Entscheidung zu, welche gesellschaftlichen oder wirtschaftlichen Vereinigungen als funktionaler Selbstverwaltungsträger errichtet werden[34]. Welche Aufgaben und Maßnahmen vom Selbstverwaltungsträger – innerhalb des gesetzlich fixierten Bereichs – aufgegriffen werden, entscheidet jedoch nicht der Staat. Die staatliche Errichtungsbehörde legt lediglich ein Grundgerüst an organisationsrechtlichen Regelungen für die Aufgabenwahrnehmung fest[35]. Die Körperschaften selbst können auch keine weiteren derartigen Gebilde (Interessenvereinigungen) gründen, sofern sie nicht ausdrücklich gesetzlich ermächtigt sind[36].

1. Errichtung einer Handwerkskammer

Die Errichtung selbstständiger Rechtsträger im Rahmen der Verwaltungsorganisation und die Zuweisung hoheitlicher Befugnisse bedarf einer gesetzlichen Grundlage[37]. Der Staat errichtet einen Selbstverwaltungsträger in der Rechtsform der öffentlich-rechtlichen Körperschaft, wann immer „es die besondere Bedeutung der zu ordnenden Lebens- und Wirtschaftsverhältnisse und die Notwendigkeit des internen Interessenausgleichs“[38] rechtfertigen und erfordern. Berufliche, wirtschaftliche und gesellschaftliche Aufgaben des Gemeininteresses werden zur Besorgung einer Körperschaft des öffentlichen Rechts anvertraut[39]. Die Körperschaften dienen daher auch stets einem öf-

[34] Bei der Errichtung einer Körperschaft des öffentlichen Rechts handelt es sich um eine Staatsaufgabe nach *Fröhler*, in: *Fröhler*, in: Fs Broermann, S. 687 (S. 689) und *Martens*, Öffentlich als Rechtsbegriff, S. 116.

[35] *Fröhler/Oberndorfer*, Körperschaften, S. 28.

[36] Vgl. *Scheuner*, in: Gs Peters, S. 797 (S. 804); vgl. daher die Regelung der §§ 52 ff. HandwO hinsichtlich des Zusammentretens von Handwerksinnungen und gem. §§ 79 ff. HandwO Bildung von Landesinnung sowie die Kreishandwerkerschaften nach §§ 86 ff. HandwO.

[37] Selbstverwaltung setzt als Gegenbegriff zum „Verwaltet werden“ voraus, dass eine höhere Instanz vorhanden ist, von der die Selbstverwaltungskörperschaft auch verwaltet werden könnte; *Böckenförde* möchte zwischen der bloßen Errichtung der Körperschaften und ihrer Betrauung mit hoheitlichen Befugnissen oder Ausgliederungen aus der staatlichen Verwaltung unterscheiden und Letztere an ein Gesetz binden (*Böckenförde*, Die Organisationsgewalt im Bereich der Regierung, S. 43 ff.). *Scheuner* hält diese Unterscheidung zutreffenderweise für nicht begründet, da jede Errichtung einer Körperschaft die Schaffung autonomer Wahrnehmung öffentlicher Aufgaben in sich schließt und die Verwaltungsorganisation daher nach außen verändert (*Scheuner*, in: Gs Peters, S. 797 (S. 805)).

[38] So *Fröhler/Oberndorfer*, Körperschaften, S. 41; ebenso *Scheuner*, in: Gs Peters, S. 797 (S. 815).

[39] *Fröhler/Oberndorfer*, Körperschaften, S. 41; in diesem Sinne auch bereits *Bremer*, JR

fentlichen Zweck[40]. Somit sind Körperschaften des öffentlichen Rechts „durch staatlichen Hoheitsakt geschaffene, rechtsfähige, mitgliedschaftlich verfasste Organisationen des öffentlichen Rechts, die öffentliche Aufgaben mit i.d.R. hoheitlichen Mitteln unter staatlicher Aufsicht wahrnehmen“[41]. Die wirtschaftlichen Kammern bilden daher stets einen mitgliedschaftlichen Verband und werden daher auch als „Personalkörperschaft“[42] bezeichnet. Diese Art des Zusammenschlusses bedingt eine innere Verfassung, die den Mitgliedern eine Mitwirkung an den Tätigkeiten der Körperschaft ermöglicht[43]. Welche konstitutiven Merkmale die Handwerkskammer als Träger funktionaler Selbstverwaltung auszeichnen und welche verfassungsrechtliche Maßgaben die Errichtung bestimmen, soll im folgenden Abschnitt betrachtet werden.

a) Konstitutive Merkmale

Hinsichtlich der funktionalen Selbstverwaltung lassen sich drei wesensbestimmende Merkmale ausmachen: die Rechtsform, die Betroffenenmitwirkung und die Staatsdistanz[44]. Die funktionale Selbstverwaltung ist somit durch

---

1957, S. 81 (S. 83); vgl. auch *Maurer*, Allgemeines Verwaltungsrecht, § 23 Rn. 42 a. Dies zeigt sich auch an den vorhandenen Körperschaften, die diese Bereiche abdecken. Es muss ein sachliches Bedürfnis für die Einbeziehung in die mittelbare Staatsorganisation vorliegen, was bei rein wirtschaftlichen Interessen fehlt, so *Scheuner*, in: Gs Peters, S. 797 (S. 815). *Hauschildt* hingegen stellt fest, dass die Selbstverwaltung vom Kontext erzwungen sei. Der Begriff „Kontext“ steht in diesem Zusammenhang für die Umgebung des Systems, das staatliche Gefüge. Empirische Studien haben ergeben, dass die Organisation von ökonomischen und staatlichen Institutionen in hohem Maße durch den Kontext bestimmt wird; vgl. hierzu auch *Kieser/ Walgenbach*, Organisation, S. 211 und S. 224. Die Umgebung sind die Umweltfaktoren, die auf das System einwirken und die internen Strukturen der betrachteten Organisationsstruktur (*Hauschildt*, in: Festgabe von Unruh, S. 79 (S. 85)).

40 *Wolff* et al., Verwaltungsrecht II, § 85 Rn. 12, *Scheuner*, in: Gs Peters, S. 797 (S. 815).

41 So die Definition von *Maurer*, Allgemeines Verwaltungsrecht, § 23 Rn. 37; *Schliesky* betont zudem, dass die Körperschaft vom Mitgliederwechsel unabhängig besteht, *Schliesky*, Öffentliches Wirtschaftsrecht, S. 34. Die Körperschaft kann durch ein Gesetz oder auf Grund einer gesetzlichen Ermächtigung errichtet werden, vgl. vertiefend hierzu *Wolff* et al., Verwaltungsrecht II, § 85 Rn. 8; *Maurer*, Allgemeines Verwaltungsrecht, § 21 Rn. 66.

42 *Wolff* et al., Verwaltungsrecht II, § 85 Rn. 32; *Maurer*, Allgemeines Verwaltungsrecht, § 23 Rn. 30; *Schuppert*, in: Festgabe von Unruh, S. 183 (S. 183). Demgegenüber bezeichnet *Brohm* die Handwerkskammer fälschlicherweise als Sachkörperschaft (*Brohm*, Strukturen der Wirtschaftsverwaltung, S. 154).

43 *Scheuner* bezeichnet dies als genossenschaftliches Element, da die Mitglieder nicht nur bloße Objekte oder Verwaltete *Scheuner*, in: Gs Peters, S. 797 (S. 801).

44 Diese Merkmale sind die drei dominanten Merkmale des Selbstverwaltungsphänomens nach *Hendler*(*Hendler*, in: *Kluth [Hrsg.]*, Handbuch des Kammerrechts, S. 49 (S. 63

ihre öffentlich-rechtliche Rechtsform geprägt[45]. Die Körperschaft nimmt öffentliche Verwaltungszwecke wahr und ist daher auch als Träger öffentlicher Verwaltung einzuordnen[46]. Die Selbstverwaltung stellt einen Teil des Staates dar und ist infolgedessen durch ihren öffentlich-rechtlichen Charakter geprägt. Ferner zeichnet das Merkmal der Betroffenenmitwirkung die funktionale Selbstverwaltung aus. Die von der öffentlichen Angelegenheit besonders berührten Personen (Betroffenen) werden in die Aufgabenwahrnehmung eingebunden[47]. Wie diese Beteiligung des betroffenen Personenkreises umgesetzt wird, soll im Rahmen der Funktionen der Selbstverwaltung erläutert werden, denn diesem Merkmal liegt das sogenannte „Partizipationsprinzip“[48] zu Grunde.

Das dritte Merkmal der funktionalen Selbstverwaltung betrifft das Prinzip der Staatsdistanz. Dieses Merkmal ist darauf zurückzuführen, dass die Selbstverwaltung einerseits Teil des Staates ist und andererseits über eine relative Unabhängigkeit gegenüber dem Staat verfügt[49]. Als Körperschaft des öffentlichen Rechts ist die Handwerkskammer organisatorisch und rechtlich gegenüber der unmittelbaren Staatsverwaltung verselbstständigt[50]. Organisationsrechtlich kommt dies in der eigenverantwortlichen Aufgabenerfüllung zum Ausdruck[51] und rechtlich in der Körperschaft als juristische Person des öffentlichen Rechts.

Rn. 41, 42)).

45 *Tettinger*, DÖV 2000, S. 534 (S. 541), daher auch die Benennung dieses Merkmals als „Rechtsformmerkmal“ *Hendler*, DÖV 1986, S. 675 (S. 677).

46 Hierzu später ausführlich im *2. Kapitel I. 2. a)*.

47 *Hendler*, in: *Kluth [Hrsg.]*, Handbuch des Kammerrechts, S. 49 (S. 63, Rn. 41). Die „maßgebliche Mitwirkung der Kammerangehörigen an der Erledigung der Selbstverwaltungsaufgaben rechtfertigt erst die Bezeichnung der Selbstverwaltungsaufgaben als solche eigener Verantwortlichkeit“, so *Fröhler/Oberndorfer*, Körperschaften, S. 48.

48 *Hendler*, DÖV 1986, S. 675 (S. 677); *Hendler*, in: *Kluth [Hrsg.]*, Handbuch des Kammerrechts, S. 49 (S. 63 Rn. 41); *Tettinger*, DÖV 2000, S. 534 (S. 541); *Müller*, Rechtsformenwahl bei der Erfüllung öffentlicher Aufgaben, S. 456,; vgl. §§ 92 ff. HandwO.

49 *Scheuner*, in: Gs Peters, S. 797 (S. 799); *Poetzsch-Heffter*, in: Festgabe von Unruh, S. 111 (S. 112); ebenso *Schliesky*, der die funktionale Selbstverwaltung als „staatsfernen Selbstorganisation der Betroffenen“ bezeichnet (*Schliesky*, Öffentliches Wirtschaftsrecht, S. 148).

50 *Huber*, Wirtschaftsverwaltungsrecht I, S. 183; *Hendler*, in: *Kluth [Hrsg.]*, Handbuch des Kammerrechts, S. 49 (S. 38 Rn. 41).

51 *Tettinger*, DÖV 2000, S. 534 (S. 541); *Hendler*, DÖV 1986, S. 675 (S. 677); *Fröhler/Oberndorfer*, Körperschaften, S. 48; *Scheuner*, in: Gs Peters, S. 797 (S. 801); siehe hierzu auch die Ausführungen im *2. Kapitel IV*.

Auf die das Wesen der funktionalen Selbstverwaltung prägenden Wesensmerkmale (Staatsdistanz, Partizipation und Rechtsform) wird im Laufe der Betrachtung immer wieder Bezug genommen. Insbesondere bei der Betrachtung der Funktionen der Handwerkskammer nimmt das Merkmal der Betroffenenpartizipation eine bedeutende Rolle ein, wie sich auch das Merkmal der Staatsdistanz in den Funktionen der Dezentralisierung sowie der Staatsentlastung wiederfindet.

b) Verfassungsrechtliche Maßgaben

Die allgemeinen verfassungsrechtlichen Maßgaben, die die Errichtung der Handwerkskammer prägen, sind zugleich für die spätere Betrachtung der rechtlichen Anforderungen an die Aufgabendelegation grundlegend. Wie bereits festgestellt, ist das Verhältnis der materiellen Regelungen des Aufgabenbereichs und der organisatorischen Ordnung „ein besonderes, da sich die Wahl der Organisationsform unmittelbar auf die materiell-rechtlichen Regelungen auswirkt und sich beide gegenseitig bedingen“[52]. Die Errichtung eines funktionalen Selbstverwaltungsträgers wird daher durch diverse verfassungsrechtliche Maßgaben bestimmt. Hervorzuheben sind die folgenden Merkmale, die die Handwerkskammer verfassungsrechtlich prägen[53]: die Aufgabendelegation und die damit verbundene Aufgabenerfüllung unter Grundrechts- und Allgemeinwohlbindung, die Errichtung als Körperschaft des öffentlichen Rechts mit einer sachlich begrenzter Eigenständigkeit, das Bestehen einer staatlichen Letztverantwortung in Form des Aufsichtsrechts, die Finanzierung durch die Kammerbeiträge der Pflichtmitglieder[54], sowie die Nutzung und Aktivierung der Verwaltungsressourcen der Kammer. Diesen verfassungsrechtlichen Anforderungen wird im Laufe der Untersuchung immer wieder Beachtung geschenkt.

Ausgangspunkt der Betrachtung ist die Frage, wer die Kompetenz zur Errichtung der Handwerkskammer innehat. Die Gründung eines Trägers funktionaler Selbstverwaltung als eine rechtsfähige Verwaltungseinheit stellt sich als Ausübung der zwischen Verwaltung und Gesetzgeber geteilten staatlichen Organisationsgewalt dar und bedarf einer gesetzlichen Grundlage. Diese Grundlage findet sich in der Regelung des § 90 Abs. 5 S. 1 HandwO, die

---

[52] So *Kluth*, in: *Kluth [Hrsg.]*, Handbuch des Kammerrechts, S. 106 (S.121 Rn. 62).

[53] Angelehnt an die Auflistung der konstitutionellen Merkmale der Kammern als Selbstverwaltungsträger bei *Kluth*, in: *Kluth [Hrsg.]*, Handbuch des Kammerrechts, S. 106 (S. 108 ff.).

[54] Hierzu ausführlich *Rieger*, in: *Kluth [Hrsg.]*, Handbuch des Kammerrechts, S. 350 (S. 373 ff.).

die obersten Landesbehörden zur Errichtung der Handwerkskammer ermächtigt[55]. Zudem ist die Errichtung der Handwerkskammer auf Grund der Begründung der Pflichtmitgliedschaft[56] grundrechtserheblich für die Pflichtmitglieder. Das Bundesverfassungsgericht zieht daher in ständiger Rechtsprechung den Art. 2 Abs. 1 GG, die allgemeine Handlungsfreiheit, als Prüfungsmaßstab heran, wenn durch Gesetz für einen bestimmten Personenkreis zwingend die Mitgliedschaft in einem Selbstverwaltungsträger begründet wird[57]. Nach Art. 2 Abs. 1 GG ist eine Zwangsmitgliedschaft nur möglich, wenn kein Verstoß „gegen die verfassungsmäßige Ordnung" vorliegt. Das Bundesverfassungsgericht hat diese Schranke dahingehend konkretisiert, dass öffentlich-rechtliche Verbände nur gegründet werden dürfen, um „legitime öffentliche Aufgaben"[58] wahrzunehmen. Damit zieht das Bundesverfassungsgericht nicht nur eine Grenze hinsichtlich der Errichtung, sondern auch im Hinblick auf den zulässigen Aufgabenbereich der Handwerkskammer. Eine weitere Begrenzung der Aufgabenübertragung ergibt sich aus dem Aspekt, dass gewisse staatliche Hoheitsaufgaben von einer Übertragung auf Körperschaften ausgeschlossen sind[59]. Eine detaillierte Auseinandersetzung mit dem Begriff der legitimen öffentlichen Aufgabe und den Grenzen der Aufgabendelegation erfolgt im *4. Kapitel*, das sich vertiefend mit den rechtlichen Anforderungen der Aufgabendelegation befasst.

Nach der soeben erfolgten Darlegung der verfassungsrechtlichen Grundlagen des Kammerrechts kann eine Verortung der Kammer innerhalb des staatlichen Gefüges durchgeführt werden, welche auch Rückschlüsse auf die Funktion und Rolle der funktionalen Selbstverwaltung im staatlichen Gefüge zulässt.

---

55 Die Handwerkskammer muss errichtet werden, und dies ist bundesweit seit Langem geschehen (*Honig/ Knörr*, HwO, § 90).

56 In dieser Arbeit wird die Bezeichnung Pflichtmitgliedschaft verwendet. Häufig wird auch der Ausdruck der „Zwangsmitgliedschaft" verwandt, so das BVerfGE 10, 89, 102, ebenso *Schliesky*, Öffentliches Wirtschaftsrecht, S. 146, *Brohm*, in: *Mestmäcker [Hrsg.]*, Kommunikation ohne Monopole II, S. 253 (S. 261); *Hsu*, Institutionen körperschaftlicher Selbstverwaltung, S. 181; *Fröhler/Oberndorfer*, Körperschaften, S. 8; *Czybulka*, NVwZ 1991, S. 230 (S. 232).

57 Vgl. BVerfGE 10, 89; 10, 354; 11, 105; 12, 319; 15, 235; 38, 281; BVerfG, 1 BvR 1806/98 vom 7.12.2001 Rn. 35 ff.

58 So BVerfGE 10, 89, 102; vgl. auch BVerfGE 38, 281, 299; BVerfG, NVwZ 2002, 335, 336.

59 *Scheuner*, in: Gs Peters, S. 797 (S. 815).

2. Verortung der Handwerkskammer im staatlichen Verwaltungsaufbau

Die Verortung der Handwerkskammer im staatlichen Verwaltungsaufbau gestaltete sich lange als schwierig, da die Körperschaft des öffentlichen Rechts keinen rechten Platz im liberalen Rechtsstaat fand[60]. Der im liberalen Rechtsstaat vorherrschende Gedanke des Dualismus zwischen Staat und Gesellschaft hat sich jedoch im heutigen republikanischen, demokratischen und sozialen Rechtsstaat nach Art. 28 Abs. 1 GG aufgelöst[61]. Maßgebliches Kennzeichen für diese Entwicklung zwischen Staat und Gesellschaft stellt einerseits die Rückgabe hoheitlicher Aufgabenzuständigkeiten an die gesellschaftliche und wirtschaftliche Verbände dar, andererseits ist der Wandel „von hierarchisch geprägten Bürokratiestrukturen zu einem Neuen Verwaltungsmanagement“[62] kennzeichnend.

Bei der Beschreibung des Verhältnisses der Kammern zum Staat beruft sich das Bundesverfassungsgericht auf das Preußische Oberverwaltungsgericht, das schon 1890 die Kammern als „Hilfsorgane der Staatsregierung“ bezeichnete[63]. Ob diese Aussage tatsächlich treffend den Platz beschreibt, den die Handwerkskammer im staatlichen Verwaltungsaufbau vor dem Hintergrund des heutigen Staatsverständnisses einnimmt, kann erst nach einer eingehenden Betrachtung beurteilt werden.

a) Die Handwerkskammer als Teil der öffentlichen Verwaltung

Um die Handwerkskammer als Träger funktionaler Selbstverwaltung in den Verwaltungsaufbau einordnen zu können, bedarf es zunächst einer Begriffsbestimmung hinsichtlich der Frage, was die öffentliche Verwaltung umfasst. Die Begriffsbestimmung der öffentlichen Verwaltung erfolgt aus unterschied-

---

[60] Vgl. hierzu ausführlich *Forsthoff*, Die öffentliche Körperschaft im Bundesstaat, S. 18.
[61] *Fröhler/Oberndorfer*, Körperschaften, S. 8.
[62] So *Kormann/Wittmann*, Neue hoheitliche Aufgaben, S. 71.
[63] Vgl. BVerfGE 15, 235, 241.

lichen Perspektiven[64]. Sie kann traditionell abstrakt-theoretisch erfolgen[65] oder sich nach dem Vorschlag von *Stober* an dem „verwaltungsrechtlichen Leitbild"[66] orientieren. Dieses Leitbild soll die verschiedenen Anforderungen, die sich der modernen Verwaltung stellen, zum Ausdruck bringen. Insbesondere die Verwaltungsverantwortung[67] ist ein Aspekt des Leitbildes und kann in unterschiedlicher Art wahrgenommen werden. Die Verwaltung kann die Verantwortung selbst tragen, mitverantworten[68] oder bis zum Mindestmaß einer „Gewährleistungsverantwortung"[69] an (private) Dritte abgeben. Hinzu treten weitere Aspekte wie die Verantwortung gegenüber den Bürgern in Gestalt der Bürgernähe[70], bei denen der Adressat des Verwaltungshandelns im Vordergrund steht.

Zunächst wird der Begriffs der Verwaltung aus materiell-rechtlicher Sicht bestimmt und daher ist zu fragen, welche Aufgaben die Verwaltung wahrnimmt[71]. Nach *Stober* ist die Wahrnehmung von öffentlichen Angelegenhei-

---

64 Eine abschließende einheitliche Begriffsbestimmung ist jedoch bislang nicht erfolgt, denn „von jeher" war „die Verwaltungsrechtswissenschaft um eine Definition ihres Gegenstandes, der Verwaltung, verlegen" , so *Forsthoff*, Verwaltungsrecht I, § 1 I, wobei die Ursache dieses Defizits in der Eigenart der Verwaltung gesehen wird, die sich zwar selbst beschreiben, aber nicht definieren lasse. *Stober* konstatiert, dass es einen einheitlichen Begriff der öffentlichen Verwaltung nicht gibt und nicht geben kann, da der „Schlüsselbegriff der Verwaltung" „gegenüber neuen Erscheinungsformen entwicklungsoffen bleiben muss", so *Stober/Kluth/Müller/Peilert*, Verwaltungsrecht I, § 3 Rn. 3); in diesem Sinne wohl auch *Ipsen*, Allgemeines Verwaltungsrecht, § 1 Rn. 46.

65 Vgl. zur der traditionellen Unterteilung der Verwaltung im organisatorischen, formellen und materiellen Sinn *Maurer*, Allgemeines Verwaltungsrecht, § 1, Rn. 2 ff.

66 So *Stober/Kluth/Müller/Peilert*, Verwaltungsrecht I, § 2 Rn. 5. Interessant ist, dass viele Städte und Gemeinden bereits ihr „Verwaltungsleitbild" ihren Bürgern vorstellen, z.B. die Stadt Lörrach auf ihrer Homepage http://www.loerrach.de/de/Rathaus-/-Bürgerservice/Verwaltung/Verwaltungsleitbild (Stand: 07.12.2012)

67 So *Stober/Kluth/Müller/Peilert*, Verwaltungsrecht I, § 2 Rn. 3; ebenso *Lepsius*, Steuerungsdiskussion, Systemtheorie und Parlamentarismuskritik, S. 2 und *Schuppert*, Verwaltungswissenschaft, S. 987.

68 Vgl. zur kooperativen Verwaltung die Ausführungen im *3. Kapitel I.* ; vgl. auch *Kormann/Wittmann* zur sog. „Verantwortungsteilung" (*Kormann/Wittmann*, Neue hoheitliche Aufgaben, S. 71 f.).

69 So *Wolff* et al., Verwaltungsrecht II, § 95 Rn. 1; *Ruthig/Storr*, Öffentliches Wirtschaftsrecht, Rn. 27. Zur Entwicklung, dass die Tätigkeit des Staates sich zunehmend auf Aufgaben der Gewährleistung verlagert; siehe *4. Kapitel I. 1. a)*.

70 So *Stober/Kluth/Müller/Peilert*, Verwaltungsrecht I, § 2 Rn. 4. Siehe zur Bürgernähe die Ausführungen im *3. Kapitel II. 4. d) bb)* .

71 Eingehend zu den einzelnen Ansätzen der positiven Begriffsbestimmung *Maurer*, Allgemeines Verwaltungsrecht, § 1 Rn. 7. Häufig erfolgt eine negative Begriffsbestimmung nach der Substraktionsmethode. Danach „ist die Verwaltung diejenige Staatstätigkeit, die nicht Gesetzgebung und nicht Rechtssprechung ist", so *Maurer*, Allgemeines Ver-

ten ein Merkmal der öffentlichen Verwaltung[72], die auch gleichzeitig die Zielsetzung des Verwaltungshandelns beinhaltet. An diese Feststellung schließt sich jedoch die Frage an, welche Tätigkeiten und Aufgabenbereiche unter dem Begriff der öffentlichen Angelegenheiten zu fassen sind. Unter dem Wort Verwaltung wird schlicht die „planmäßige Tätigkeit zur Besorgung von Angelegenheiten"[73] verstanden. Die öffentliche Verwaltung bezieht sich jedoch einschränkend auf die Wahrnehmung von öffentliche Angelegenheiten durch (unmittelbare und mittelbare) Verwaltungsträger[74]. Nach *Stober* bezieht sich die öffentliche Verwaltung im materiellen Sinne auf „eine volkliche, politische Gemeinschaft ungeachtet der individuellen Unbestimmtheit ihrer Angehörigen"[75] , die „gemeinsame, allgemeine Angelegenheiten haben kann, die unabhängig von der Individualität und von der Zahl der Mitglieder bestehen und das Gemeinwesen charakterisieren"[76]. Dabei ist der Begriff des Öffentlichen für Entwicklungen innerhalb der Gemeinschaft offen, da die Angelegenheiten, die das Gemeinwesen charakterisieren, sich stetig ändern[77].

Das Leitbild der Verwaltung wird verstärkt aus einem ökonomischen Blickwinkel diskutiert. Dabei treten die bereits oben dargestellten Aspekte der Verantwortungsteilung und Bürgernähe in den Vordergrund. Die Verwaltung

---

waltungsrecht, § 1 Rn. 6; vertiefend hierzu auch *Ipsen*, Allgemeines Verwaltungsrecht, § 1 Rn. 51.

[72] *Stober/Kluth/Müller/Peilert*, Verwaltungsrecht I, § 3 Rn. 7.

[73] So *Stober/Kluth/Müller/Peilert*, Verwaltungsrecht I, § 3 Rn. 9. Die Verwaltung gibt es auch im privaten, wirtschaftlichen oder gesellschaftliche Bereich; wie das aus dem Gewerberecht bekannte negative Merkmal der Gewerbsfähigkeit zur Bestimmung des Gewerbebegriffes: die bloße Verwaltung eigenen Vermögens; vgl. hierzu *Ruthig/Storr*, Öffentliches Wirtschaftsrecht, Rn. 230.

[74] Vgl. *Stober/Kluth/Müller/Peilert*, Verwaltungsrecht I, § 3 Rn. 15; vertiefend zur Verwaltungsorganisation *Maurer*, Allgemeines Verwaltungsrecht, § 21 Rn. 12 ff. Soweit der Beliehene hoheitliche Befugnisse wahrnimmt, ist er in die mittelbare Staatsverwaltung einbezogen, vgl. *Kiefer*, LKRZ 2009, S. 441 (S. 443)

[75] So *Stober/Kluth/Müller/Peilert*, Verwaltungsrecht I, § 3 Rn. 12.

[76] So *Stober/Kluth/Müller/Peilert*, Verwaltungsrecht I, § 3 Rn. 12. *Stober* führt aus, dass die Bedeutung des Wortes öffentlich im Kontext mit dem materiellen Begriff der öffentlichen Verwaltung weiter zu verstehen ist, als im üblichen Sprachgebrauch. Das englische Wort „public" bezieht sich auf eine besondere Gruppe unbestimmter Personenvielheiten, vgl. *Stober/Kluth/Müller/Peilert*, Verwaltungsrecht I, § 3 Rn. 12; Public wird vielfach in diesem Sinne im deutschen Sprachgebrauch verwendet; bezogen auf eine bestimmte Gruppe einer unbestimmten Personenanzahl. Ebenso bezeichnet das Wort „Publikum" eine besondere Art von Allgemeinheit, beispielsweise die Bezeichnung „Publikum" in § 10 II 17 ALR) (*Stober/Kluth/Müller/Peilert*, Verwaltungsrecht I, § 3 Rn. 12.

[77] *Maurer*, Allgemeines Verwaltungsrecht, § 1 Rn. 10; vgl. hierzu auch die Ausführungen zum Begriff der öffentliche Aufgabe, der ebenso entwicklungsoffen sein muss im (*4. Kapitel I. 2. a) aa)).*

wird dabei initiativ und gestaltend innerhalb des ihr gesetzten rechtlichen Rahmens tätig[78]. „Unter Berücksichtigung gesellschaftlicher, ökologischer, wirtschaftlicher, politischer, juristischer, technologischer, kultureller und finanzieller Gegebenheiten und Auswirkungen plant und unterscheidet sie über das Ob, Was, Wie und Wann der Aufgabenwahrnehmung“[79]. Die einzeln aufgeführten Gegebenheiten können mit einer unterschiedlichen Gewichtung in die Aufgabenerfüllung einfließen. Welche Aspekte dabei im Vordergrund stehen und besondere Berücksichtigung bei der betreffenden Aufgabenstellung erlangen, muss die handelnde Behörde festlegen. Gerade unter diesem Gesichtspunkt kommt die veränderte Rolle der Handwerkskammer als „Servicezentren für die Gewerbetreibenden und zu Rathäusern der Wirtschaft“[80] zum Tragen. Durch die verstärkte gestalterische Rolle der Handwerkskammer, die insbesondere im Rahmen des *5. Kapitels* näher betrachtet wird, zeigt sich die Entwicklung der Handwerkskammer vom „Hilfsorgan der Staatsregierung“[81] zur Serviceeinrichtung für Handwerksbetriebe[82].

Abschließend ist anzumerken, dass der Verwaltungsbegriff vor allem die rechtliche und tatsächliche Bedeutung der öffentlichen Verwaltung nur unzureichend zum Ausdruck bringt. Insbesondere im Verhältnis der öffentlichen Verwaltung zum Bürger kann die Verwaltung gestaltend tätig werden. Der öffentlichen Verwaltung kommt dabei eine vermittelnde Rolle zwischen Recht und Gesellschaft zu[83]. Diese Rolle wird oft verkannt und soll aus diesem Grund im Folgenden betrachtet werden.

Die Handwerkskammer spielt nicht nur eine vermittelnde Rolle zwischen Recht und Gesellschaft, insbesondere gegenüber ihren Mitgliedern, sondern auch eine wichtige „Mittlerrolle zwischen Verwaltung und Handwerk“[84]. Diese Rolle der Handwerkskammer lässt sich aus dem, die funktionalen Selbstverwaltungsträger kennzeichnenden, Spannungsverhältnis herleiten. Die Körperschaft des öffentlichen Rechts ist zum einen durch die mitgliedschaftlichen Privilegien und zum anderen durch die gesetzlichen Pflichtmitgliedschaft geprägt. Die Entfaltung des Staates in der Organisationsform der mittelbaren Staatsverwaltung und die Erweiterung der staatlichen Verwaltungsorganisa-

---

[78] *Stober/Kluth/Müller/Peilert*, Verwaltungsrecht I, § 3 Rn. 17.

[79] So deutlich *Stober/Kluth/Müller/Peilert*, Verwaltungsrecht I, § 3 Rn. 17.

[80] So *Stober*, Allgemeines Wirtschaftsverwaltungsrecht, S. 291.

[81] So BVerfGE 15, 235, 241.

[82] Vgl. *Stober*, Allgemeines Wirtschaftsverwaltungsrecht, S. 290; siehe die ausführliche Darstellung der Serviceeinrichtungen der Handwerkskammer z.B. die One-Stop-Shops und Starterzentren im *5. Kapitel*.

[83] *Rehbinder* bezeichnet die Verwaltung daher als „zentrale Schaltstelle“ zum Bürger (*Rehbinder*, Rechtssoziologie, S. 209 Rn. 169).

[84] So *Palige*, GewArch 2007, S. 273 (S. 274).

tion um einen funktionalen Selbstverwaltungsträger, der die wirtschaftlichen Interessen vertritt[85] sind dabei Ausdruck dieses Spannungsverhältnisses. Die Handwerkskammer ist durch den gegenseitigen Nutzen zwischen staatlicher Verwaltung und wirtschaftlicher Interessenvereinigung geprägt. Dies ist der Grund, warum der Handwerkskammer eine Doppelnatur oder auch „Janusköpfigkeit"[86] zugesprochen wird.

Festzuhalten ist, dass die Handwerkskammer als funktionaler Selbstverwaltungsträger einen Teil der öffentlichen Verwaltung darstellt und auch öffentliche Angelegenheiten wahrnimmt. Welche öffentlichen Aufgaben dies im Einzelnen sind, wird noch eingehend erörtert. Im folgenden Abschnitt wird jedoch zunächst der Platz bestimmt, den die Handwerkskammer im Verwaltungsaufbau einnimmt.

b) Einordnung in die mittelbare Staatsverwaltung

Eine weit verbreitete Ansicht schätzt die Einordnung der funktionalen Selbstverwaltung in die mittelbare Staatsverwaltung als „dogmatisch unfruchtbar"[87] ein. Diese kritische Auffassung wurzelt darin, dass der Begriff der mittelbaren Staatsverwaltung oft zu weit verwendet wird und alle „Anstalten, Körperschaften und (vereinzelt) Stiftungen des Öffentlichen Recht, die unter der Rechtsaufsicht des Landes stehen"[88] umfassen soll. Ein solches weites Verständnis vermischt unzulässigerweise verschiedene Kategorien, denn auch Bund und Länder sind (Gebiets-)Körperschaften. Daher muss der Begriff einschränkender verwendet werden, denn eine Einordnung der funktionalen Selbstverwaltung in die Staatsverwaltung ist sinnvoll und vor dem Hintergrund einer möglichst übersichtlichen Systematik angebracht. Insbesondere erweist sich die Einordnung im Hinblick auf die Differenzierung zwischen den einzelnen Aufgabenbereichen der Handwerkskammer als hilfreich. Auf Grund dessen soll im Folgenden der Begriff der mittelbaren Staatsverwaltung eingehender betrachtet werden.

---

85 *Scheuner*, in: Gs Peters, S. 797 (S. 189 f.).

86 Vgl. hierzu die grundlegenden Arbeiten von *Bieback*, Die öffentliche Körperschaft, S. 315 ff., und *Fröhler/Oberndorfer*, Körperschaften, sowie die Darstellungen zur „Doppelnatur" der Körperschaften des öffentlichen Rechts bei *Schuppert*, Die Erfüllung öffentlicher Aufgaben, S. 106, 163 mit Anm. 380.

87 *Kluth*, Funktionale Selbstverwaltung, S. 28; dieser Ansicht folgend *Kahl*, Staatsaufsicht, S. 442 ff.; ebenso *Maurer*, Allgemeines Verwaltungsrecht, § 23 Rn. 1.

88 So *Ipsen*, Allgemeines Verwaltungsrecht, § 4 Rn. 260.

Im organisatorischen Sinn bringt der Begriff der mittelbaren Staatsverwaltung zum Ausdruck, dass „staatliche Organe und Behörden nicht selbst und unmittelbar tätig werden, der Staat sich vielmehr zur Erfüllung öffentlicher Aufgaben der Hilfe anderer Rechtssubjekte bedient, indem er ihnen diese Aufgabe überträgt oder überläßt“[89]. Eine materielle Bedeutung ergibt sich aus der Annahme, dass unter der mittelbaren Staatsverwaltung die Tätigkeit selbstständiger, rechtsfähiger Verwaltungsträger (Körperschaften, Anstalten und Stiftungen des öffentlichen Rechts) bei der staatlichen Aufgabenerfüllung zu versteht ist[90]. Der Sektor der mittelbaren Staatsverwaltung ist somit durch zwei wesentliche Merkmale gekennzeichnet. Zum einen sind die juristischen Personen des öffentlichen Rechts und mit eigener Rechtspersönlichkeit ausgestattet[91] und zum anderen verfügen sie über Selbstverwaltungsrechte[92].

Daher ist die Handwerkskammer als öffentlich-rechtliche Körperschaft nur in Bezugnahme auf die Wahrnehmung von Selbstverwaltungsaufgaben[93] als Träger der mittelbaren Staatsverwaltung einzustufen[94]. Die Selbstverwaltungsaufgaben[95] sind zum einen durch die selbstständige Wahrnehmung durch die Kammer gekennzeichnet und zum anderen durch ihre staatliche Delegation in Gestalt des Errichtungsaktes[96]. Hinsichtlich des Bereichs der freiwilligen Aufgaben ist die Einordnung der Handwerkskammer als mittelbare staatliche Verwaltung abzulehnen, da diese den Kammern anvertraute Funktion zwar allgemeine und somit öffentliche Bedeutung hat, aber mangels Qualifikation als staatliche Aufgaben nicht in mittelbarer Staatsverwaltung wahrgenommen wird[97].

---

89 So *Bachof*, AöR, Bd. 83, 1958, S. 231; vgl. auch *Maurer*, Allgemeines Verwaltungsrecht, § 23 Rn. 1.

90 Diesen Aspekt hebt das Adjektiv mittelbar hervor; vgl. dazu *Poetzsch-Heffter*, in: Festgabe von Unruh, S. 111 (S. 114); *Hendler*, Selbstverwaltung als Ordnungsprinzip, S. 299 f.

91 *Müller*, Rechtsformenwahl bei der Erfüllung öffentlicher Aufgaben, S. 399.

92 Siehe zu den Selbstverwaltungsaufgaben die Ausführungen im *2. Kapitel III. 1. Müller* bezeichnet Organisationen wie die Handwerkskammer daher als „voll dezentralisierte Organisationseinheiten“(*Müller*, Rechtsformenwahl bei der Erfüllung öffentlicher Aufgaben, S. 399).

93 Siehe hierzu die Ausführungen im *2. Kapitel III. 1)*.

94 *Heimburg*, Verwaltungsaufgaben und Private, S. 81. Abzulehnen ist die Konzeption *Forsthoffs*, der davon ausgeht, dass mit dem Selbstverwaltungsbegriff, „zugleich auch der Begriff der mittelbaren Staatsverwaltung festgestellt“ sei (*Forsthoff*, Verwaltungsrecht I, S. 478).

95 Hinsichtlich der vom Gesetzgeber als öffentlich-rechtliche, also staatliche Funktionen übertragene Aufgabenbereiche nimmt die Handwerkskammer „diese in aller Regel ebenfalls als eigene Angelegenheiten, dann allerdings in mittelbarer Staatsverwaltung wahr“, so deutlich *Fröhler/Oberndorfer*, Körperschaften, S. 36.

96 *Fröhler/Oberndorfer*, Körperschaften, S. 46.

Daher ist der Bereich der freiwilligen Aufgaben nicht dem Bereich der mittelbaren Staatsverwaltung zuzuordnen.

Festzuhalten ist, dass die Einordnung der Handwerkskammer in die mittelbare Staatsverwaltung keine Aussage über die körperschaftliche Selbstständigkeit und die Gestaltungsmöglichkeiten trifft[98]. Auf diesen Aspekt wird im Rahmen der Betrachtung des Aufgabenbereichs eingegangen. Bevor jedoch die Aufgabenbereiche der Handwerkskammer dargestellt werden können, wird eine Betrachtung der Funktionen der Selbstverwaltung erfolgen.

II. Funktionen der Selbstverwaltung in der freiheitlichen Demokratie

Die Errichtung der Handwerkskammer verursacht ein Spannungsverhältnis zwischen der Demokratie und der Selbstverwaltung[99]. Für das dem Grundgesetz zugrunde liegende Konzept der „freiheitlichen Demokratie“[100] ist jedoch eine Beschränkung des Gesamtwillens des Volkes in bestimmten Lebensbereichen auf eine Rahmensetzung kennzeichnend. Damit wird Raum für die Gestaltungsmöglichkeiten durch die betroffenen Bürger geschaffen[101]. Diese Entscheidung zur freiheitlichen Demokratie kommt in der ausdrücklichen Erwähnung der Selbstverwaltung in Art. 28 Abs. 2 S. 2, 90 Abs. 2 GG und die Regelungen zu Körperschaften und Anstalten des öffentlichen Rechts in den Art. 86, 87 Abs. 2, 3 sowie Art. 130 Abs. 3 GG zum Ausdruck[102]. Das Bundesverfassungsgericht hebt zudem in seinen Entscheidungen hervor, dass die funktionale Selbstverwaltung das demokratische Prinzip ergänzt und verstärkt[103]. Mit dieser Rechtsprechung wird die Selbstverwaltung „als Ausdruck und Verwirklichung grundgesetzlicher Prinzipien gedeutet“[104]. Unter

---

97 Vgl. *Fröhler/Oberndorfer*, Körperschaften, S. 35 f.

98 *Heimburg*, Verwaltungsaufgaben und Private, S. 81.

99 Zur demokratischen Legitimation der Handwerkskammern ausführlich *Kluth*, in: *Kluth [Hrsg.]*, Handbuch des Kammerrechts, S. 106 (S. 124 ff.)

100 Das Konzept der freiheitlichen Demokratie lässt sich aus den Grundrechtsgewährleistungen sowie dem Rechtsstaatsprinzip herleiten; vgl. Art. 18 GG und Art. 91 GG „freiheitlich demokratische Grundordnung“ ; vgl. auch BVerfGE 5, 85, 139; BVerfGE 25, 88, 100; 40, 287, 291, sowie *Klein*, in: *Maunz/Dürig*, GG, Art. 21 Rn. 485; *Kunig*, in: *von Münch/Kunig*, GG Kommentar, Art. 21 Rn. 81).

101 *Hendler*, in: *Kluth [Hrsg.]*, Handbuch des Kammerrechts, S. 49 (S. 64 Rn. 45).

102 Das Bundesverfassungsgericht zieht hieraus die Schlussfolgerung, dass der Verfassungsgeber solche bei Inkrafttreten des Grundgesetzes vorhandenen, historisch gewachsenen Organisationsformen zur Kenntnis genommen und durch Erwähnung ihre grundsätzliche Vereinbarkeit mit der Verfassung anerkannt hat (vgl. BVerfGE 107, 59, 90).

103 Vgl. BVerfGE 107, 59, 92; BVerfGE 33, 125, 159.

den grundgesetzlichen Prinzipien sind die unantastbaren Prinzipien, die sich aus dem Grundgesetz ergeben und „den Rahmen für die demokratische Auseinandersetzung abstecken“[105], zu verstehen. Als grundgesetzliches Prinzip wird insbesondere die Betroffenenpartizipation verwirklicht, die daher auch am Anfang der weiteren Betrachtung stehen soll.

1. Betroffenenpartizipation

Als verbindendes Element von Demokratie und Selbstverwaltung wird die Verwurzelung der politischen Beteiligung des betroffenen Bürgers an der Staatsverwaltung angesehen[106]. Die besondere Leistung der Selbstverwaltung wird darin gesehen, dass dem Bürger eine Partizipationsmöglichkeit offeriert wird. *Poetzsch-Heffter* umschreibt diese Facette der Selbstverwaltung als das „demokratische Prinzip einer differenzierten Beteiligung der Bürger“[107] an politischen Entscheidungen. Die Selbstverwaltung der Wirtschaft leistet einen Beitrag zu Stärkung der wirtschaftsrelevanten Grundrechte[108], indem sie verfassungsrechtlich legitimiert die Bildung einer öffentlichen Meinung der Betroffenen ermöglicht[109]. Die öffentliche Meinungsäußerung durch eine vorherige interne Meinungsbildung ist ein besonders bedeutsames Instrument der Handwerkskammer zur Wahrung der Interessen des Handwerks[110]. Mit der Verwirklichung des Prinzips der Betroffenenpartizipation geht auch zugleich die nächste Funktion der Selbstverwaltung einher, die Integration gesellschaftlicher Interessen.

---

104 So die treffende Bewertung von *Kluth*, Funktionale Selbstverwaltung, S. 346; sehr kritisch hierzu *Fröhler/Oberndorfer*, Körperschaften, S. 88/89.

105 So *Kriele*, VVDStRL, Bd. 29, 1971, S. 75.

106 *Kluth*, Funktionale Selbstverwaltung, S. 348. Kritisch hierzu (*Fröhler/Oberndorfer*, Körperschaften, S. 28 f.).

107 So *Poetzsch-Heffter*, in: Festgabe von Unruh, S. 111 (S. 112).

108 So deutlich *Stober*, GewArch 1992, S. 41 (S. 44), was jedoch nicht unkritisch vor dem Hintergrund der Pflichtmitgliedschaft zu sehen ist. Daher erfolgt eine ausführliche Betrachtung der wirtschaftlichen Tätigkeit der Handwerkskammer und deren Grenzen im *3. Kapitel IV. 3.*

109 Diese Öffentlichkeitsfunktion kommt insbesondere in der grundrechtlich garantierten Meinungs-, Presse- und Rundfunkfreiheit zum Ausdruck, insbesondere auch der Vereinigungsfreiheit durch Bildung organisierter Gruppeninteressen.

110 Siehe hierzu die Ausführungen zur Betroffenenpartizipation im *2. Kapitel II. 1* .

2. Integration gesellschaftlicher Interessen

Die Komplexität und Dynamik der wirtschaftlichen und sozialen Verhältnisse haben erheblich zugenommen, sodass der Verlust an demokratischer Gestaltungs- und Kontrollmöglichkeit durch den Bürger unvermeidbar scheint[111]. Durch die zunehmende Komplexität der gesellschaftlichen und wirtschaftlichen Angelegenheiten verliert der Bürger die Möglichkeit zur sachgerechten Bewertung politischer Probleme[112].

Der Bürger muss daher insbesondere stärker an die öffentlichen Angelegenheiten, die ihn betreffen und interessieren, herangeführt werden[113]. Hierfür bietet die Selbstverwaltungseinheit die besten organisatorischen Voraussetzungen. Denn durch die Integration gesellschaftlicher Interessen werden die Betroffenen in das staatliche Gefüge einbezogen[114]. Hinzu tritt der Aspekt, dass die Handwerkskammer gerade „in jener Zwischenschicht gesellschaftlicher Ordnung, die nicht mehr dem Bereich des Individuell-Privaten angehört, aber auch keinesfalls in die Sphäre des Staates einbezogen ist“[115], wirkt. Dieser Wirkungsbereich der Kammer ist dem öffentlichen Bereich zuzuordnen. Was unter dem Begriff des Öffentlichen zu verstehen ist und welche Bereiche notwendig in diesem Bereich anzusiedeln sind, wird später im Rahmen der Darstellung der öffentlichen Aufgaben im *4. Kapitel* erläutert.

3. Disziplinierung

Darüber hinaus wird der Selbstverwaltung eine Disziplinierungsfunktion zugeschrieben, die durch die öffentlich-rechtliche Ausgestaltung als Körperschaft des öffentlichen Rechts gewährleistet wird[116]. Gerade einer Körper-

---

[111] *Hendler* behandelt dieses Phänomen unter dem Stichwort des „Demokratieverlustes durch Komplexität“ (*Hendler*, Selbstverwaltung als Ordnungsprinzip, S. 346); so auch *Krebs*, in: *Isensee/ Kirchhof [Hrsg.]*, HdbStR, Bd III, S. 567 (Rn. 18), der konstatiert, dass die Verselbstständigung als organisatorische Ausdifferenzierung auch eine Reaktion auf die anwachsende Komplexität von Verwaltungsaufgaben sei; dieses Problem erkennend *Willke*, in: *Grimm [Hrsg.]*, Staatsaufgaben, S. 685 (S. 706).

[112] *Hendler*, Selbstverwaltung als Ordnungsprinzip, S. 346, spricht von einem „Verlust an politischer Urteilsfähigkeit“.

[113] *Hendler*, Selbstverwaltung als Ordnungsprinzip, S. 347.

[114] „Selbstverwaltung als Verbindungs- und Vermittlungsinstanz zwischen Staat und Gesellschaft“, so deutlich *Hendler*, Selbstverwaltung als Ordnungsprinzip, S. 351. Auch *Huber*, Wirtschaftsverwaltungsrecht I, S. 183, qualifiziert die Handwerkskammer als „Organ der korporativen Selbstverwaltung“.

[115] So deutlich *Fröhler/ Oberndorfer*, Körperschaften, S. 25; ebenso *Scholz*, Koalitionsfreiheit, S. 196 f.

[116] *Hendler*, Selbstverwaltung als Ordnungsprinzip, S. 353.

schaft mit Pflichtmitgliedschaft wird die Eignung zur „Disziplinierung von Sozialbereichen“[117] attestiert, da in ihr die Interessen einer Gruppe vereint sind[118]. In § 91 Abs. 1 Nr. 1 HandwO wird die Aufgabe der Interessenvertretung dahingehend konkretisiert, dass sie die „Interessen des Handwerks zu fördern und für einen gerechten Ausgleich der Interessen der einzelnen Handwerke und ihrer Organisationen zu sorgen“ habe. Dadurch wird die Interessenvertretung bestimmten Anforderungen unterworfen, die einen Interessenausgleich innerhalb der Kammer verlangen. Unterschiedliche Interessen der Handwerkszweige (Gewerke) müssen vereinigt und intern zum Ausgleich gebracht werden[119]. Nach außen vertritt die Handwerkskammer nach § 90 Abs. 1, 91 Abs. 1 Nr. HandwO „die Interessen des Handwerks“.

4. Dezentralisierung

Der Gedanke der Dezentralisierung findet sich in allen Organisationen der Selbstverwaltung[120]. Bei der Übertragung von Aufgaben auf selbstständige Verwaltungsträger zur eigenverantwortlichen Erfüllung wirkt das „Prinzip der gewaltenteilenden Dezentralisation der staatlichen Herrschaftsbefugnis“[121]. Somit steht der Begriff der Dezentralisation mit der Selbstverwaltung in einem engen Verhältnis[122]. Es spricht einiges dafür, dass der Dezentralisierung durch Selbstverwaltung eine erhöhte Bedeutung zukommt[123]. Daher wird im Laufe der Betrachtung der Gesichtspunkt der Dezentralisation immer wieder Beachtung finden[124].

---

117 Das Prinzip der Staatsverwaltung sei hierzu ein konstruktives Mittel, so *Forsthoff*, Verwaltungsrecht I, S. 476.

118 *Hendler*, Selbstverwaltung als Ordnungsprinzip, S. 354.

119 So lässt sich die Handwerkskammer auch als „interessenvertretende Selbstverwaltung repräsentativer Prägung“, so *Schuppert*, Verwaltungswissenschaft, S. 858 bezeichnen; dieser Ansicht folgend *Kelber*, Grenzen des Aufgabenbereichs, S. 138.

120 *Hendler*, Selbstverwaltung als Ordnungsprinzip, S. 345, ebenso *Peters*, Zentralisation und Dezentralisation, S. 24.

121 So *Poetzsch-Heffter*, in: Festgabe von Unruh, S. 111 (S. 112), und ihm folgend *Hendler*, Selbstverwaltung als Ordnungsprinzip, S. 347, der darauf hinweist, dass durch die Dezentralisation eine „Pluralisierung hoheitlicher Entscheidungsträger“ bewirkt wird; vertiefend zur zunehmenden Pluralisierung der Verwaltung *Schuppert*, Verwaltungswissenschaft, S. 831 ff.

122 *Kelber*, Grenzen des Aufgabenbereichs, S. 66; weitergehend dazu *Hendler*, Selbstverwaltung als Ordnungsprinzip, S. 345, der die Selbstverwaltung als eine Erscheinungsform der Dezentralisation qualifiziert.

123 *Hendler*, Selbstverwaltung als Ordnungsprinzip, S. 346.

124 Insbesondere im *2. Kapitel II. 4.* und *3. Kapitel II. 4. d) aa).*

5. Staatsentlastung

Anknüpfend an die wachsende Komplexität und Änderungsdynamik der öffentlichen Aufgaben kommt der staatsentlastenden Wirkung eine herausragende Bedeutung zu. Zwar verfügt die Handwerkskammer als funktionaler Selbstverwaltungsträger nur über beschränkte finanzielle Ressourcen und Gestaltungsmöglichkeiten[125], jedoch kann sie das Behördensystem des Staates von öffentlichen und auch hoheitlichen Aufgaben entlasten[126]. Um welche Aufgaben es sich dabei handelt, wird im folgenden Abschnitt, der sich mit dem Aufgabenspektrum der Handwerkskammer befasst, dargestellt. Welche weiteren Möglichkeiten der Staatsentlastung durch Aufgabendelegation an die Handwerkskammer vorgesehen oder in den letzten Jahren als denkbar diskutiert worden sind, wird im *5. Kapitel* eingehend betrachtet.

III. Aufgabenbereiche der Handwerkskammer

Der Aufgabenbereich der Handwerkskammer ist vielgestaltig und „dynamisch zu verstehen, um dem Strukturwandel"[127] gerecht zu werden. Das Aufgabenspektrum reicht von der Führung der Handwerksrolle nach § 91 Abs. 1 Nr. 3 HandwO über die Ausnahmebewilligung nach § 8 HandwO bis hin zur Interessenförderung des Handwerks. Ebenso wie bei der kommunalen Selbstverwaltung lassen sich bei der Selbstverwaltung der Wirtschaft zwei Aufgabenkomplexe unterscheiden: zum einen der eigene Wirkungskreis (Selbstverwaltungsaufgaben) und zum anderen der übertragene Wirkungskreis (Auftragsangelegenheiten)[128]. Die Unterscheidung dieser Tätigkeitsbereiche ist eine „rein formal organisatorische"[129], da sämtliche Tätigkeiten der Selbstverwaltungskörperschaft vom Staat übertragen wurden. „Es ist der Staat, der

---

[125] *Hendler*, Selbstverwaltung als Ordnungsprinzip, S. 356; vgl. zu den Gestaltungsmöglichkeiten die Ausführungen im *2. Kapitel IV.* und freiwillige Aufgaben im Rahmen der Selbstverwaltung (2. Kapitel III. 1. b)).

[126] „Sie entlasten und und verschlanken den Staat zugleich", so *Palige*, GewArch 2007, S. 273 (S. 274).

[127] So *Stober*, Allgemeines Wirtschaftsverwaltungsrecht, S. 290; sehr kritisch gegenüber der Auffassung, den Aufgabenbereich als dynamisch anzusehen; *Schöbener*, VerwArch, Bd. 91, 2000, S. 413.

[128] *Stober*, Allgemeines Wirtschaftsverwaltungsrecht, S. 290; *Tettinger*, Kammerrecht, S. 146; so bereits *Bremer*, JR 1957, S. 81 (S. 83). Eine Orientierung an der Aufteilung der Aufgabenbereiche im Kommunalrecht lehnen hingegen *Fröhler/Oberndorfer* ab, da die durch staatliche Fachaufsicht und Weisungsgebundenheit gekennzeichnete Aufgabenkategorie der Auftragsangelegenheiten bei den Trägern funktionaler Selbstverwaltung kaum eine Rolle spiele (*Fröhler/Oberndorfer*, Körperschaften, S. 35 f).

[129] So *Korinek*, Wirtschaftliche Selbstverwaltung, S. 135.

die Selbstverwaltung einrichtet, es ist der Staat, der ihr Aufgaben – in concreto auch Verwaltungsaufgaben – zuweist"[130]. Der Wirkungskreis der Handwerkskammer begrenzt zugleich die Körperschaft auch in ihrer Betätigung, da sie außerhalb ihrer Kompetenz nicht zur Aufgabenwahrnehmung legitimiert ist[131]. Der Kompetenzbereich ist zudem für andere Verwaltungsträger unantastbar[132].

Die Norm des § 90 HandwO verleiht der Handwerkskammer die Verbandskompetenz[133] für die Wahrnehmung der Interessen des Handwerks. Wie dieser allgemein umrissene Aufgabenbereich wahrgenommen und welche Maßnahmen zum Zweck der Interessenvertretung des Handwerks ergriffen werden sollen, zählen die daran anschließenden Bestimmungen des § 91 HandwO auf[134]. Wie diese Aufgabenbereiche einzuteilen sind und sich unterscheiden, wird im Folgenden dargestellt.

Die Abgrenzung kann zunächst rein formal vorgenommen werden. Beruht die Aufgabenerfüllung auf einem Delegationsverhältnis, so liegt eine Auftragsangelegenheit vor. Ein Delegationsverhältnis liegt vor, wenn eine Aufgabe durch Gesetz[135] einem funktionalen Selbstverwaltungsträger zugewiesen wird[136]. Der Begriff der Delegation umfasst in diesem Kontext lediglich die „Übertragung staatlicher Aufgaben auf andere Rechtssubjekte"[137].

Die Suche nach einem materiellen Unterscheidungskriterium, führt letztlich zu der Frage, ob es einen Aufgabenbestand gibt, der notwendigerweise als Selbstverwaltungsangelegenheit erfüllt werden muss[138]. Im Rahmen einer typologischen Betrachtung lässt sich darauf nur antworten, dass dies eindeu-

---

130 So deutlich *Korinek*, Wirtschaftliche Selbstverwaltung, S. 135.

131 *Hsu*, Institutionen körperschaftlicher Selbstverwaltung, S. 209.

132 *Oldiges*, DÖV 1989, S. 873 (S. 874).

133 Eine ausführliche Auseinandersetzung mit den Komponenten der Verbandskompetenz findet im *3. Kapitel und 5. Kapitel* der Arbeit statt.

134 *Fröhler/Oberndorfer* bezeichnen dies als „gesetzliche Instrumentalisierung der Kammern" ; (*Fröhler/Oberndorfer*, Körperschaften, S. 42).

135 Es bedarf einer gesetzlichen Ermächtigung, da es sich hierbei um eine Zuständigkeitsverlagerung handelt (*Eisenmenger*, DVBl. 2009, S. 1356 (S. 1359)).

136 *Kluth*, Funktionale Selbstverwaltung, S. 244.

137 So die Definition von *Terrahe*, Die Beleihung als Rechtsinstitut der Staatsorganisation, S. 69. *Eisenmenger* trifft hinsichtlich der Delegation eine weitergehende Differenzierung: Eine „klassische Delegation" liegt vor, wenn die gesamte Aufgabe mit allen Rechten und Pflichten in der Weise übertragen werden soll, dass letztlich der übernehmende Partner im eigenen Namen und in eigener Verantwortung handelt und der abgebende Partner von der Aufgabe entbunden wird. Hingegen behält sich der Delegierende das Rückholrecht der Kompetenz bei einer „unechten bzw. bewahrenden Delegation" vor (*Eisenmenger*, DVBl. 2009, S. 1356 (S. 1358)).

138 *Kluth*, Funktionale Selbstverwaltung, S. 244.

tig nur für solche Aufgaben gelten kann, die notwendigerweise und ausschließlich einen Selbstverwaltungskörper voraussetzen. Dieser Aufgabenbereich ist durch die Organisationsform der öffentlich-rechtlichen Körperschaft geprägt[139]. Der Staat erkennt damit an, dass es sich insoweit für ihn um fremde Angelegenheiten handelt[140], und folglich ist es dem Staat „aus verfassungsrechtlichen Gründen untersagt, die öffentlichen Aufgaben dieser Institutionen vollständig an sich zu ziehen“[141]. Darüber hinaus lassen sich keine überzeugenden Abgrenzungskriterien benennen, die nicht letztendlich einer bestimmten ordnungspolitischen Sicht entstammen und damit von deren Annahme oder Ablehnung abhängen. *Scheuner* formuliert in diesem Zusammenhang treffend, dass in dieser Frage die wechselnden Auffassungen hinsichtlich der Rolle des Staates gegenüber der funktionalen Selbstverwaltung sowie dem Umfang und der Grenze der Staatstätigkeit maßgeblich sind[142].

1. Eigener Wirkungskreis (Selbstverwaltungsaufgaben)

Bereits der Begriff der Selbstverwaltung besagt, dass der Zweck des körperschaftlichen Zusammenschlusses „die Wahrnehmung ihrer eigenen Angelegenheiten ist“[143]. Dies setzt voraus, dass dem Selbstverwaltungsträger ein Aufgabenkreis zukommt, der sich aus der Funktion als funktionaler Selbstverwaltungsträger und dem Zweck der Pflichtmitgliedschaft ergibt[144]. In der Wahrnehmung eigener Angelegenheiten der Selbstverwaltung kommt daher die Befugnis „zur autonomen Selbstbestimmung des Verbandswillens in genossenschaftlichen Formen im Rahmen der staatlich anerkannten Verbandskompetenz“[145] zum Ausdruck. Der Selbstverwaltungscharakter tritt beson-

[139] *Kluth*, in: *Kluth [Hrsg.]*, Handbuch des Kammerrechts, S. 106 (S. 130, Rn 90).Siehe dazu bereist die Ausführungen im *2. Kapitel I.* zur rechtlichen Stellung der Handwerkskammer.

[140] *Terrahe*, Die Beleihung als Rechtsinstitut der Staatsorganisation, S. 74 f.

[141] So deutlich *Hendler*, DÖV 1986, S. 675 (S. 678).

[142] *Scheuner*, in: Gs Peters, S. 797 (S. 797).

[143] So *Ehlers*, Aushöhlung der Staatlichkeit, S. 152; in diesem Sinne auch die Definition von *Kelber*, Grenzen des Aufgabenbereichs, S. 65 und S. 69.

[144] *Huber*, Wirtschaftsverwaltungsrecht I, S. 186; ebenso *Terrahe*, Die Beleihung als Rechtsinstitut der Staatsorganisation, S. 73 f. Siehe hierzu auch die Ausführungen, dass der Aufgabenbereich durch die Rechtsform geprägt ist im *2. Kapitel I.*

[145] So *Terrahe*, Die Beleihung als Rechtsinstitut der Staatsorganisation, S. 73; so auch *Krebs*, in: *Isensee/ Kirchhof [Hrsg.]*, HdbStR, Bd III, S. 567 (Rn. 18), dass „die Idee der Selbstverwaltung als eine Verwaltung eigener Angelegenheiten in weitgehend eigener Verantwortung [...] tragender Grund rechtlicher Verselbständigung der Aufgabenwahrnehmung“ sei.

ders deutlich bei der Förderung beruflicher Belange und Interessen der Mitglieder des Selbstverwaltungsträgers hervor[146]. Diese Aufgabenbereiche können nur als Selbstverwaltungsangelegenheit wahrgenommen werden, da sie sonst ihres spezifischen Sinngehalts entleert würden[147].

Im Rahmen des eigenen Wirkungskreises ist es notwendig, zwischen Pflichtaufgaben und freiwilligen Aufgaben zu differenzieren[148]. Die in § 90 I HandwO niedergelegte Aufgabenumschreibung umfasst Pflichtaufgaben und freiwillige Aufgaben[149]. Die Pflichtaufgaben sind dezentralisierte Staatsaufgaben, die der Handwerkskammer zur eigenständigen, selbstverantwortlichen Erledigung übertragen wurden[150], die die Handwerkskammer in mittelbarer Staatsverwaltung ausführt. Hingegen stellen die freiwilligen Aufgaben einen eigenen Wirkungsbereich im Sinne gesellschaftlicher, vom Staat legitimierter Selbstverwaltung der Mitglieder dar[151]. Beide Selbstverwaltungsbereiche unterscheiden sich maßgeblich in der Möglichkeit und Freiheit der Aufgabenausgestaltung[152]. Den Körperschaften des öffentlichen Rechts kommt eine größere Gestaltungsfreiheit zu, wenn sie nichtstaatliche Aufgaben wahrnehmen. Insbesondere, wenn sie ihre Interessen gegenüber dem Staat behaupten und geltend machen[153].

Basierend auf der begrifflichen Differenzierung zwischen pflichtigen und freiwilligen Aufgaben soll nun die detaillierte inhaltliche Darstellung der beiden Bereiche der Selbstverwaltungsaufgaben der Handwerkskammer erfolgen.

---

[146] *Schliesky*, Öffentliches Wirtschaftsrecht, S. 147.

[147] *Kluth*, Funktionale Selbstverwaltung, S. 244.

[148] *Wolff* et al., Verwaltungsrecht II, § 85 Rn. 42.

[149] *Stober*, Allgemeines Wirtschaftsverwaltungsrecht, S. 291.

[150] *Kelber*, Grenzen des Aufgabenbereichs, S. 65 f., der diese Selbstverwaltungsaufgaben als echte Selbstverwaltungsaufgaben bezeichnet.

[151] *Fröhler/Oberndorfer*, Körperschaften, S. 36, schlägt hingegen eine Dreiteilung in übertragenen und eigenen Wirkungskreisen vor, wobei sich der eigene Wirkungskreis in dezentralisierte Staatsaufgaben und Aufgaben der gesellschaftlichen Selbstverwaltung aufteilt. *Hsu*, Institutionen körperschaftlicher Selbstverwaltung, S. 222, nimmt hingegen folgende Aufteilung vor: Die Funktion der Körperschaften wird in vier Kategorien aufgeteilt, nämlich in schlicht-verwaltende, disziplinierende, fördernde und interessenvertretende Funktionen der Körperschaften. *Motsch*, Die rechtliche Stellung der Handelskammer gegenüber Staat und Gesellschaft, S. 3, teilt die Aufgaben nach ihrem Gegenstand in die Bereiche selbstverwaltende, fördernde und interessenvertretende Aufgaben ein.

[152] *Fröhler/Oberndorfer*, Körperschaften, S. 37.

[153] *Fröhler/Oberndorfer*, Körperschaften, S. 37.

a) Pflichtaufgaben

Bei den Pflichtaufgaben[154] handelt es sich um Aufgaben, deren Erfüllung für den modernen Wirtschaftsstaat unerlässlich sind[155]. Die Pflichtaufgaben sind daher auch gesetzlich ausdrücklich normiert[156]. Als Bestandteil der öffentlichen Verwaltung ist der Handwerkskammer die Wahrnehmung der Verwaltungsaufgaben auf ihrem Sachgebiet anvertraut und sie nimmt in dieser Funktion auch schlicht-verwaltende Tätigkeiten wahr[157]. Die Pflichtaufgaben sind dadurch gekennzeichnet, dass sie vom Staat delegiert wurden und von der Handwerkskammer in mittelbar staatlicher Verwaltung wahrgenommen werden[158]. Die Pflichtaufgaben der Handwerkskammer sind in § 91 Abs. 1 HandwO sowie in den in der Handwerksordnung etwas verstreuten Einzelzuweisungen aufgeführt[159]. Hinsichtlich dieses Aufgabenkomplexes besteht somit die Pflicht der Wahrnehmung. Die Handwerkskammer entscheidet lediglich über das „Wie" der Aufgabenwahrnehmung.

Der § 91 Abs. 1 Nr. 1 HandwO weist der Handwerkskammer zu, „die Interessen des Handwerks zu fördern und für einen gerechten Ausgleich der Interessen der einzelnen Handwerke und ihrer Organisationen zu sorgen". Damit bringt der Gesetzgeber zum Ausdruck, dass die fördernde Funktion der Handwerkskammer in zwei Richtungen geht: Zum einen nach außen gegenüber der Allgemeinheit und zum anderen nach innen gegenüber ihren Mitgliedern. Von der Förderung der gewerblichen Wirtschaft durch die wirtschaftlichen Körperschaften profitiert somit auch die Allgemeinheit[160]. Somit hebt der Gesetzgeber mit dieser Regelung „die Verklammerung des Außen- und Binnenaspekts"[161] der Interessenvertretung hervor.

Die Mitglieder der Handwerkskammer können „unmittelbar gestaltend an

---

[154] Diese Begrifflichkeit „fungiert als Sammelbecken für all jene der Entlastung und Unterstützung der unmittelbaren Staatsverwaltung dienenden Aktivitäten der Kammern, die nicht unter eine der speziellen Aufgabenkategorien fallen", so *Emde*, Funktionale Selbstverwaltung, S. 114.

[155] *Emde*, Funktionale Selbstverwaltung, S. 115.

[156] *Fröhler/Oberndorfer*, Körperschaften, S. 41.

[157] *Hsu*, Institutionen körperschaftlicher Selbstverwaltung, S. 222.

[158] *Fröhler/Oberndorfer*, Körperschaften, S. 46.

[159] Weitere Pflichtaufgaben finden sich in den folgenden Normen der HandwO: §§ 8 Abs. 3, 21 Abs. 3, 24 Abs. 3, 56, 61 Abs. 3, 62 Abs. 3, 66 Abs.3, 75, 76; vgl. hierzu auch *Kluth*, in: *Kluth[Hrsg.]*, Handbuch des Kammerrechts, S. 173 (S. 212 ff.), und *Czybulka*, NVwZ 1991, S. 230 (S. 235).

[160] Die Förderung der Allgemeinheit entspricht der Natur der Körperschaften, derzufolge sie stets einem öffentlichen Zweck dienen und ihrer Aufgabenstellung, derzufolge sie einen legitimen öffentlichen Zweck zu erfüllen haben.

[161] So *Kluth*, in: *Kluth[Hrsg.]*, Handbuch des Kammerrechts, S. 173 (S. 212, Rn 212).

der Erfüllung der sie besonders berührenden öffentlichen Aufgaben mitwirken und ihren Einfluss schon im Stadium der Willensbildung des Verbandes geltend machen“[162]. Zudem nimmt die Handwerkskammer ihre fördernde Funktion gegenüber ihren Mitgliedern wahr[163]. Sie haben die Aufgabe, die erforderlichen Einrichtungen für die technische und betriebswirtschaftliche Fortbildung der Meister und Gesellen sowie die den wirtschaftlichen Interessen des Handwerks dienenden Einrichtungen zu schaffen, zu unterstützen und zu unterhalten[164]. Die nach außen gerichtete Interessenvertretung beinhaltet die Darstellung und Durchsetzung der Verbandsinteressen des Handwerks gegenüber Dritten, insbesondere gegenüber dem Staat[165]. Diese „gegenüber gesellschaftlichen und – vor allem – staatlichen Instanzen zu entfaltende Tätigkeit [...] verlangt eine vorgängige kammerinterne Angleichung von möglichen divergierenden Interessen“[166]. Als Maßstab der Interessenvertretung gelten nicht die Interessen einzelner Handwerkszweige (Gewerke), sondern nach § 91 Abs. 1 Nr. 1 HandwO „die Interessen des Handwerks“.

Zudem ist die Handwerkskammer in vielfältiger Weise von Entscheidungen und Maßnahmen staatlicher Instanzen abhängig. Daher ist es notwendiger Bestandteil der Selbstverwaltung, dass sie ihre eigenen Interessen gegenüber den anderen Instanzen geltend machen kann[167]. Daher soll die Handwerkskammer nach § 91 Abs. 3 HandwO „in allen wichtigen das Handwerk und das handwerksähnliche Gewerbe berührende Angelegenheiten gehört werden“. Es bestehen daher diverse Mitwirkungsrechte der Kammern bei der Wahrnehmung staatlicher Angelegenheiten durch staatliche Behörden über Instrumente wie Antragsrechte (§ 16 Abs. 3 S. 1 HandwO) oder Anhörungsrechte (§ 47 Abs. 3 S. 2 HandwO), mittels derer die Kammern sicherzustellen haben, dass die von ihnen zu vertretenden Belange in angemessener Weise gewahrt werden[168].

---

162 So BVerfGE 10, 89, 104.

163 Soweit diese Förderung in Form von Gutachten oder Stellungnahmen nach außen erfolgt, deckt sie sich im Wesentlichen mit der Interessenvertretung (vgl. *Brohm*, in: Festgabe von Unruh, S. 777 (S. 782)).

164 Vgl. § 91 Abs. 1 Nr. 7 HandwO. Der Verweis auf die „Einrichtungen“ und insbesondere die Genossenschaften macht diesen Aspekt deutlich, dass es hier nicht um die Interessenförderung im Außenverhältnis Handwerk–Staat bzw. Handwerk–Gesellschaft geht, sondern um die Binnenförderung, die unter anderem auf die vom Handwerk selbst geschaffenen Fördereinrichtungen, insbesondere die Gesellschaften, abzielt.

165 *Fröhler/Oberndorfer*, Körperschaften, S. 84; *Kluth*, Funktionale Selbstverwaltung, S. 243; *Pitschas*, in: *Schmidt [Hrsg.]*, Wirtschaftliches Verwaltungsrecht Teil 2, S. 1 (S. 104).

166 So *Kluth*, in: *Kluth[Hrsg.]*, Handbuch des Kammerrechts, S. 173 (S. 212, Rn. 212).

167 *Ehlers*, Aushöhlung der Staatlichkeit, S. 154.

168 *Tettinger*, Kammerrecht, S. 148; eine Anhörung der Handwerkskammer darf nur un-

Dem Mitwirkungsrecht korrespondiert die Verpflichtung der jeweiligen staatlichen Behörde, diese Belange bei ihrer Sachentscheidung mitzuberücksichtigen[169].

Im Bereich der unterstützenden Tätigkeiten der Handwerkskammer ist die Verpflichtung nach § 91 Abs. 1 Nr. 2 HandwO zur Erstellung von Berichten und Gutachten die häufigste Tätigkeit. Die Kammergutachten sind in der Regel unterstützende bzw. vorbereitende Stellungnahmen für staatliche Entscheidungen[170]. Die Mitwirkung beim Personalwesen der staatlichen und sonstigen Stellen erfolgt auf drei Arten (Bestellen, Entsenden, Vorschlagen). Die Handwerkskammer hat Sachverständige zu bestellen und zu vereidigen sowie sachkundige Vertreter in verschiedene Räte, Ausschüsse und Kommissionen zu entsenden. Darüber hinaus hat die Handwerkskammer das Vorschlagsrecht für die Mitglieder der Meisterprüfungsausschüsse nach § 47 Abs. 2 HandwO.

Zu den rein administrativen Aufgaben gehört die Führung verschiedener Register und Verzeichnisse[171]. Die Führung der Handwerksrolle nach § 91 Abs. 1 Nr. 3 HandwO iVm. (§ 6 HandwO) ist die umfassendste Verwaltungsaufgabe, die die Handwerkskammer wahrnehmen muss[172]. Hinzu treten die ausbildungsbezogenen Zuständigkeiten der §§ 91 I Nr. 4, 4a, 5, 6, und 7 HandwO, die Aufgaben im Bereich der Berufsbildung und des Prüfungswesens beinhalten. Zur Wahrnehmung dieser aus- und fortbildungsbezogenen Aufgabenfelder unterhalten die Kammern Berufsbildungs- und Technologiezentren[173] als wirtschaftliche Einrichtungen[174].

Durch den fortwährenden technischen Wandel kommt der Fortbildung erhebliche Bedeutung im Rahmen der Förderung des Handwerks zu. Die Kammern können auf Grund ihrer Satzungsgewalt im Wege der Berufsordnung selbst die Pflichten und Bindungen aufstellen[175], denen die Ausübung des jeweiligen

terbleiben, wenn zwingende Gründe ihr entgegenstehen, so deutlich *Ennuschat*, in: *Tettinger/Wank/Ennuschat*, GewO, § 35 Rn. 225.

169 *Tettinger*, Kammerrecht, S. 148.

170 Diese sind dem schlicht-hoheitlichen Verwaltungshandeln zuzurechnen und stellen von daher keinen Verwaltungsakt dar (*Tettinger*, Kammerrecht, S. 209).

171 Zu den rein administrativen Aufgaben zählt auch die Ausstellung von Ursprungszeugnissen (§ 91 Abs. 1 Nr. 12 HandwO) und anderen dem Wirtschaftsverkehr dienenden Bescheinigungen.

172 *Kluth*, in: *Kluth[Hrsg.]*, Handbuch des Kammerrechts, S. 173 (S. 213 Rn 214); auch führt die Handwerkskammer das Verzeichnis der handwerksähnlichen Betriebe nach § 19 HandwO und die Lehrlingsrolle nach § 91 Abs. 1 Nr. 4 HandwO.

173 Eine Auflistung der Berufsbildungszentren der Handwerkskammer Rheinhessen findet sich unter: http://www.hwk.de/index.php?id=385 (Stand: 19.04.2010)

174 Siehe zur wirtschaftlichen Betätigung der Kammer die Ausführungen im *3. Kapitel IV. 3.*

Berufes unterliegen soll. Gleichzeitig obliegt den Kammern die Überwachung hinsichtlich der Einhaltung dieser Pflichten durch die Mitglieder[176]. Diese der Handwerkskammer als Pflichtaufgaben übertragenen Aufgaben sind als dezentralisierte staatliche Aufgaben zu qualifizieren[177]. Bei den Aufgaben, deren Erledigung im Interesse der Allgemeinheit liegt, handelt es sich um staatliche Aufgaben, da sie dem Verwaltungsträger durch den Staat mit dem Errichtungsakt zugewiesen wurden[178].

b) Freiwillige Aufgaben

Neben den pflichtigen Aufgaben kann die Handwerkskammer im Rahmen der durch § 90 HandwO vorgegebenen Verbandskompetenz auch freiwillige Aufgaben wahrnehmen. Der Aufgabenbereich ist nur generalklauselartig in § 90 HandwO als „Vertretung der Interessen des Handwerks" beschrieben, so dass die Kammer über das „Ob" als auch über das „Wie" der Aufgabenwahrnehmung bestimmen kann. Voraussetzung ist insofern, dass die Wahrnehmung dieser Aufgaben in der Satzung der Handwerkskammer vorgesehen ist. Die Satzung erlässt die Vollversammlung nach § 105 Abs. 1 HandwO, sodass die freiwilligen Aufgaben ihre rechtliche Grundlage in den Beschlüssen der Vollversammlung finden.

[175] Vgl. §§ 42 ff. HandwO sowie § 1 Abs. 1 BBiGuaZustV RP, der festlegt, dass die Handwerkskammer in den in § 71 Abs. 1, 7 BBi genannten Berufsbereichen die in§ 1 Nr. 1–7 BBiGuaZustV RP aufgelisteten Aufgaben wahrnimmt.

[176] Die Sanktionsmöglichkeiten, die den Kammern hierbei zustehen, reichen von Rüge über Verweis und Bußgeld bis zum Ausschluss aus der Kammer (*Heimburg*, Verwaltungsaufgaben und Private, S. 80).

[177] *Fröhler*, in: Fs Broermann, S. 687 (S. 688). Das BVerfG spricht in diesem Kontext von der Wahrnehmung echter Staatsaufgaben (vgl. BVerfGE 15, 235, 240).

[178] *Ehlers*, Aushöhlung der Staatlichkeit, S. 153.

Der Schwerpunkt der freiwilligen Maßnahmen liegt im Bereich der Interessenförderung, wobei im Zentrum der Interessenpolitik der Handwerkskammer folgende Aufgaben stehen: Die Rechtsberatung und -betreuung durch die Kammern, ebenso wie die Einrichtung von Inkasso- und Submissionsstellen[179] und weitere individuell betreuende und fördernde Maßnahmen, die von den Kammerangehörigen in Anspruch genommen werden können[180].

Abschließend soll auf die rechtliche Qualifizierung des soeben dargestellten freiwilligen Aufgabenbereichs eingegangen werden. Wie *Fröhler* expressis verbis formuliert, darf aus der Tatsache, dass eine Körperschaft des öffentlichen Rechts zur Erfüllung legitimer öffentlicher Aufgaben gebildet wurde, nicht der Schluss gezogen werden, dass der selbstverantwortliche Aufgabenbereich der Interessenvertretung als staatliche Aufgaben zu qualifizieren sei[181]. Dieser Bereich des eigenen Wirkungskreises gesellschaftlicher Selbstverwaltung ist als Bereich öffentlicher Aufgaben zu qualifizieren, denn „eine Qualifizierung als staatliche Aufgabe würde dem Bedürfnis zur gemeinsamen eigenverantwortlichen Interessenvertretung und Zweckerreichung nicht gerecht werden“[182]. Die freiwilligen Aufgaben sind somit als öffentliche Aufgaben zu qualifizieren.

2. Übertragener Wirkungskreis (Auftragsangelegenheiten)

Der Gesetzgeber kann den funktionalen Selbstverwaltungsträgern durch Gesetz oder Rechtsverordnung bestimmte Aufgaben übertragen, die in den Bereich der Wirtschaftsverwaltung fallen[183]. Diese zeichnen sich dadurch aus, dass die Körperschaften staatliche Aufgaben zu bewältigen haben,

[179] Die Handwerkskammer zu Leipzig bietet ihren Mitgliedsbetrieben diese Dienstleistungen an: Nach erfolgloser erster Mahnung wird das vorgerichtliche Mahnverfahren durchgeführt, der Erlass des Mahnbescheides bewirkt, dass die Forderung im Zwangsvollstreckungsverfahren beigetrieben wird (http://www.hwk-leipzig.de/3,456,206.html (Stand: 22.11.2013). Eine Inkassostelle haben auch z.B. die Handwerkskammern in Berlin, Potsdam, Schwerin, Hamburg eingerichtet. Die Submissionsstelle ist für die Beratung in vergaberechtlichen Fragen zuständig.

[180] Zu beachten ist, dass die Kammern nicht nur Maßnahmen ergreifen dürfen, die dem Gesamtinteresse aller Angehörigen dient, sondern sie können auch Einrichtungen schaffen, die unmittelbar den Interessen einzelner Angehöriger oder den Interessen begrenzter Mitgliedergruppen dienen, wobei die Wahrnehmung von Einzelinteressen nicht nur zum Recht, sondern sogar zur Pflicht geworden ist (*Fröhler/Oberndorfer*, Körperschaften, S. 83).

[181] *Fröhler*, in: Fs Broermann, S. 687 (S. 688).

[182] So *Fröhler*, in: Fs Broermann, S. 687 (S. 688).

[183] *Stober*, Allgemeines Wirtschaftsverwaltungsrecht, S. 290; *Kelber*, Grenzen des Aufgabenbereichs, S. 66.

die ihnen per Gesetz zur selbstständigen Erledigung übertragen wurden. Gekennzeichnet ist der Begriff der Auftragsverwaltung durch die Unterworfenheit unter die umfassende Aufsicht des Staates[184]. Soweit Staatsaufgaben übertragen werden und eine Zweckmäßigkeitskontrolle für erforderlich gehalten wird, unterfällt die Handwerkskammer der Fachaufsicht[185]. Nach § 124 b Satz 2 HandwO umfasst die Staatsaufsicht nach § 115 Abs. 1 „im Falle einer Übertragung von Zuständigkeiten nach den §§ 7a, 7b, 8 und 9 auch die Fachaufsicht".

Besonders bei der Ausnahmebewilligung der §§ 8, 9 HandwO und die Erteilung einer Ausübungsberechtigung nach den §§ 7a, 7b HandwO dürfen keine sachfremden Erwägungen in die Bewertung eingestellt werden[186].

Eine Übertragung staatlicher Aufgaben auf Kammern ist in vielfältiger Weise erfolgt. Unter dem Stichwort der „Deregulierung" wird in weit größerem Umfang die Übertragung staatlicher Aufgaben auf die Kammern gefordert, um so Verwaltungsabläufe zu vereinfachen und zu verkürzen[187]. Welche rechtlichen Rahmenbedingungen bei der Aufgabendelegation an die Handwerkskammer beachtet werden müssen, wird im *4. Kapitel* einer gesonderten Betrachtung unterzogen, bevor letztlich im *5. Kapitel* die Erweiterung des Aufgabenbereichs an konkreten Beispielen erfolgt.

Zuvor wird jedoch auf die Selbstständigkeit und die Eigenverantwortlichkeit der Handwerkskammer eingegangen, die in der Selbstverwaltungseigenschaft wurzeln[188]. An den soeben dargestellten Aufgabenbereich der Handwerkskammer wird sich daher die Betrachtung hinsichtlich etwaiger Gestaltungsspielräume innerhalb des Aufgabenbereichs anschließen.

IV. Selbstständigkeit und Eigenverantwortlichkeit

Die Eigenschaften der Selbstverwaltung sind die Selbstständigkeit und die Eigenverantwortlichkeit. Diese werden, wie bereits festgestellt, vom Gesetzge-

[184] *Dehmel*, Übertragener Wirkungskreis, Auftragsangelegenheiten und Pflichtaufgaben nach Weisungen, S. 55; *Tettinger*, Kammerrecht, S. 147.

[185] *Stober*, Allgemeines Wirtschaftsverwaltungsrecht, S. 294.

[186] *Tettinger*, DÖV 1995, S. 169 (S. 98); *Kluth*, in: *Kluth[Hrsg.]*, Handbuch des Kammerrechts, S. 173 (S. 213 Rn 214).

[187] *Tettinger*, Kammerrecht, S. 147.

[188] *Fröhler/Oberndorfer*, Körperschaften, S. 48, in diesem Sinne auch *Huber*, Wirtschaftsverwaltungsrecht I, S. 186 und *Terrahe*, Die Beleihung als Rechtsinstitut der Staatsorganisation, S. 73 f.

ber übertragen, damit gesellschaftliche oder wirtschaftliche Gruppen ihre Interessen nach öffentlich-rechtlichen Kriterien organisieren. Nicht nur „wie die Interessen eines von einer öffentlich-rechtlichen organisierten Körperschaft repräsentierten Berufsstandes beschaffen sind und welche Maßnahmen am zweckdienlichsten sind, diese Interessen zu verwirklichen“[189], sondern auch in welchen Gestaltungsspielräumen sich die Interessenwahrnehmung artikuliert, wird Gegenstand des folgenden Abschnitts sein.

1. Gestaltungsspielräume

Gerade die Möglichkeit von Gestaltungsspielräumen kann die Wahl der Organisationsform des funktionalen Selbstverwaltungsträgers veranlassen[190]. Die Besorgung von Selbstverwaltungsaufgaben (dem eigenen Wirkungskreis) steht in einem untrennbaren Zusammenhang mit einem eigenverantwortlichen Gestaltungsspielraum[191]. Somit kann entsprechend der Einordnung der Aufgabe als Selbstverwaltungsaufgabe (dem eigenen Wirkungskreis) oder als Auftragsangelegenheit (dem übertragenen Wirkungskreis), auf das „Maß an Selbstständigkeit“[192] der Aufgabenwahrnehmung geschlossen werden. Die Auftragsangelegenheiten, die der Handwerkskammer zur Erledigung in mittelbarer Staatsverwaltung zugewiesen wurden, behalten ihre Einordnung als staatliche Aufgabe[193]. Sie eröffnen der Handwerkskammer keinen Gestaltungsspielraum. Soweit hingegen eigene nichtstaatliche, sondern öffentliche Aufgaben erledigt werden – insbesondere die Interessenvertretung – kommt der Eigenverantwortung der Handwerkskammer eine besondere Bedeutung zu. Hinsichtlich der Interessenvertretung ist es schon begrifflich schlichtweg ausgeschlossen, dass der Gesetzgeber (Staat) festlegt, was den Interessen des vertretenen Wirtschaftskreises entspricht und auf welche Art und Weise diese Interessen durchgesetzt werden können[194].

Die generalklauselartige Umschreibung der Interessenvertretung[195] in § 91

[189] So *Fröhler/Oberndorfer*, Körperschaften, S. 49

[190] *Brohm*, in: *Mestmäcker [Hrsg.]*, Kommunikation ohne Monopole II, S. 253 (S. 272).

[191] *Fröhler/Oberndorfer*, Körperschaften, S. 48.

[192] So *Fröhler/Oberndorfer*, Körperschaften, S. 48.

[193] *Fröhler*, in: Fs Broermann, S. 687 (S. 691); siehe hierzu die Darstellung im *2. Kapitel III. 2.*

[194] So deutlich *Fröhler*, in: Fs Broermann, S. 687 (S. 691); *Fröhler/Oberndorfer*, Körperschaften, S. 49, die hervorheben, dass diese Feststellung, wie die Interessen der durch die Handwerkskammer repräsentierten Wirtschaftskreise beschaffen und diese Interessen zu verwirklichen sind, „legitimerweise nur der deswegen mitgliedschaftlich organisierte Verbandswille angeben“.

[195] Ebenso wie „der Hinweis des Gesetzgebers auf den bloß demonstrativen Charakter

Abs. 1 Nr. 1 HandwO („insbesondere") macht zudem deutlich, dass darüber hinaus noch weitere Einzelaufgaben ergriffen werden können und sollen, die der Interessenvertretung dienen. Diese offene Regelungstechnik hat den Vorteil, dass den Körperschaften als Selbstverwaltungsträgern hinsichtlich der zu treffenden Maßnahmen und Regelungen ein Gestaltungsspielraum zukommt[196].

Weiterhin werden der Handwerkskammer auch bei der Aufgabenwahrnehmung Gestaltungsspielräume eingeräumt. Dabei muss ihre Tätigkeit den ständig wachsenden sozialen und wirtschaftlichen Herausforderungen gerecht werden[197]. Daher stellt das moderne Verwaltungsrecht konsequenterweise eine Fülle von Verwaltungsinstrumenten zur Verfügung. Die Handwerkskammer kann je nach Aufgabenkomplex und Zielsetzung innerhalb des ihr zugewiesenen Zuständigkeitsbereichs Hoheitsakte erlassen, schlicht-hoheitlich tätig werden oder sich privatrechtlicher Handlungsformen bedienen[198]. Darüber hinaus werden die Kammern durch die ihnen zustehende Rechtsetzungsbefugnis (Satzungsbefugnis) gestaltend tätig. Ausschließlich berufsständische und wirtschaftliche Kammern wie die Handwerkskammer regeln die beruflichen Angelegenheiten ihrer Mitglieder[199]. Die Teilhabe der funktionalen Selbstverwaltung an der Rechtsetzung hat eine ganz wesentliche Bedeutung für die Gestaltung des Gemeinwesens[200].

Gleichzeitig bedeutet die Eigenverantwortlichkeit den Ausschluss jeder fremden, etwa staatlicher Einflussnahme auf die Willensbildung innerhalb der Kammer. Auch durch das Prinzip der staatsfreien Finanzierung (in der Finanzierung eigener Angelegenheiten durch selbst aufgebrachte Mittel) zeigt sich die Eigenverantwortlichkeit der Handwerkskammer[201]. Grundgedanke

der Aufzählung einzelner Maßnahmen der Interessenvertretung", so deutlich *Fröhler/Oberndorfer*, Körperschaften, S. 43.

196 Vgl. *Kormann/Wittmann*, Neue hoheitliche Aufgaben, S.26/27; im Wege der Beschlussfassung durch ihre Vollversammlung kann die Handwerkskammer diese Gestaltungsräume ausfüllen (*Kormann/Wittmann*, Neue hoheitliche Aufgaben, S. 26 f.). *Leisner* bezeichnet diesen Gestaltungsspielraum als „Selbstpräzisierungsrecht" *Leisner*, BayVBl. 2001, S. 609 (S. 611).

197 *Hsu*, Institutionen körperschaftlicher Selbstverwaltung, S. 219 f.

198 *Tettinger*, Kammerrecht, S. 128; in Selbstverwaltungsangelegenheiten dürfen die Kammern privatrechtlich tätig werden, soweit dies nicht normativ ausdrücklich blockiert ist, (*Tettinger*, Kammerrecht, S. 146).

199 *Schuppert*, in: Festgabe von Unruh, S. 183 (S. 188).

200 *Kluth*, Funktionale Selbstverwaltung, S. 242; insbesondere die Berufsbildungsfunktion erschöpft sich nicht im Vollzug und in der Konkretisierung, sondern birgt auch ein Moment rechtspolitischer Gestaltung in sich (*Emde*, Funktionale Selbstverwaltung, S. 112).

201 Wobei auch die Staatsfreiheit der Finanzierung relativ ist, da sich die Kammern durch

der Kammerfinanzierung ist, dass diejenigen Tätigkeiten der Kammer, die primär im Interesse der beitragspflichtigen Kammermitglieder liegen, durch Beiträge und Gebühren finanziert werden. Hingegen ist die Wahrnehmung vorrangig im staatlichen Interesse liegender Aufgaben durch staatliche Mittelzuweisung zu finanzieren[202].
Dieser finanzielle Aspekt macht deutlich, warum die Abgrenzung zwischen den Tätigkeiten im Gesamtinteresse der Kammermitglieder und den staatlichen Aufgaben im öffentlichen Interesse einer genauen Betrachtung unterzogen wurde[203] und sie auch für weitere neue Aufgabendelegationen ein relevanter Gesichtspunkt ist.

die Beitragspflicht finanzieren; eingehender hierzu *3. Kapitel IV.*

202 *Rieger*, in: *Kluth [Hrsg.]*, Handbuch des Kammerrechts, S. 350 (S. 435, Rn. 237); eine sehr ausführliche Darstellung zur Beitrags- und Gebührenerhebung findet sich bei *Rieger*, in: *Kluth [Hrsg.]*, Handbuch des Kammerrechts, S. 350 (Rn. 7 ff.); *Kluth*, Funktionale Selbstverwaltung, S. 308 ff. und *Tettinger*, Kammerrecht, S. 198 ff.

203 Siehe die Ausführungen zum Aufgabenbereich der Handwerkskammer im *2. Kapitel III.*

2. Aufgabenfindungsrecht

Die Handwerkskammer kann innerhalb des gesetzlich ausgestalteten Aufgabenbereichs „nicht ausdrücklich geregelte Aufgaben wahrnehmen bzw. ‚erfinden'"[204], da die beispielhafte Aufzählung in § 91 HandwO einen Gestaltungsspielraum belässt. Der nicht abschließende Charakter der Aufgabenaufzählung folgt aus der gesetzlichen Formulierung „insbesondere" §§ 54, 91 HandwO[205].

Überdies können die Selbstverwaltungsträger zusätzlich nicht ausdrücklich übertragene Aufgaben übernehmen, wenn ihnen ein ganzer Aufgabenbereich übertragen wurden. Es bleibt dem Verwaltungsträger überlassen, diejenigen Aufgaben und Maßnahmen zu bestimmen, die durch ihn als Träger der öffentlichen Verwaltung zu erledigen sind[206]. Bei diesen Aufgaben handelt es sich um öffentliche Aufgaben, die die Handwerkskammer als freiwillige Aufgaben wahrnimmt[207].

V. Grenzen der Aufgabenausgestaltung

Die durch die generalklauselartige Aufgabenumschreibung eröffneten Spielräume der Selbstverwaltungsaufgaben dürfen nicht als „Freiräume kreativer Illegalität"[208] verstanden werden. Die Gestaltungsspielräume werden zum einen durch den Verbandszweck der Handwerkskammer und zum anderen durch verfassungsrechtliche Maßgaben der Aufgabenausgestaltung begrenzt.

---

[204] So *Kluth*, in: *Kluth[Hrsg.]*, Handbuch des Kammerrechts, S. 173 (S. 146, Rn. 164). Kritisch zum Aufgabenfindungsrecht *Schöbener*, in: *Kluth [Hrsg.]*, Handbuch des Kammerrechts, S. 443 (S. 483, Rn. 117) m.w.N.

[205] Dazu BVerwGE 108, 169, 172; OVG Lüneburg, GewArch 1986, 202.

[206] *Poetzsch-Heffter*, in: Festgabe von Unruh, S. 111 (S. 116).

[207] Siehe zu den freiwillige Aufgaben im *2. Kapitel III. 1. b)*; diese Einordnung trifft wohl auch *Poetzsch-Heffter*, in: Festgabe von Unruh, S. 111 (S. 116).

[208] So *Schmidt-Assmann*, in: *Schmidt-Aßmann*, in: Gs Martens, S. 249 (S. 260).

1. Verbandskompetenz

Die Verbandskompetenz kann als Wirkungskreis (Aufgabenkreis) des Selbstverwaltungsträgers definiert werden[209]. Dabei ist zwischen mehreren Komponenten zu unterscheiden, die sich aus der besonderen Rechtsform der Handwerkskammer als Körperschaft des öffentlichen Rechts ergeben. Angelehnt an *Kluth* und *Oldiges* kann zwischen der sachlichen, der personellen und der territorialen Komponente der Verbandskompetenz unterschieden werden[210].

a) Sachliche Komponente

Die Verbandskompetenz wird in sachlicher Hinsicht durch den in der Handwerksordnung festgelegte, Aufgabenbereich der Handwerkskammer abgegrenzt[211]. Nach § 90 Abs. 1 HandwO hat die Handwerkskammer die, „Interessen des Handwerks" wahrzunehmen. Insbesondere gehört es nach § 91 Abs. 1 HandwO zu den Aufgaben der Handwerkskammer „die Interessen des Handwerks zu fördern und für einen gerechten Ausgleich der Interessen der einzelnen Handwerke und ihrer Organisationen zu sorgen". In § 91 HandwO findet sich eine beispielhafte Aufzählung der Aufgaben, die der Förderung der Interessen des Handwerks dienen. Hinsichtlich der einzelnen Aufgabenbereiche der Handwerkskammer wird auf die obige Darstellung verwiesen[212].

b) Personelle Komponente

Prägend für die personelle Komponente der Verbandskompetenz ist die Rechtsform der Handwerkskammer als funktionaler Selbstverwaltungsträger[213]. Die Tätigkeit der Handwerkskammer muss im Interesse des Handwerks erfolgen, was durch die Pflichtmitgliedschaft bedingt ist[214]. Daher

---

209 *Burgi*, in: *Erichsen/Ehlers [Hrsg.]*, Allgemeines Verwaltungsrecht, S. 253 (S. 284, § 7 II 3 Rn. 22); *Wolff* et al., Verwaltungsrecht II, § 85 Rn. 41 f. *Oldiges* bezeichnet die Verbandskompetenz daher als Aufgabenträgerschaft, *Oldiges*, DÖV 1989, S. 873 (S. 873 f.).

210 Vgl. Einteilung bei *Kluth*, in: *Kluth [Hrsg.]*, Handbuch des Kammerrechts, S. 304 (S. 326 ff.); *Oldiges*, DÖV 1989, S. 873 (S. 874, 881).

211 *Kluth*, in: *Kluth [Hrsg.]*, Handbuch des Kammerrechts, S. 304 (S. 326, Rn. 95); *Wolff* et al., Verwaltungsrecht II, § 85 Rn. 41, 41.

212 Siehe *2. Kapitel* III.

213 *Kluth*, in: *Kluth [Hrsg.]*, Handbuch des Kammerrechts, S. 304 (S. 326, Rn. 96). Gleichbedeutend mit der funktionalen Selbstverwaltung ist die Bezeichnung der Personalkörperschaft (*Maurer*, Allgemeines Verwaltungsrecht, § 23 Rn. 30).

214 Siehe hierzu die verfassungsrechtlichen Ausführungen der Errichtung der Handwerkskammer *2. Kapitel I. 1. b)*.

ist die Handwerkskammer nur zum Angebot und Bereitstellen von Waren und Dienstleistungen für ihre Kammermitglieder berechtigt[215]. Eine Abweichung von diesem Grundsatzes kann sich nur aus einer gesetzlich normierten Ausnahmeregelung ergeben[216]. Eine solche Regelung findet sich in § 91 Abs. 1a S. 3 HandwO. Hiernach kann die Handwerkskammer im Rahmen eines Gesetzes nach § 91 Abs. 1 S. 1 HandwO „auch für nicht Kammerzugehörige tätig“ werden. Die Regelung ermöglicht die Einbeziehung der Handwerkskammer bei der Umsetzung des Einheitlichen Ansprechpartners der EU-Dienstleistungsrichtlinie. Welche Rolle die Handwerkskammer bei der Umsetzung der Richtlinie einnehmen kann, wird im Rahmen des *5. Kapitels* erläutert.

c) Territoriale Komponente

Die territoriale Komponente der Verbandskompetenz zeichnet sich dadurch aus, dass die Betätigung der Handwerkskammer auf den betreffenden Kammerbezirk der Handwerkskammer begrenzt ist[217]. Der Handwerkskammer ist „ein eingeschränkter geographischer Wirkungskreis zugewiesen“[218], da die Aufgabenwahrnehmung den Interesse der bezirksangehörigen Kammermitgliedern dienen soll. Nach § 90 Abs. 5 S. 1 2.Hs bestimmt die oberste Landesbehörde den Bezirk der Handwerkskammer durch eine Verordnung[219]. Zudem wird der Kammerbezirk in der Satzung der Handwerkskammer nach § 105 Abs. 2 Nr. 1 HandwO notifiziert. Ausnahmefälle, in denen eine über die Kammerbezirksgrenzen hinausgehende Tätigkeit der Kammern möglich ist, werden im Rahmen der wirtschaftlichen Tätigkeit der Kammern im *3. Kapitel* vertiefend betrachtet, da in diesen Fällen die territoriale Verbandskomponente eine entscheidende Rolle spielt.

2. Verfassungsrechtliche Grundsätze

Jedoch finden sich auch Grenzen der Gestaltungsfreiheit in verfassungsrechtlichen Maßgaben, zu denen der Grundsatz der Verhältnismäßigkeit und das Neutralitätsgebot sowie das Aufsichtsrecht – als notwendiges Korrelat der

[215] *Kluth*, in: *Kluth [Hrsg.]*, Handbuch des Kammerrechts, S. 304 (S. 326, Rn. 96).

[216] *Kluth* bejaht auch die Möglichkeit der Dienstleistung für Dritte bei engem Sachzusammenhang oder einer sog. Randnutzung *Kluth*, in: *Kluth [Hrsg.]*, Handbuch des Kammerrechts, S. 304 (S. 326, Rn. 96); siehe hierzu die Darstellung im *3. Kapitel IV. 3. c) aa) bbb)*.

[217] *Kluth*, in: *Kluth [Hrsg.]*, Handbuch des Kammerrechts, S. 304 (S. 326 Rn. 97).

[218] So *Hövelberndt*, Die Kammern als Wettbewerber, S. 265.

[219] *Hövelberndt*, Die Kammern als Wettbewerber, S. 266.

Selbstverwaltung im Rechtsstaat – zählen. Diese Anforderungen sollen im Folgenden kurz betrachtet werden.

3. Grundsatz der Verhältnismäßigkeit

Bei der Aufgabenwahrnehmung müssen die Körperschaften den Grundsatz der Verhältnismäßigkeit beachten. Eine Überschreitung des Aufgabenbereichs liegt auch dann vor, wenn die konkreten Maßnahmen nicht dem Gebot der Verhältnismäßigkeit entsprechen. Die Tätigkeiten müssen demnach erforderlich und geeignet sein, um die Aufgaben der Kammern zu erfüllen und für den Einzelnen zumutbar sein. Insbesondere muss die Aufgabenfindung für eine „sachgerechte Funktionswahrnehmung“[220] der Handwerkskammer erforderlich sein. Der Rechtsgedanke der sachgerechten Funktionswahrnehmung geht mit dem Erfordernis der Wahrnehmung einer legitimen öffentlichen Aufgabe einher, worauf später im *4. Kapitel* noch detailliert eingegangen wird.

4. Neutralitätsgebot

Weiterhin muss bei der Aufgabenwahrnehmung dem Neutralitätsgebot Rechnung getragen werden. Die Handwerkskammer darf nicht einseitig ausschließlich die Interessen einer Mitgliedergruppe fördern. Das Neutralitätsgebot ergibt sich einerseits aus der Grundrechtsbindung[221] und andererseits aus der Stellung als Pflichtverband, die naturgemäß die Bevorzugung Einzelner verbietet[222]. Die Handwerkskammer hat nach § 91 Abs. 1 Nr. 1 HandwO für einen gerechten Ausgleich der Interessen der einzelnen Handwerke und ihrer Organisationen zu sorgen[223]. Konsequenz des Neutralitätsgebots ist folglich die interessenausgleichende Funktion der Körperschaft[224].

---

220 So die Bezeichnung von *Schöbener*, VerwArch, Bd. 91, 2000, S. 412. Es muss sich um eine „legitime öffentliche Aufgabe“ (BVerfGE 10, 89, 102) handeln; vgl. die bereits ausführliche Darstellung der verfassungsrechtlichen Maßgaben der Errichtung der Handwerkskammer im *2. Kapitel I. 1. b)*.

221 Auf Grund des Gleichheitsgrundsatzes sind die Körperschaften zur Gleichbehandlung ihrer Mitglieder verpflichtet.

222 *Hsu*, Institutionen körperschaftlicher Selbstverwaltung, S. 262 Fn. 326.

223 Vgl. die Ausführungen im *2. Kapitel II. 3.*; sowie *Detterbeck*, HandwO Kommentar, § 91 Rn. 3; *Fröhler/Oberndorfer*, Körperschaften, S. 141 und *Kluth*, Funktionale Selbstverwaltung, S. 149.

224 Wobei die Herstellung eines Interessenausgleichs durch die Körperschaften zweckmäßig ist und in den Grenzen der Verhältnismäßigkeit im Ermessen des Gesetzgebers liegt; BVerwGE 107, 169, 175 f. bzgl. der Industrie- und Handelskammern.

Auch besteht Einigkeit darüber, dass die Handwerkskammer kein allgemeinpolitisches Mandat ausüben darf[225].

5. Aufsichtsrecht

Als letzter wesentlicher Aspekt ist das Aufsichtsrecht über die Handwerkskammer als ein notwendiges Pendant der Selbstverwaltung im Rechtsstaat hervorzuheben. Nach dem rechtsstaatlichen Verständnis gibt es keine Zuweisung von (Verwaltungs-)Verantwortung ohne Kontrolle[226]. Das Aufsichtsrecht korrespondiert mit der Eröffnung eigenverantwortlicher, unabhängiger Entscheidungsbefugnisse in der öffentlichen Verwaltung. Mit dem Recht der Aufsicht wird die staatliche Überwachungs- und Einwirkungsbefugnis über die Verwaltungstätigkeit juristischer Personen des öffentlichen Rechts sichergestellt. Überträgt der Staat die Aufgabenwahrnehmung auf Träger der funktionalen Selbstverwaltung, so besteht dennoch eine staatliche „Letztverantwortung“[227] – in Form des Aufsichtsrechts. So führt auch das Bundesverfassungsgericht aus, dass „die Einrichtung funktionaler Selbstverwaltung als Ausprägung des Demokratieprinzips des Art. 20 Abs. 2 GG mit dem Ziel der Verwirklichung der Selbstbestimmung [...] nicht dazu führen [*darf*], dass der Gesetzgeber sich seiner Regelungsverantwortung entäußert“[228].

Der § 115 HandwO legt die Staatsaufsicht als Regelform fest, wobei keine Anknüpfung an die übliche Differenzierung zwischen eigenem und übertragenem Wirkungskreis vorgenommen wird. „Die Staatsaufsicht beschränkt sich darauf, soweit nicht anderes bestimmt ist, daß Gesetz und Satzung zu beachten, insbesondere die der Handwerkskammer übertragene Aufgaben erfüllt werden“, so § 115 Abs. 1 S. 2 HandwO[229]. Bei Aufgaben, die den juristischen Personen des öffentlichen Rechts zur eigenverantwortlichen Wahrnehmung übertragen werden, umfasst die Aufsicht eine bloße Rechtsaufsicht.

---

225 Vgl. hierzu BVerwGE 34, 69, 75 f.; 59, 231, 240; *Bethge*, Grundrechtsberechtigung, S. 119; *Detterbeck*, HandwO Kommentar, § 91 Rn. 8); mithin wäre auch ein Gesetz, das einer Körperschaft die Ausübung eines allgemeinpolitischen Mandats gestattet, mit Art. 2 Abs.1 GG unvereinbar (vgl. BVerwGE 59, 231, 238; 64, 298, 303; *Bethge*, Grundrechtsberechtigung, S. 121).

226 *Pitschas*, DÖV 1998, S. 907 (S. 908), sowie BVerfGE 78, 331, 341.

227 So *Kormann/Wittmann*, Neue hoheitliche Aufgaben, S. 68 f; *Kahl*, Staatsaufsicht, S. 452; siehe zur Verantwortungsteilung des Staates die Darstellung im *2. Kapitel I. 2. a)*.

228 So BVerfGE 111, 191, 216.

229 Die Handwerksordnung setzt damit den Begriff der Staatsaufsicht offensichtlich voraus und lässt die näheren Voraussetzungen und die Rechtsfolge weitgehend offen (*Kopp*, Staatsaufsicht über Handwerkskammern, S. 9, und *Fröhler*, Staatsaufsicht über die Handwerkskammern, S. 15 ff.).

Unter dem Blickwinkel der Effizienz staatlichen Handelns und dem Gedanken der Selbstverwaltung würde eine Rechtsaufsicht das Ganze ad absurdum führen[230].

Der Vorbehalt „soweit nichts anderes bestimmt ist“ in § 115 Abs. 1 S. 2 HandwO bringt zum Ausdruck, dass im Einzelfall die Aufsichtsbefugnis über die Rechtsaufsicht hinaus ausgedehnt werden kann. § 124 b Satz 2 HandwO enthält eine Erweiterung der Aufsicht, wenn Zuständigkeiten nach §§ 7a, 7b, 8, 9 HandwO durch Rechtsverordnung der Landesregierungen auf andere Behörden oder auf die Handwerkskammer übertragen werden. Die Staatsaufsicht[231] umfasst dann auch die Fachaufsicht, da es sich hierbei um eine Auftragsverwaltung handelt.

Nunmehr wird es entscheidend darauf ankommen, dass sich die Handwerkskammer den Herausforderungen der sich wandelnden wirtschaftlichen und gesellschaftlichen Verhältnisse stellt und damit ihre Funktion im staatlichen Verwaltungsaufbau verteidigt. Welche Akteursrolle der Handwerkskammer im Rahmen der Verwaltungsmodernisierung und einer neuen wirkungsorientierten Verwaltungsführung zukommt, wird hierbei von maßgeblicher Bedeutung sein. Bevor jedoch der Standort der Handwerkskammer im Rahmen einer wirkungsorientierten Verwaltungsführung bestimmt werden kann, soll eine Darstellung der Ursachen der methodischen Neuausrichtung erfolgen.

---

[230] In diesem Zusammenhang weist *Pitschas*, DÖV 1998, S. 907 (S. 909 f.), auf die Notwendigkeit der möglichst konfliktfrei zu handhabenden Aufsicht hin, denn auch die Aufsicht beruht im weitesten Umfang auf Kooperation; vgl. auch *Kormann/Wittmann*, Neue hoheitliche Aufgaben, S. 71.

[231] Gerade aus dem Blickwinkel der Effektivität der Aufgabenerfüllung stellt *Kormann* die Frage, ob „die Übertragung der staatlichen Aufgaben auf die Kammern in jedem Fall die Fachaufsicht des Staates erfordern“, so sehr skeptisch (*Kormann/Wittmann*, Neue hoheitliche Aufgaben, S. 68).

3. Kapitel Einordnung der funktionalen Selbstverwaltung in das Modell der Neuen Verwaltungsrechtswissenschaft

Das Verwaltungsrecht muss auf Grund des ständigen „Reform-, Modernisierungs- und Innovationsdruck"[232] seine Dynamik und Flexibilität[233] ständig unter Beweis stellen. Die Reform der Verwaltung und des Verwaltungsrechts ist zu einer „disziplinäre Daueraufgabe"[234] geworden und stellt die Verwaltung und den Gesetzgeber fortwährend unter neue Herausforderungen.

Bereits seit den Achtzigern befindet sich das deutsche Verwaltungsrecht in einer „tief greifenden Umbruchphase"[235]. Gründe dafür sind die immer größer werdende staatliche Aufgabenlast und die dramatisch leeren Haushaltskassen[236]. Darüber hinaus erfordert der fortschreitende Grad an europäischer Integration nicht nur eine ziel- und ergebnisorientierte Fortentwicklung des Verwaltungsrechts, sondern stellt die grundsätzliche Frage nach der „Konzept- und Systemfähigkeit" der nationalen Rechtsordnung[237]. In diesem Kontext ist zu fragen, ob die traditionelle Konstruktion eines funktionalen Selbstverwaltungsträgers (in Form einer öffentlich-rechtlichen Körperschaft) die neuen Aufgaben und Herausforderungen, die sich ihr stellen, ziel- und ergebnisorientiert bewältigen kann. Hierzu muss der Handwerkskammer zunächst ein Platz in der methodisch gewandelten Verwaltungslehre zugewiesen werden.

---

232 So *Stober/Kluth/Müller/Peilert*, Verwaltungsrecht I, § 2 Rn. 13.

233 *Stober/Kluth/Müller/Peilert*, Verwaltungsrecht I, § 2 Rn. 13; ebenso *Lendi*, in: Fs Fröhler, S. 391 (S. 391).

234 So *Appel*, VVDStRL, Bd. 67, 2008, S. 230.

235 So *Voßkuhle*, in: *Hoffmann-Riem/Schmidt-Aßmann/Voßkuhle [Hrsg.]*, Grundlagen des Verwaltungsrechts, S. 1 (§ 1 Rn. 9); vgl. auch die Analyse von *Mehde*, Neues Steuerungsmodell und Demokratieprinzip, S. 84 f.

236 „Der Staat hat sich – angefeuert durch die fordernde Erwartungshaltung seiner Bürger – sichtlich übernommen" , so plakativ *Di Fabio*, VVDStRL, Bd. 56, 1997, S. 239; zur Dynamik des Marktes und der Überforderung des Staates vgl. bereits *Lendi*, in: Fs Fröhler, S. 391 (S. 392).

237 *Appel*, VVDStRL, Bd. 67, 2008, S. 235.

I. Ursachen und Anlass der methodischen Neuausrichtung

Mit dem Wandel des bürgerlichen Rechtsstaates zum intervenierenden Wohlfahrts- und Präventionsstaat ist der Bedarf an Information und Fachwissen drastisch gestiegen. Dieser Bedarf wurzelt in der quantitativen Ausweitung und qualitativen Veränderung der staatlichen Aufgaben. Die bürokratisch-hierarchisch organisierte Verwaltung konnte diese Herausforderungen nicht mehr bewältigen[238]. Um den neuen Entwicklungen gerecht zu werden, hat die Verwaltung einen Wandel zu flexiblen, situationsbezogenen und „im weitesten Sinne lernfähigen Handlungsanweisungen"[239] vollzogen[240]. Damit einher ging die Forderung nach Privatisierung und Deregulierung[241] als Instrumente des Wandels.

Dies hat in Teilen der Verwaltungsrechtswissenschaft zu einer methodischen Neuausrichtung geführt, die die Perspektive gegenüber dem klassischen dogmatischen Verständnis bewusst erweitert[242]. Ausgangspunkt der richtungsweisenden Frage nach dem Neuen Verwaltungsrecht[243] und den daran anknüpfenden Reformbestrebungen ist zum einen die „Krise des regulativen Rechts"[244] und zum anderen die Erkenntnis, dass die Verwaltung in vielfäl-

---

238 *Voßkuhle* stellt insbesondere auf den mangelnden Informationsfluss ab, *Voßkuhle*, in: *Hoffmann-Riem/Schmidt-Aßmann/Voßkuhle [Hrsg.]*, Grundlagen des Verwaltungsrechts, S. 1 (§ 1 Rn.11).

239 So *Voßkuhle*, in: *Hoffmann-Riem/Schmidt-Aßmann/Voßkuhle [Hrsg.]*, Grundlagen des Verwaltungsrechts, S. 1 (§ 1 Rn. 11).

240 *Hesse* beschreibt diese Entwicklung als „Weg vom hoheitlichen zum operativen Staat, von der zentralstaatlichen Weisung zur dezentralen Koordination, von der regulativen Steuerung zur partnerschaftlichen Übereinkunft" , so *Ellwein/Hesse/Mayntz/Scharpf [Hrsg.]*, Jahrbuch zur Staats- und Verwaltungswissenschaft, S. 55 (S. 142).

241 Zu diesen Konzepten vertiefend *Stober/Kluth/Müller/Peilert*, Verwaltungsrecht I, § 2 Rn. 14; § 4 Rn. 27 f. m.w.N.; sowie sehr ausführlich zur Privatisierung: *Ruthig/Storr*, Öffentliches Wirtschaftsrecht, Rn. 624 ff.; *Ipsen*, Allgemeines Verwaltungsrecht, § 4 Rn . 266 ff.; *Wolff* et al., Verwaltungsrecht II, § 89 Rn. 10 ff.

242 *Appel*, VVDStRL, Bd. 67, 2008, S. 241; sowie auch *Stober/Kluth/Müller/Peilert*, Verwaltungsrecht I, § 2 Rn. 1 ff.

243 Die Diskussion kreist nicht zuletzt um den Begriff des „Neuen" hinsichtlich der verwaltungsrechtswissenschaftlichen Entwicklung (*Appel*, VVDStRL, Bd. 67, 2008, S. 228). Eine ausführliche Darstellung der Entwicklung des Neuen Steuerungsmodells findet sich bei *Mehde*, Neues Steuerungsmodell und Demokratieprinzip, S. 60 ff.

244 Vgl. *Matthes [Hrsg.]*, Sozialer Wandel in Westeuropa, S.55 (S. 55 ff.); *Voßkuhle*, in: *Hoffmann-Riem/Schmidt-Aßmann/Voßkuhle [Hrsg.]*, Grundlagen des Verwaltungsrechts, S. 1 (§ 1 Rn. 10)). Ausgelöst wurde diese Krise durch einige empirische Implementationsstudien, die gezeigt haben, dass ein „Vollzugsdefizit" bestand, da wesentliche Teile des Umweltrechts in der Praxis nicht umgesetzt wurden.

tiger Weise mit den betroffenen Wirtschaftsteilnehmern und Bürgern kooperiert[245], um gemeinsam akzeptable Lösungen für die auftretenden Probleme zu finden[246]. Mit dieser Diskussion ging die Kritik der Steuerungsfähigkeit des Staates einher[247]. Auch wenn man die soeben dargelegte Zustandsbeschreibung und -bewertung des Staates in Frage stellen kann[248], ist „die drängende Frage nach der Rolle von Staat und Verwaltung in einem Umfeld gesellschaftlicher Differenzierung und Eigendynamik richtig gestellt"[249].

Die in jüngerer Zeit entwickelten Verwaltungsreformansätze werden unter unterschiedlichen Begriffen und Prämissen diskutiert. Die „Reformschlüsselwörter"[250] des New Public Managements, des Neuen Steuerungsmodells und der wirkungsorientierten Verwaltungsführung werden durch den Begriff Good Governance ergänzt[251]. Auch wenn in der Reformdiskussion die Möglichkeit gesehen wird, den steuerungsorientierten Ansatz durch einen prägnanteren[252] abzulösen, wird in dieser Betrachtung der Fokus auf dem Neuen Steuerungsmodell und der wirkungsorientierten Verwaltungsführung liegen. Beide Begriffe haben sich aus dem vieldeutigen Konzept der Good Governance herausgebildet und lenken die Diskussion in eine bestimmte Richtung[253].

---

245 Prominentes Beispiel für eine Kooperation ist der Grüne Punkt aus der Umweltpolitik.

246 Die immer größer werdende Verflechtung und Abhängigkeit zwischen dem Staat und der Wirtschaft betont *Lendi*, in: Fs Fröhler, S. 391 (S. 392).

247 *Schmidt-Preuß*, in: *Schmidt-Preuß*, VVDStRL, Bd. 56, 1997, S. 169.Eine Aufzählung der Werke, von denen die zentralen Impulse für eine neuere Diskussion ausgingen, findet sich bei *Voßkuhle*, in: *Hoffmann-Riem/Schmidt-Aßmann/Voßkuhle [Hrsg.]*, Grundlagen des Verwaltungsrechts, S. 1 (§ 1 Rn. 10 Fn. 50).

248 *Lepsius* hält das Vollzugsdefizit des Staates für eine „gängige Behauptung [...], dessen empirischer Nachweis fraglich ist und durch neuere Untersuchungen nicht bestätigt wird"(*Lepsius*, Steuerungsdiskussion, Systemtheorie und Parlamentarismuskritik, S. 13); kritisch auch *Schmidt-Preuß*, in: *Schmidt-Preuß*, VVDStRL, Bd. 56, 1997, S. 170, sowie *Willke*, in: *Grimm [Hrsg.]*, Staatsaufgaben, S. 685 (S. 706).

249 So deutlich *Schmidt-Preuß*, in: *Schmidt-Preuß*, VVDStRL, Bd. 56, 1997, S. 170.

250 So *Stober/Kluth/Müller/Peilert*, Verwaltungsrecht I, § 2 Rn. 18.

251 Zum Governance-Begriff sehr ausführlich *König*, DÖV 2001, S. 617 (S. 617 ff.); der Begriff „Governance" geht auf eine Studie über die Förderungsbedingungen für Entwicklungsländer der Weltbank (World Banks 1989 publication on Africa titled: Sub-Saharan Afrika: From Crises to Sustainable Groth) zurück, in deren Kontext die Weltbank „Governance" sehr vage als „the exercise of political power to manage a nation affairs" beschrieb.

252 Vgl. *Appel* der auch einen „international anschlussfähigeren Begriff" fordert, *Appel*, VVDStRL, Bd. 67, 2008, S. 245.

253 Eine ausführliche Diskussion, ob man die deutsche Staats- und Verwaltungssprache mit einem weiteren Fremdwort ausstatten muss, führt *König*, DÖV 2001, S. 617 (S. 617).

Ausgehend vom Reformmodell des New Public Managements werden zunächst Veränderungslinien und -ansätze aufgezeigt. Anschließend werden das Neue Steuerungsmodell und die wirkungsorientierte Verwaltungsführung dargestellt, die den Schwerpunkt auf einen Teilaspekt des umfassenden New Public Managements legen.

1. Ansatz des New Public Managements

Die Änderung des Blickwinkels auf die Verwaltungswissenschaft ergibt sich durch den Wandel einer bürokratisch-hierarchisch strukturierten hin zu einer unternehmerisch- und verantwortungsgesteuerten Verwaltung. Dieses neue Verwaltungsverständnis gründet in dem Ansatz des New Public Managements. Das Neuartige am New Public Management ist die institutionelle Sichtweise und die Planung der Möglichkeiten der Steuerung der Institutionen[254]. Hierbei „findet eine Verlagerung der Mittelzuweisung und des Ressourceneinsatzes auf eine produkt- und nutzerorientierte Sichtweise statt, um eine qualitäts- und wirkungsorientierte Verwaltungsführung (outcome) sowie eine Verwaltungskontrolle zu erreichen“[255].

Das New Public Management markiert eine weitere Veränderung der traditionellen Verwaltungsmethodik. Durch ihre Ergänzung um rechtliche, politische und sozialwissenschaftliche Elemente wird eine systemorientierte und leistungsfähige Steuerung öffentlicher Angelegenheiten ermöglicht[256]. Die Funktion der Verwaltung wird nicht auf die Rechtsanwendung reduziert, sondern der Blickwinkel wird auf interdisziplinäre Zusammenhänge erweitert[257]. Es wird anerkannt, dass die Verwaltung in großem Umfang auch Leistungen durch finanziellen Einsatz erbringt und gestaltend tätig wird.

---

[254] *Schedler/Proeller*, NPM, S. 5.

[255] So *Stober/Kluth/Müller/Peilert*, Verwaltungsrecht I, § 2 Rn.17; vgl. hierzu auch *Mehde*, Neues Steuerungsmodell und Demokratieprinzip, S. 93 ff.; *Hill*, in: *Schmidt-Aßmann/Hoffmann-Riem [Hrsg.]*, Verwaltungsorganisationsrecht als Steuerungsressource, S. 65 (S. 72).

[256] Sehr kritisch gegenüber des als notwendig erachteten Rückgriffs auf sozialwissenschaftliche und ökonomische Erkenntnisse zeigt sich *Lepsius*, der von einem Problem der Interdisziplinarität spricht und sich eingehend mit der Frage beschäftigt, ob mit einer sozialwissenschaftlichen Neuorientierung des öffentlichen Rechts wirklich ein Erkenntnisgewinn verbunden ist (*Lepsius*, Steuerungsdiskussion, Systemtheorie und Parlamentarismuskritik, S. 5 ff.).

[257] *Schuppert*, Verwaltungswissenschaft, S. 43; *Voßkuhle*, in: *Hoffmann-Riem/Schmidt-Aßmann/Voßkuhle [Hrsg.]*, Grundlagen des Verwaltungsrechts, S. 1 (§ 1 Rn. 11).

Zudem wird sie als eine Organisation mit einer spezifischen Handlungsweise angesehen, die Informationen verarbeitet und auswertet[258]. Es muss daher über alternative Regelungsstrategien nachgedacht werden, die den neuen Anforderungen Rechnung tragen und der veränderten Sichtweise auf die Verwaltung gerecht werden[259].

Die bisherigen Überlegungen führten zu einer Ergänzung der rechtsaktbezogenen Betrachtungsweise durch eine problem- und wirkungsorientierten Handlungsperspektive[260]. „Interdisziplinäre Verbundbegriffe"[261] wie Effizienz, Effektivität sowie neuartige Regulierungsstrategien (Ökonomisierung, Privatisierung, Deregulierung) rücken daher in den Fokus der Betrachtungen[262]. Inhaltlich konzentriert sich die Betrachtung auf Problembereiche der Dezentralisierung öffentlicher Aufgabe, die Möglichkeiten der Reduzierung der öffentlichen Verwaltungsorganisationen und Rechtssätze (Deregulierung), die Verbesserung der Verwaltungstransparenz und die Verstärkung der Bürgernähe der Verwaltung. Welche dieser Bereiche in einen Kontext mit der Handwerkskammer gesetzt werden können, wird im Laufe der Betrachtung herausgearbeitet.

Festzuhalten ist, dass der Begriff des New Public Managements als umfassende Gestaltung der Strukturen und Abläufe der öffentlichen Verwaltung umschrieben werden kann und daher als Oberbegriff für die institutionelle Sichtweise auf die öffentliche Verwaltung nachfolgend verwendet wird[263].

2. Das Neue Steuerungsmodell und die wirkungsorientierte Verwaltungsführung

Aus den Ansätzen des New Public Managements haben sich die Begrifflichkeiten des Neues Steuerungsmodells und der wirkungsorientierten Verwaltungsführung herausgebildet, die als Teilaspekte der Modernisierung nach dem Ansatz des New Public Managements[264] besonderen Ausdruck verleihen. Der Fokus der nachfolgenden Betrachtung liegt auf diesen beiden Teilaspekten des

---

258 Daher bezeichnet *Schuppert* die Verwaltungswissenschaft auch als „Grenzgänger", da sie die Grenzen der einzelnen Fachdisziplinen überschreiten muss, um sie aufeinander zu beziehen (*Schuppert*, Verwaltungswissenschaft, S. 43).

259 *Voßkuhle*, in: *Hoffmann-Riem/Schmidt-Aßmann/Voßkuhle [Hrsg.]*, Grundlagen des Verwaltungsrechts, S. 1 (§ 1 Rn. 11); *Schuppert*, AöR, Bd. 114, 1989, S. 127 (S. 141).

260 *Voßkuhle*, in: *Hoffmann-Riem/Schmidt-Aßmann/Voßkuhle [Hrsg.]*, Grundlagen des Verwaltungsrechts, S. 1 (§ 1 Rn. 11).

261 So *Schuppert*, Die Verwaltung (Beiheft 2) 1999, S. 103.

262 Vgl. die Aufzählung bei *Schuppert*, Die Verwaltung (Beiheft 2) 1999, S. 103.

263 *Schedler/Proeller*, NPM, S. 5.

264 *Schedler/Proeller*, NPM, S. 5.

New Public Managements. Die wohl herausragendste Veränderung, die mit dem Neuen Steuerungsmodell eingeleitet wird, ist die institutionelle Sichtweise der Verwaltung und die Grundvorstellung darüber, wie die Verwaltung als Institution gesteuert werden soll oder gesteuert werden kann[265]. Im traditionellen System der Verwaltung werden Aufgaben definiert, die durch den Staat zu erfüllen sind. Zu diesem Zweck werden die dazu erforderlichen gesetzlichen Grundlagen (Ermächtigungs- und Anspruchsgrundlagen) geschaffen, ohne die das Verwaltungshandeln unzulässig wäre. Diese klassische Art der Steuerung wird oft als „Input-Steuerung"[266] bezeichnet. Als Grundsatz der neuen Steuerung kann die Ablösung der reinen Input-Betrachtung durch eine Wirkungsorientierung bezeichnet werden. Daher hat sich auch der Begriff der wirkungsorientierten Verwaltungsführung herausgebildet, der die Steuerung anhand von leistungs- und erfolgsbezogenen Indikatoren beschreibt.

Eine methodische Grundlage ist die „umfassend prozessorientierte Steuerung öffentlicher Einheiten durch Leitung, Gestaltung und Verantwortung"[267]. Bei diesem Steuerungskonzept werden die langfristigen Ziele für die Einheiten der Verwaltung (Behörden) festgelegt, um so die notwendigen Steuerungshandlungen festlegen zu können[268]. Dabei werden die Sektoren Finanzen, Leistungsfähigkeit, Verbesserung internen Verwaltungsverfahren einbezogen[269]. Der für diese Betrachtung maßgebliche Bezugspunkt ist die Leistungsfähigkeit der verwaltungsrechtlichen Strukturen und Verwaltungsinstrumenten[270]. Die Leistungsfähigkeit wird insbesondere an der Bewältigung von sozialen und wirtschaftlichen Herausforderungen festgemacht[271]. Hierbei geht es um die Anpassung des Rechts an einen sozialen und wirtschaftlichen Wandel, der durch eine Vielzahl von Handlungsmöglichkeiten (Instrumenten), die das Recht zur Verfügung stellt, verarbeitet werden kann[272]. Es geht um die Erfassung der Sachlage und Problemstellung, um anschließend das Steuerungsziel festzulegen und das geeignete Instrument auszuwählen zu können, um damit das vorgegebene Ziel zu erreichen[273].

---

265 Angelehnt an die Definition von *Schedler/Proeller*, NPM, S. 5.

266 Im Rahmen des Produktionsprozesses wird betriebswirtschaftlich vom sogenannten Input gesprochen (*Schedler/Proeller*, NPM, S. 131).

267 So *Stober/Kluth/Müller/Peilert*, Verwaltungsrecht I, § 3 Rn. 26; vgl. auch *Schuppert*, Verwaltungswissenschaft, S. 712 ff.

268 Die Steuerung der Verwaltung kann auch mittels einer Zielvereinbarung durchgeführt werden, das sog. „Kontraktmanagement" (*Musil*, Wettbewerb in der staatlichen Verwaltung, S. 168).

269 Vgl. *Stober/Kluth/Müller/Peilert*, Verwaltungsrecht I, § 3 Rn.26.

270 *Appel*, VVDStRL, Bd. 67, 2008, S. 230.

271 *Appel*, VVDStRL, Bd. 67, 2008, S. 230 f.

272 Vgl. *Appel*, VVDStRL, Bd. 67, 2008, S. 230/231.

273 *Fröhler/Oberndorfer*, Wirtschaftsrecht als Instrument der Wirtschaftspolitik, S. 108;

Durch die Betonung des Ziels der „nachhaltigen Leistungssteigerung“[274] wird auch zugleich deutlich, dass es nicht nur um die vordergründige Erzielung von Einsparungen geht, sondern es sollen „systemimmanente Funktionsschwächen“[275] und eine Lösung für eine effizientere Verwaltung gefunden werden.

II. Verwaltungswissenschaft als Steuerungswissenschaft

Aus der heutigen Verwaltungsrechtslehre ist der Begriff der Steuerung nicht mehr wegzudenken[276]. Mit diesem Begriff gelingt es, aktuelle Fragestellungen in die Verwaltungswissenschaft einzubinden, wie etwa die Frage nach den möglichen Handlungsformen der Verwaltung oder die Aufteilung der Verwaltungsverantwortung[277]. Der verwaltungswissenschaftliche Begriff der Steuerung meint „bewußtes Einwirken auf Organisationen – Menschen, ihre Umwelt, ihre Entscheidungssituation und ihre Entscheidungsabläufe – zur Erreichung vorgegebener oder selbst gesteckter Ziele namentlich durch Zielsetzung, Planung, Information, Koordination, Motivation und Kontrolle“[278]. Differenziert werden kann je nach der organisatorischen und rechtlichen Verselbstständigung des Steuernden zwischen einer Fremdsteuerung und einer Selbst- bzw. Eigensteuerung[279], wobei auch beide Arten der Steuerung bis zu einem gewissen Grad kombiniert werden können.

Maßgeblich für das Konzept der Verwaltungswissenschaft als Steuerungswissenschaft ist die Vorstellung des Rechts „als Instrument zur Bewirkung von erwünschten und zur Vermeidung von unerwünschten Wirkungen, also zur Beeinflussung von Ereignisabläufen“[280]. Die handelnden Entscheidungsträ-

Schuppert, in: *Hoffmann-Riem/Schmidt-Aßmann/Schuppert [Hrsg.]*, Reform des Allgemeinen Verwaltungsrechts, S. 65 (S. 98).

274 So deutlich *Mehde*, Neues Steuerungsmodell und Demokratieprinzip, S. 83.

275 *Mehde*, Neues Steuerungsmodell und Demokratieprinzip, S. 83.

276 Partiell wurde anstelle des Begriffs Verwaltungsreform die Bezeichnung Modernisierung verwendet; dieser Ausdruck wurde in jüngerer Zeit zunehmend durch den Begriff der Steuerung ersetzt. Der Begriff der Steuerung fungiert als Oberbegriff für sämtliche verwaltungsrechtlichen (Fort-)Entwicklungen (*Stober/Kluth/Müller/Peilert*, Verwaltungsrecht I, § 2 Rn.16); so auch *Kahl*, Staatsaufsicht, S. 355 f., der die Steuerung als einen umfassenden, allgemeinen Oberbegriff mit den Subkategorien der Leitung, Lenkung, Kontrolle und Aufsicht versteht.

277 *Lepsius*, Steuerungsdiskussion, Systemtheorie und Parlamentarismuskritik, S. 2.

278 So *Mutius*, VVDStRL, Bd. 42, 1984, S. 153.

279 Diese Unterscheidung findet sich bei *Mutius*, VVDStRL, Bd. 42, 1984, S. 153, der statt Selbststeuerung den Begriff der Eigensteuerung verwendet; m. E. kann der Begriff der Eigensteuerung mit dem Begriff der Selbststeuerung gleichgesetzt werden.

ger als Steuernde versuchen positive und erwünschte Steuerungsziele als Ergebnis der Steuerung zu erreichen[281]. Die Ausgangsperspektive hat sich von der Rechtmäßigkeit und Rechtsförmlichkeit auf die Steuerungsperspektive der Sachangemessenheit, Effektivität und Effizienz verschoben[282]. Die Verwaltungswissenschaft als Steuerungswissenschaft soll sich „von der rechtssetzungsbezogenen Interpretationswissenschaft zur rechtsetzungsorientierten Handlungs- und Entscheidungswissenschaft“[283] entwickeln. Hinsichtlich der Klassifizierung politischer und rechtlicher Steuerung haben sich verschiedene Ansätze entwickelt, die hier nicht vollumfänglich dargestellt werden können[284].

Bei einer Analyse der steuerungsorientierten Perspektive fällt auf, dass sich das Interesse vor allem auf die Steuerung der Verwaltung als Akteur fokussiert[285]. Von anderen nichtstaatlichen Akteuren als Steuerungsobjekten ist allenfalls mittelbar die Rede[286]. In den Hintergrund der Steuerungsdebatte tritt, dass auch Verbände, Parteien, Unternehmen und andere (private) Akteure selbst steuern und damit auch potenzielle Adressaten steuernder Verwaltungsrechtsgesetzgebung sein können[287]. Gerade wegen dieser Erkenntnis wird die Handwerkskammer als nicht unmittelbar staatlicher Akteur einer vertiefenden Betrachtung aus der steuerungs- und wirkungsorientierten Perspektive unterzogen. Bevor es jedoch um die Frage geht, welches Selbststeuerungspotenzial der Rechtsform der funktionalen Selbstverwaltung innewohnt, muss der dieser Betrachtung zugrunde gelegte Steuerungsbegriff erläutert werden.

---

[280] So *Schuppert*, Verwaltungswissenschaft, S. 65.

[281] *Hauschildt*, in: Festgabe von Unruh, S. 79 (S. 85).

[282] *Lepsius*, Steuerungsdiskussion, Systemtheorie und Parlamentarismuskritik, S. 3 f.

[283] *Voßkuhle*, in: *Hoffmann-Riem/Schmidt-Aßmann/Voßkuhle [Hrsg.]*, Grundlagen des Verwaltungsrechts, S. 1 (§ 1).

[284] Hinsichtlich einer umfassenden Darstellung der Steuerungstypologien kann auf die Darstellung von *König/Dose*, Klassifizierungsansätze staatlicher Handlungsformen, verwiesen werden.

[285] Nach klassischem dogmatischem Verständnis ist die Begrenzung des Blickwinkels konsequent, denn das Verwaltungsrecht regelt zwar auch die „Beziehungen zwischen der Verwaltung und dem Bürger [...], aber eben immer nur im Verhältnis zur Verwaltung“, so *Maurer*, Allgemeines Verwaltungsrecht, § 3 Rn. 3.

[286] Kritisch dazu *Appel*, VVDStRL, Bd. 67, 2008, S. 247.

[287] *Appel*, VVDStRL, Bd. 67, 2008, S. 246 f.

1. Handlungsorientierter Steuerungsbegriff

Für die Betrachtung wird an den handlungstheoretischen Steuerungsbegriff[288], wie er insbesondere von *Renate Mayntz*[289] und *Fritz Scharpf*[290] herausgearbeitet wurde, angeknüpft werden. Nach dem „handlungsspezifischen Steuerungsbegriff" setzt sich die politische Steuerung aus mehreren aufeinander bezogenen Komponenten zusammen. Zunächst bedarf es eines Steuerungsakteurs (Steuerungssubjekt), der auf ein Steuerungsobjekt einwirkt. Das Steuerungsobjekt ist entweder die Verwaltung selbst, oder es sind Systeme der Gesellschaft oder Wirtschaft, die die Verwaltung mittels des ihr zugeordneten Rechts steuern[291], wie beispielsweise die Handwerkskammer als Träger funktionaler Selbstverwaltung. Der Steuerungsakteur bestimmt und verfasst das Steuerungsmedium[292]. Schließlich bedarf es eines Steuerungsziels, des Einsatzes von Steuerungsinstrumenten, um die Steuerungsintention zu erreichen.

Der Steuerungsbegriff ist sehr ausdifferenziert und kann in seinem Facettenreichtum nicht umfassend dargestellt werden. In der folgenden Betrachtung wird die Steuerung als eine bewusste und absichtliche Einflussnahme auf soziale und wirtschaftliche Prozesse verstanden[293]. Das Steuern muss als Aktivität einem Subjekt zurechenbar sein (dem Steuerungssubjekt), das versucht, ein Steuerungsobjekt zu beeinflussen[294]. Hilfreich für die Betrachtung ist die Differenzierung des Steuerungsakteurs. Denn von diesem ist abhängig, welche Steuerungsart[295] im Vordergrund steht.

---

[288] Luhmanns Systemtheorie stellt keinen befriedigenden Steuerungsbegriff zur Verfügung; vgl. hierzu die Darstellung bei *Fischer*, Steuerung in Organisationen, S. 355 ff., der versucht, mit den Mitteln der Luhmann'schen Theorie einen Steuerungsbegriff zu konstruieren (*Fischer*, Steuerung in Organisationen, S. 67 ff.).

[289] *Mayntz*, in: *Ellwein/Hesse/Mayntz/Scharpf [Hrsg.]*, Jahrbuch zur Staats- und Verwaltungswissenschaft, S. 89 (S. 89 ff.).

[290] *Scharpf*, in: *Schmidt [Hrsg.]*, Staatstätigkeit, S. 61 (S. 61 ff.).

[291] *Schmidt-Aßmann*, in: *Hoffmann-Riem/Schmidt-Aßmann [Hrsg.]*, Innovation und Flexibilität des Verwaltungshandelns, S. 407 (S. 411).

[292] *Schuppert*, in: *Hoffmann-Riem/Schmidt-Aßmann/Schuppert [Hrsg.]*, Reform des Allgemeinen Verwaltungsrechts, S. 65 (S. 69); *Hoffmann-Riem*, in: *Hoffmann-Riem/Schmidt-Aßmann [Hrsg.]*, Innovation und Flexibilität des Verwaltungshandelns, S. 9 (S. 19).

[293] Diese Definition ist angelehnt an die Definition von *Mayntz*, die jedoch die Definition auf soziale Prozesse einschränkt *Mayntz*, in: *Ellwein/Hesse/Mayntz/Scharpf [Hrsg.]*, Jahrbuch zur Staats- und Verwaltungswissenschaft, S. 89 (S. 56). In der vorliegenden Betrachtung wird ein sehr weitgreifender Begriff der Steuerung verwendet, der nicht nur auf sozialer Ebene angewendet werden kann.

[294] *Mayntz*, in: *Ellwein/Hesse/Mayntz/Scharpf [Hrsg.]*, Jahrbuch zur Staats- und Verwaltungswissenschaft, S. 89 (S. 61).

2. Handlungstheoretische Perspektive des Steuerungsakteurs

Nach *Mayntz* muss die Steuerung einem Subjekt als Aktivität zurechenbar sein[296]. Das Steuerungssubjekt (der Steuernde) versucht das Steuerungsobjekt (den Gesteuerten) zu lenken und zu beeinflussen. Beide Steuerungsakteure werden in diesem Zusammenhang als ein System mit einer „autonomen Dynamik"[297] verstanden, was gleichbedeutend mit der Fähigkeit des Systems zur Selbststeuerung ist. Aus handlungstheoretischer Perspektive muss sich das Steuerungssubjekt vom Steuerungsobjekt unterscheiden und muss mit einer gewissen Eigenständigkeit agieren können[298].

Das Steuerungssubjekt, der Steuernde, ist entweder „eine Person oder ein komplexer (kollektiver oder korporativer) Akteur"[299]. Bei der für die Betrachtung relevanten Form des „korporativen Akteurs" handelt es sich um „handlungsfähige, formal organisierte Personen-Mehrheiten, die über zentralisierte, also nicht mehr den Mitgliedern individuell zustehenden Handlungsressourcen verfügen, über deren Einsatz hierarchisch (zum Beispiel in Unternehmen und Behörden) oder majoritär (zum Beispiel in Parteien oder Verbänden) entschieden werden kann"[300]. Von besonderer Bedeutung ist die notwendige Handlungsfähigkeit, die durch die Fähigkeit zur kollektiven Willensbildung (Interessenbündelung) und der effektiven internen Steuerung charakterisiert ist[301]. Die Handlungsfähigkeit ist umso ausgeprägter, je stärker die Kollektivinteressen und die Präferenzen der beteiligten individuellen Mitglieder zusammenfallen und je besser der korporative Akteur in der Lage ist, interne Konflikte durch Verhandlungen, Abstimmungen oder (hierarchischer) Ent-

---

[295] Vgl. zu den verschiedenen Steuerungsarten vertiefend *Schuppert*, in: *Hoffmann-Riem/Schmidt-Aßmann/Schuppert [Hrsg.]*, Reform des Allgemeinen Verwaltungsrechts, S. 65 (S. 77).

[296] *Mayntz*, in: *Ellwein/Hesse/Mayntz/Scharpf [Hrsg.]*, Jahrbuch zur Staats- und Verwaltungswissenschaft, S. 89 (S. 93).

[297] So *Mayntz*, in: *Ellwein/Hesse/Mayntz/Scharpf [Hrsg.]*, Jahrbuch zur Staats- und Verwaltungswissenschaft, S. 89 (S. 61, 94). Dieser Begriff beschreibt m.E. die Fähigkeit der Selbststeuerung.

[298] Vgl. *Mayntz*, in: *Ellwein/Hesse/Mayntz/Scharpf [Hrsg.]*, Jahrbuch zur Staats- und Verwaltungswissenschaft, S. 89 (S. 94).

[299] So *Scharpf*, in: *Schmidt [Hrsg.]*, Staatstätigkeit, S. 61 (S. 61); *Mayntz* bezeichnet diese Akteure als handlungsfähige soziale Kollektive (*Mayntz*, in: *Ellwein/Hesse/Mayntz/Scharpf [Hrsg.]*, Jahrbuch zur Staats- und Verwaltungswissenschaft, S. 89 (S. 93)).

[300] So *Mayntz/Scharpf*, in: *Mayntz/Scharpf [Hrsg.]*, Gesellschaftliche Selbstregulierung und politische Steuerung, S. 39 (S. 50).

[301] *Fischer*, Steuerung in Organisationen, S. 63.

scheidungen zu regeln[302]. Für die korporativen Akteure – vor allem Organisationen – ist ein Ausrichten des Handelns an verbindlichen Regelungen grundlegend[303]. Als Steuerungsobjekte können hingegen auch nicht handlungsfähige gesellschaftliche Funktionssysteme wie ein Staat oder ein Wirtschaftssystem auftreten. Nach *Mayntz* muss das Steuerungsobjekt lediglich dynamisch sein und die Fähigkeit zur Weiterentwicklung besitzen, wobei eine Handlungsfähigkeit nicht zum Systemcharakter des Steuerungsobjekts gehört[304].

Wird den für diese Betrachtung relevanten Akteure ihre Rolle zugeteilt, so ergibt sich die folgende Zuordnung: Die Handwerkskammer als Steuerungsobjekt ist vom Steuerungssubjekt – der obersten Landesbehörde als errichtender (gem. § 90 Abs. 5 HandwO) sowie aufsichtsführender und kontrollierender Instanz (§ 115 HandwO) der Handwerkskammer – zu unterscheiden. Beiden Akteuren kann Handlungsfähigkeit und eine gewisse Selbstständigkeit attestiert werden, die sie als Steuerungsakteure qualifizieren.

Hervorzuheben ist jedoch, dass Systeme sich auf Grund ihrer „autonomen Dynamik"[305] auch selbst steuern können. Im Fall einer Selbststeuerung ist das System zugleich Steuerungsobjekt und -subjekt[306]. Interessant erscheint diese Betrachtung im Hinblick auf das soeben festgelegte Steuerungsobjekt der Handwerkskammer als funktionaler Selbstverwaltungsträger. Bevor jedoch die Selbststeuerung der Handwerkskammer näher erläutert wird, bedarf es der Klärung der Frage, wie das Recht als klassisches Steuerungsmedium überhaupt steuernd eingesetzt und wann ein Steuerungsprozess als rechtliche Steuerung qualifiziert werden kann.

3. Das Steuerungsmedium Recht

Wie bereits bei der Betrachtung des handlungsorientierten Steuerungsbegriffs festgestellt wurde, ist das Steuerungssubjekt gestaltender und auswählender Autor des Steuerungsmediums[307]. Doch wodurch und wie steuert Recht ei-

---

302 *Scharpf*, Interaktionsformen, S. 108 f.

303 *Fischer*, Steuerung in Organisationen, S. 64; *Ritter*, in: *Grimm [Hrsg.]*, Wachsende Staatsaufgaben, S. 69 (S. 87).

304 *Mayntz*, in: *Ellwein/Hesse/Mayntz/Scharpf [Hrsg.]*, Jahrbuch zur Staats- und Verwaltungswissenschaft, S. 89 (S. 61, 94).

305 So *Mayntz*, in: *Ellwein/Hesse/Mayntz/Scharpf [Hrsg.]*, Jahrbuch zur Staats- und Verwaltungswissenschaft, S. 89 (S. 61, 94).

306 Vgl. hierzu *Mayntz*, in: *Ellwein/Hesse/Mayntz/Scharpf [Hrsg.]*, Jahrbuch zur Staats- und Verwaltungswissenschaft, S. 89 (S. 94).

307 *Schuppert*, in: *Hoffmann-Riem/Schmidt-Aßmann/Schuppert [Hrsg.]*, Reform des Allgemeinen Verwaltungsrechts, S. 65 (S. 69); *Hoffmann-Riem*, in: *Hoffmann-*

gentlich? Muss ein rechtliches Grundgerüst als Steuerungsmedium vorhanden sein, um Steuerungsprozesse noch als rechtliche Steuerung qualifizieren zu können? Nach *Ritter* muss ein Rechtsgerüst vorhanden sein, um eine kontrollierte staatliche Steuerung zu ermöglichen[308]. Nur durch einen rechtlichen Rahmen können auch die verfassungsmäßigen Grundsätze gesichert werden und kann eine staatliche Gewährleistungspflicht sichergestellt werden[309]. Die nach *Ritter* erforderlichen Formalisierungen werden hier jedoch nicht vollständig dargestellt, sondern lediglich die für die folgende Betrachtung der Handwerkskammern als Steuerungsobjekt maßgeblichen.

Wie bereits festgestellt, sind für korporative Akteure wie die Handwerkskammer verbindliche Grundregelungen konstitutiv[310]. Die Organisationsform und die interne Ausgestaltung der Akteure müssen ein „Mindestmaß an juristischer Subjektqualität"[311] aufweisen. Insbesondere die Organisationsform, auf die noch näher einzugehen sein wird, dient als Steuerungsressource, da die Rechtsform der Organisation für weitere Steuerungsprozesse maßgeblich ist. Es bedarf eines rechtlichen Organisationsaktes (Errichtungsaktes) zur Erschaffung des Rechtssubjekts – des Akteurs. Die Handwerkskammer wird als funktionaler Selbstverwaltungsträger vom Staat errichtet, was bereits ausführlich im *2.Kapitel* dargestellt wurde. Überdies bedarf es nicht nur einer eigenen Rechtspersönlichkeit, sondern auch der Zuteilung von Kompetenzen als erforderliche Formalisierung[312]. Die Errichtung der Handwerkskammer als Körperschaft des öffentlichen Rechts, verbunden mit einer Pflichtmitgliedschaft, bedingt die Erfüllung legitimer öffentlicher Aufgaben und die damit einhergehende Kompetenzzuweisung[313]. Die Handwerkskammer wird „zur Vertretung der Interessen des Handwerks" nach § 90 HandwO errichtet.

Greift man als weitere notwendige Formalisierung den Aspekt der internen verfahrensrechtlichen Ausgestaltung heraus, wird deutlich, dass rechtliche Steuerungsprozesse kanalisiert und beeinflusst werden können. Die Hand-

---

Riem/Schmidt-Aßmann [Hrsg.], Innovation und Flexibilität des Verwaltungshandelns, S. 9 (S. 19).

308 *Ritter*, in: *Grimm [Hrsg.]*, Wachsende Staatsaufgaben, S. 69 (S. 87).

309 Siehe hierzu die Ausführungen zur Letztverantwortung des Staates in Gestalt des Aufsichtsrechts (*2. Kapitel V. 5.* und die Gewährleistungspflicht des Staates, dargestellt im *3.4. Kapitel I. 1.* als genuine Staatsaufgabe.

310 Vgl. *Fischer*, Steuerung in Organisationen, S. 64.

311 So *Ritter*, in: *Grimm [Hrsg.]*, Wachsende Staatsaufgaben, S. 69 (S. 87). Dieses Kriterium stimmt mit den Anforderungen, die *Mayntz* an das Steuerungsobjekt und -subjekt stellt, überein.

312 *Ritter*, in: *Grimm [Hrsg.]*, Wachsende Staatsaufgaben, S. 69 (S. 87); siehe auch *Voßkuhle*, in: *Hoffmann-Riem/Schmidt-Aßmann/Voßkuhle [Hrsg.]*, Grundlagen des Verwaltungsrechts, S. 1 (S. 23).

313 Vgl. hierzu die Ausführungen im *2. Kapitel I. 1.*

werkskammer ist – bedingt durch ihren Aufgabenbereich – in verschiedene Verfahrensregelungen miteinbezogen[314]. Auch hier müssen rechtliche Grundstrukturen vorhanden sein. *Schuppert* formuliert hierzu treffend, dass es um die „Bereitstellung geeigneter Entscheidungsverfahren, Handlungsformen und Organisationstypen"[315] geht. Die internen Strukturen und die Organisationsform als solche müssen steuerungs- und entwicklungsfähig sein. Es geht demnach um die „Funktion des Verwaltungsrechts, ein Verwaltungshandeln zu ermöglichen, das als legitim empfunden wird, das rechtsstaatlich geordnet und diszipliniert ist, das sachrichtige Entscheidungen hervorbringt, das bürgernah und effektiv ist"[316].

Basierend auf dieser aufgaben- und funktionsorientierten Betrachtungsweise des Rechts ergibt sich folgende Problemstellung: Es muss der Frage nachgegangen werden, ob die Handwerkskammer zur Erfüllung ihrer Funktionen und neuen Aufgaben ausreichend gerüstet ist.

4. Verwaltungsorganisation als Steuerungsressource

Der Deutung des Verwaltungsrechts als Steuerungsressource liegt die Annahme zugrunde, dass Organisationen Steuerungsmedien sind[317] und durch eine spezifische rechtliche Ausgestaltung gesteuert werden können. Um sich der Steuerungsfunktion der Verwaltungsorganisation und des Verwaltungsorganisationsrechts zu vergewissern, ist es sinnvoll, sich zunächst die zentrale Bedeutung der beiden Elemente im modernen Verwaltungsstaat vor Augen zu führen, um anschließend darstellen zu können, wie Steuerung durch Verwaltungsorganisation und Verwaltungsorganisationsrecht eigentlich „funktioniert"[318].

---

[314] Eine Beteiligung findet z.B. bei der Gewerbeuntersagung nach § 35 GewO statt. Siehe zu weiteren Beteiligungen der Kammer die Ausführungen im *2. Kapitel III.*

[315] So *Schuppert*, in: *Hoffmann-Riem/Schmidt-Aßmann/Schuppert [Hrsg.]*, Reform des Allgemeinen Verwaltungsrechts, S. 65 (S. 97).

[316] So *Schuppert*, in: *Hoffmann-Riem/Schmidt-Aßmann/Schuppert [Hrsg.]*, Reform des Allgemeinen Verwaltungsrechts, S. 65 (S. 97).

[317] *Hoffmann-Riem/Schmidt-Aßmann [Hrsg.]*, Innovation und Flexibilität des Verwaltungshandelns, S. 407 (S. 417).

[318] Bezüglich der Frage, wie man also Steuerung durch Organisation als eigen gearteten Steuerungstyp begreifen kann, vgl. *Schuppert*, Verwaltungswissenschaft, S. 579.

a) Verwaltungsorganisation als Teil der organisierten Staatlichkeit

Hervorzuheben ist die grundsätzliche Bedeutung, die die Verwaltungsorganisation als ein Teil der organisierten Staatlichkeit hat. *Krebs* formuliert dazu treffend: „Verwaltung ist organisiertes staatliches Handeln; Organisation ist die Erscheinungs- und Verwirklichungsform von Verwaltung“[319]. Eine funktionsfähige Verwaltungsorganisation ist die Grundvoraussetzung für die Ausübung hoheitlicher Gewalt[320]. Der handelnde Staat ist notwendigerweise ein organisierter Verwaltungsstaat, so dass von einer zentralen Rolle des Verwaltungsorganisationsrechts ausgegangen werden kann[321].

b) Steuerung durch die Verwaltungsorganisation

Die Steuerung durch die Verwaltungsorganisation ist eine strukturelle Steuerung und somit keine zielgerichtete Steuerung auf nur ein konkretes Ergebnis[322]. Die Steuerung durch die Verwaltungsorganisation und das Verwaltungsorganisationsrecht muss daher als „Rahmensteuerung“[323] verstanden werden, innerhalb deren Grenzen das Steuerungsobjekt Handeln kann. Durch die Kenntnis, welche Funktionen die Organisation prägen und was die organisatorischen Strukturen der Organisation bewirken können, kann das Organisationsverhalten in eine bestimmte Richtung gelenkt werden[324].

---

319 So *Krebs*, in: *Isensee/ Kirchhof [Hrsg.]*, HdbStR, Bd III, S. 567 (Rn. 1).

320 „Die Verfaßtheit des Staates verlangt eine funktionsgerechte, nach Verantwortlichkeit gegliederte Organisation, um die Handlungsfähigkeit des Staates zu sichern, die Gestaltungskraft der Wirkeinheit ‚Staat‘ zu gewährleisten und das staatliche Handeln überhaupt kontrollierbar zu machen“, so (*Kirchhof*, in: *Isensee/ Kirchhof [Hrsg.]*, HdbStR, Bd III, S. 121 (Rn. 87)).

321 *Trute*, in: *Schmidt- Aßmann/ Hoffmann-Riem [Hrsg.]*, Verwaltungsorganisationsrecht als Steuerungsressource, S. 249 ff. (S. 269); weiterführend zum „Neuen Institutionalismus“, der zugleich verhaltensermöglichende wie verhaltenssteuernde Funktionen von Organisationen hervorhebt; *Schuppert*, Verwaltungswissenschaft, S. 580 f.

322 *Schuppert*, Verwaltungswissenschaft, S. 582.

323 So *Schmidt-Aßmann*, in: *Hoffmann-Riem/Schmidt-Aßmann [Hrsg.]*, Verwaltungsorganisationsrecht als Steuerungsressource, S. 1 (S. 19/20); *Schuppert*, Verwaltungswissenschaft, S. 582.

324 Daher auch die Formulierung „Strukturelle Steuerung als Entsprechung der Funktionen von Organisation“ von *Schuppert*, Verwaltungswissenschaft, S. 583.

Hierbei sind insbesondere die Komplexität und Vielfältigkeit der Organisationen[325] und die damit zwangsläufig verbundene Vielschichtigkeit der Steuerungsinstrumente zu berücksichtigen.

Die Steuerung durch die Verwaltungsorganisation verläuft hauptsächlich über die Rechtsform der Verwaltungseinheit[326]. Die Rechtsform beeinflusst sowohl die Steuerung und Kontrolle der Organisation als auch deren innere Ordnung[327]. Dem Verwaltungsorganisationsrecht kommt damit eine Schlüsselfunktion im Rahmen der Reformüberlegungen zu. Zwar ist die direkte Einflussnahme über das Steuerungsmittel der Organisationsform nicht möglich, eine indirekte Steuerung kann aber über die Steuerungsinstrumente Zuständigkeits-, Verfahrens- und Aufsichtsrecht erreicht werden[328]. Jedoch erst durch organisationsrechtliche Festsetzung bilden sich die Strukturen der Organisation aus, wodurch die Entfaltung der Steuerungsleistung unterstützt wird. Die institutionellen und organisatorischen Rahmenbedingungen haben eine hohe Relevanz für das Verwaltungshandeln[329], sodass den politischen Kräften durch die Ausgestaltung des institutionellen Rahmens der Organisation ein erheblicher Steuerungseinfluss zukommt[330].

Zu fragen ist nach der Rolle, die die Handwerkskammer einnimmt, wenn es um organisatorische Fragestellungen und die Funktion des verantwortungsteilenden und des aktivierenden Staates geht. Organisationsmäßig muss das umgesetzt werden, was der Staat als Steuerungsziel bewirken will. Kennzeichnend für den aktivierenden Staat ist die Aktivierung des Selbststeuerungspotenzials[331]. Dies kann insbesondere durch die Organisationsform der Selbstverwaltung erreicht werden.

---

325 *Schmidt-Aßmann*, in: *Hoffmann-Riem/Schmidt-Aßmann [Hrsg.]*, Verwaltungsorganisationsrecht als Steuerungsressource, S. 1 (S. 19). *Schmidt-Aßmann* warnt auch vor einer monokausalen Steuerungsvorstellung, da Organisationen stets mehrere Faktoren bündeln und zu einem Wirkungsgefüge zusammenführen. Dieser Meinung ist auch *Schuppert*, der in der Schaffung von Organisationen nicht das mechanische Bedienen eines Schalthebels sieht, sondern das „in Marsch setzen“ eines korporativen Akteurs; *Schuppert*, Verwaltungswissenschaft, S. 584. Vgl. zu den allgemeinen Nachteilen der hoheitlichen Steuerung *Rittner/Dreher*, Europäisches und deutsches Wirtschaftsrecht, § 24 Rn. 8.

326 *Kahl*, Staatsaufsicht, S. 356 f.

327 *Ehlers*, Verwaltung in Privatrechtsform, S. 109.

328 *Hoffmann-Riem/Schmidt-Aßmann [Hrsg.]*, Innovation und Flexibilität des Verwaltungshandelns, S. 407 (S. 417); *Müller*, Rechtsformenwahl bei der Erfüllung öffentlicher Aufgaben, S. 401.

329 *Ehlers*, Verwaltung in Privatrechtsform, S. 109.

330 *Schuppert*, Verwaltungswissenschaft, S. 986.

331 *Schuppert*, Verwaltungswissenschaft, S. 987.

c) Selbststeuerungspotenzial der Selbstverwaltung

Im Kontext der Debatte über das staatliche Steuerungsversagen und die Staatsentlastung hat die Verwaltungswissenschaft die Möglichkeit erkannt, sich die Selbststeuerung zu Nutze zu machen[332]. Die Selbststeuerung stellt eine alternative Steuerungsform dar, die den Staat entlastet und seine Steuerungskapazitäten nicht zusätzlich belastet[333]. Sie kann in denjenigen wirtschaftlichen und gesellschaftlichen Bereichen wirksam sein, in denen kontroverse Diskussionen geführt werden und Kompromisse gefunden werden müssen, jedoch eine direkte hoheitliche Staatsintervention nicht notwendig ist.

Die Selbstverwaltung ist eine Form der „Selbstbeschränkung des Staates"[334]. Sie ist mit der „Selbststeuerung als Methode der Staatsentlastung"[335] eng verknüpft, da beide das Ziel haben, die Beanspruchung der unmittelbaren Steuerungstätigkeit zu vermindern[336]. Durch den funktionalen Selbstverwaltungsträger wird die unmittelbare Staatsverwaltung von ihrer Aufgabenwahrnehmung befreit[337]. Die Errichtung eines Trägers der funktionalen Selbstverwaltung bewirkt zugleich die Dezentralisierung der Verwaltungsorganisation[338]. Die Selbststeuerungskräfte des Selbstverwaltungsträgers werden durch die Mitglieder aktiviert. Durch die Einbeziehung der Mitglieder als betroffene Akteure wird das „Konzept der Verantwortungsteilung"[339] verwirklicht.

Der Staat gibt einen Teil seiner Verwaltungsverantwortung an die beteiligten Akteure ab. Dabei hat der Staat den Anspruch des Selbstverwaltungsträgers nach Eigenständigkeit und seinen Anspruch auf einheitliche Lenkung und Führung gegenüberzustellen und beide gegeneinander abzuwägen.

---

332 So *Schuppert*, in: *Hoffmann-Riem/Schmidt-Aßmann/Schuppert [Hrsg.]*, Reform des Allgemeinen Verwaltungsrechts, S. 65 (S. 87). Die Bedeutung des Begriffs betonen auch *Ellwein/Hesse/Mayntz/Scharpf [Hrsg.]*, Jahrbuch zur Staats- und Verwaltungswissenschaft, S. 89 (S. 89 ff.).

333 *Schuppert*, AöR, Bd. 114, 1989, S. 127 (S. 142).

334 So *Laband*, Das Staatsrecht des Deutschen Reiches, S. 87.

335 So *Schuppert*, in: *Hoffmann-Riem/Schmidt-Aßmann/Schuppert [Hrsg.]*, Reform des Allgemeinen Verwaltungsrechts, S. 65 (S. 87).

336 *Hoffmann-Riem/Schmidt-Aßmann/Schuppert [Hrsg.]*, Reform des Allgemeinen Verwaltungsrechts, S. 65 (S. 87).

337 *Kluth* bezeichnet diese Lockerung der unmittelbaren Staatsverwaltung als „Selbstverwaltungslösung", *Kluth*, in: *Kluth [Hrsg.]*, Handbuch des Kammerrechts, S. 106 (S. 109, Rn. 5).

338 Siehe zur Dezentralisierung die Ausführungen im *2. Kapitel II. 4.*

339 So *Schuppert*, Verwaltungswissenschaft, S. 987; *Lepsius*, Steuerungsdiskussion, Systemtheorie und Parlamentarismuskritik, S. 2. Siehe hierzu bereits die Ausführungen im *2. Kapitel I. 2.*

Es hängt von den jeweiligen verfassungsrechtlichen, politischen und soziologischen Gegebenheiten ab, welcher Anspruch sich mehr behaupten kann[340].

Eine konkrete Erscheinungsform der Selbststeuerung ist die „Delegation als staatlich verordnete gesellschaftliche Selbststeuerung; Beispiel ist die wirtschaftliche und berufsständische Selbstverwaltung in der Rechtsform von Körperschaften des öffentlichen Rechts“[341]. Hierzu ist auch die Handwerkskammer zu zählen, da der Staat sie als Körperschaft des öffentlichen Rechts errichtet hat[342] und sie dem Bereich der wirtschaftlichen Selbstverwaltung zuzuordnen ist. Bei der Entlastung des Staates kommt es insbesondere auf die Nutzbarmachung des Selbststeuerungspotenzials der funktionalen Selbstverwaltungsträger an. Dadurch spart der Staat eigene unmittelbare Steuerungsressourcen und erhöht zugleich seine Steuerungskapazität[343]. Welche organisatorische Steuerungsleistung der Organisationsstruktur bzw. dem Organisationsprinzip der Selbstverwaltung innewohnt, wird im folgenden Abschnitt untersucht.

d) Steuerungsleistung der Selbstverwaltung

Betrachtet man die Funktionen der Selbstverwaltung, so kann jeder Selbstverwaltungsfunktion eine bestimmte Steuerungsleistung zugeordnet werden[344]. In diesem Kontext kann auf die bereits im *1. Kapitel* dargestellten Funktionen der Selbstverwaltung zurückgegriffen werden. Diese Funktionen werden nun aus einer steuerungstechnischen Perspektive untersucht.

aa) Dezentralisierungskonzept

Die Selbstverwaltung ist ein klassisches Instrument der Dezentralisierung. *Hendler* drückt dies wie folgt aus: Der „Gedanke der Dezentralisierung ist in sämtlichen Selbstverwaltungseinheiten wirksam“[345]. Dass die Selbstverwaltung als Dezentralisierungskonzept ein prinzipielles und weit verbreitetes

---

340 *Dehmel*, Übertragener Wirkungskreis, Auftragsangelegenheiten und Pflichtaufgaben nach Weisungen, S. 15.

341 So die Einordnung von *Schimank/Glagow [Hrsg.]*, Gesellschaftssteuerung zwischen Korporatismus und Subsidarität, S. 4 (S. 143), die unter die Gruppe der nicht etatistischen Steuerung fällt.

342 Vgl. *2. Kapitel, I. 1. Errichtung einer Handwerkskammer.*

343 *Schuppert*, AöR, Bd. 114, 1989, S. 127 (S. 145).

344 *Schuppert*, Verwaltungswissenschaft, S. 598.

345 So *Hendler*, Selbstverwaltung als Ordnungsprinzip, S. 345; ebenso bereits *Peters*, Zentralisation und Dezentralisation, S. 24.

Organisationsprinzip[346] ist, zeigt auch die Betrachtung von *Hauschildt*[347]. Er belegt, dass die betriebswirtschaftliche Organisationstheorie die Merkmale der Selbstverwaltung nur unter anderen Begriffen behandelt, nämlich der Dezentralisierung, Divisionalisierung und Autonomisierung[348]. Die Dezentralisierung beschreibt den Vorgang der Ausgliederung von Kompetenzen einer Zentrale auf ein dezentrales Teilglied. Die Divisionalisierung hingegen fragt, nach welchen Kriterien oder inhaltlichen Konzepten diese dezentralen Teilglieder (Geschäftsbereiche) gebildet werden können[349]. Die Divisionalisierung (Division) stellt somit lediglich eine Ergänzung der Dezentralisierung dar und erfasst den Aspekt, welche Kompetenzen auf die dezentralen Teilglieder (selbständig arbeitende Geschäftsbereiche) übertragen werden können[350]. Die Autonomisierung beschreibt den Prozess, der als Ergebnis der Betrachtung von Divisionalisierung und Dezentralisierung erfolgen kann. Die Kompetenzen können auf einen eigenverantwortlichen und selbstständig arbeitenden Geschäftsbereich übertragen werden[351].

Die Handwerkskammer wird im Rahmen des in den §§ 90, 91 HandwO festgelegten Aufgabenbereiche tätig. Wird die Selbstverwaltung als Anwendungsbereich der soeben beschriebenen drei, von *Hauschildt* angeführten, Prinzipien verstanden, so ist die Selbstverwaltung ein organisatorisches Gestaltungsprinzip, das tatsächlich im staatlichen und wirtschaftlichen Bereich weit verbreitet ist[352]. Festzuhalten ist, dass die Selbstverwaltung ein generelles Organisationsprinzip darstellt[353]. Daher ist es lohnenswert, nach inhaltlich akzentuierten Funktionen der Selbstverwaltung Ausschau zu halten, die dieses

---

346 *Schuppert*, Verwaltungswissenschaft, S. 598; *Schuppert*, AöR, Bd. 114, 1989, S. 127 (S. 130); *Kluth*, in: *Kluth [Hrsg.]*, Handbuch des Kammerrechts, S. 106 (S. 124, Rn. 76).

347 „Selbstverwaltung als Organisationsprinzip in Staat und Gesellschaft" so der Titel des Beitrags von *Hauschildt*, in: Festgabe von Unruh, S. 79 (S. 79 ff.)

348 *Hauschildt*, in: Festgabe von Unruh, S. 79 (S. 82–85).

349 *Hauschildt*, in: Festgabe von Unruh, S. 79 (S. 83).

350 *Hauschildt*, in: Festgabe von Unruh, S. 79 (S. 83).

351 *Hauschildt*, in: Festgabe von Unruh, S. 79 (S. 84). Anzumerken ist hierzu, dass die übergeordnete Instanz (die Zentrale) einen rechtlichen Rahmen für das Handeln und Tätigwerden des Geschäftsbereichs aufstellen kann, jedoch letztendlich dieser innerhalb dieser Grenzen selbstständige Entscheidungen trifft (*Hauschildt*, in: Festgabe von Unruh, S. 79 (S. 84)).

352 Diese zutreffende Feststellung trifft *Hauschildt*, in: Festgabe von Unruh, S. 79 (S. 84 f.). Es gibt nicht nur die Selbstverwaltung im Bereich der wirtschaftlichen und berufsständischen Kammern, sondern auch im sozialen Bereich (Krankenkassen, kassenärztliche Vereinigung, Versorgungswerke) und in Form von Realkörperschaften; vertiefend zu den einzelnen Bereichen siehe *Wolff* et al., Verwaltungsrecht II, § 99 Rn. 24, sowie *Kluth*, Funktionale Selbstverwaltung, S. 189 ff.

353 *Schuppert*, AöR, Bd. 114, 1989, S. 127 (S. 131).

Prinzip konkretisieren. In einer separaten Betrachtung wird die Umsetzung des Organisationsmodells der Dezentralisierung auf die Struktur der Handwerkskammer verdeutlicht[354].

bb) Verzahnung von Staat und Gesellschaft

Eine weitere Steuerungsleistung der Selbstverwaltung kann darin gesehen werden, dass mit Hilfe der Selbstverwaltung eine „organische Verbindung von Staat und Gesellschaft"[355] hergestellt werden kann. Das Konzept der Selbstverwaltung ist hier primär kein organisatorisches, sondern ein sozialpolitisches. Im Vordergrund steht die ehrenamtliche Mitwirkung von Bürgern an der staatlichen Verwaltung[356]. Für die Selbstverwaltung der Kammern ist die Bereitschaft zu ehrenamtlicher Tätigkeit von großer Bedeutung[357]. Betrachtet man den organisatorischen Aufbau der Handwerkskammer, so spiegelt sie das soeben Dargelegte wider. In den Gremien der Handwerkskammer sitzen ehrenamtlich tätige Arbeitgeber und Arbeitnehmer, die ihren Wirtschaftsbereich repräsentieren[358].

Funktional betrachtet, steht die Handwerkskammer als Körperschaft des Öffentlichen Rechts als vermittelnde Organisation zwischen dem Staat und den Mitglieder als Teilen der Gesellschaft[359]. Bei der Betrachtung der Rolle der Kammern als Vermittler zwischen Staat und Gesellschaft erscheint eine Betrachtung aus der interdisziplinären Perspektive der Rechtssoziologie zweckmäßig. Gerade vor dem Hintergrund einer lebensnahen und problemgerechten Lösung drängt sich die Frage auf, ob die Handwerkskammer bürgernah

---

[354] Siehe hierzu die Ausführungen im *3. Kapitel III.*

[355] So schon die Ansätze der Selbstverwaltungslehre von *Rudolf von Gneist,* dem es darum ging, die Besitzenden zum Dienst am Gemeinwesen zu verpflichten. Diejenige gesellschaftliche Gruppe, die über politischen Einfluss verfügt, soll auch die öffentlichen Lasten tragen (vgl. *Gneist*, Der Rechtsstaat und die Verwaltungsgerichte in Deutschland).

[356] *Schuppert* hält es für fragwürdig, ob die ehrenamtliche Mitwirkung unter den Rahmenbedingen der modernen Verwaltung zweckmäßig ist, da die Mitarbeit in der Verwaltung Spezialkenntnisse und insbesondere Expertenwissen erfordert (vgl. *Schuppert*, AöR, Bd. 114, 1989, S. 127 (S. 131 f.)).

[357] *Kluth* spricht daher von der „Unverzichtbarkeit ehrenamtlichen Engagements" (*Kluth*, WAB, Bd. 4, 2008, S. 2).

[358] Vgl. hierzu die Regelungen in den §§ 92 ff. HandwO.

[359] *Müller*, Rechtsformenwahl bei der Erfüllung öffentlicher Aufgaben, S. 455; in diesem Sinne auch *Kormann/Wittmann*, Neue hoheitliche Aufgaben, S. 58; *Palige*, GewArch 2007, S. 273 (S. 274); *Schliesky*, Öffentliches Wirtschaftsrecht, S. 148; *Brohm*, Strukturen der Wirtschaftsverwaltung, S. 27; *Fröhler/Oberndorfer*, Körperschaften, S. 25; *Scholz*, Koalitionsfreiheit, S. 196 f.

agiert. Von Bürgernähe kann gesprochen werden, wenn die Anliegen und Begehren des Adressaten des Verwaltungshandelns neben der Rechtmäßigkeit und Zweckmäßigkeit des Handelns Beachtung finden[360].

Im Zentrum der Betrachtung steht die Wirkungsorientierung unter Berücksichtigung der spezifischen Problemlage der Bürger. Für die Betroffenen sollen Mitwirkungsmöglichkeiten geschaffen werden und ihre Interessen bereits frühzeitig Beachtung finden[361]. Diese Komponenten der Bürgernähe können im Rahmen einer Dezentralisierung verwirklicht werden, da insbesondere in der funktionalen Selbstverwaltung die Mitglieder an der Willensbildung beteiligt werden und Interessen zu einem internen Ausgleich gebracht werden[362].

Im Rahmen der Interessenvertretung der Selbstverwaltungsträger wird die Bürgernähe stets bekräftigt[363]. Kritiker behaupten hingegen, dass die Übertragung von Aufgaben in erster Linie nicht um der Bürgernähe willen geschehe, sondern vorrangig aus Kostengründen, um vermeintlich freie Verwaltungskapazitäten der Kammern zu nutzen. Dieser Standpunkt ist richtig, denn der Aspekt der Verzahnung der Gesellschaft mit dem Staat tritt immer weiter in den Hintergrund. Im Vordergrund stehen die Dezentralisation und die Verwaltungseffizienz, was jedoch nicht notwendigerweise eine Vernachlässigung der Bürgernähe zur Folge hat. Die Gewichtung der Bürger- bzw. Kundenorientierung bei der Aufgabenumsetzung durch die Handwerkskammer wird im Besonderen am Modell des One-Stop-Shops im *5. Kapitel* näher veranschaulicht.

cc) Disziplinierungsinstrument

Der Selbstverwaltung kann auch die Disziplinierung von wirtschaftlichen und gesellschaftlichen Bereichen als Steuerungsleistung zugeordnet werden. Durch die Disziplinierung und Bündelung von Interessen kann das Verwaltungshandeln effektiver ausgestaltet werden[364]. Vor allem der Selbstverwaltung durch öffentlich-rechtliche Körperschaften mit Pflichtmitgliedschaft wird eine solche „Instrumentalisierbarkeit für Zwecke der Verwaltung“[365] zugeschrieben.

---

[360] *Kaufmann/Schäfer*, in: *Kaufmann [Hrsg.]*, Bürgernahe Sozialpolitik, S. 13 (S. 57); *Kaufmann [Hrsg.]*, Bürgernahe Sozialpolitik, S. 13 (S. 185).

[361] *Schäfer*, Zentralisation und Dezentralisation, S. 185.

[362] Siehe hierzu die Funktionen der Selbstverwaltung im *2. Kapitel*. *Schäfer* geht noch weiter und ist der Ansicht, dass die Dezentralisation eine notwendige Voraussetzung von Bürgernähe sei (*Schäfer*, Zentralisation und Dezentralisation, S. 186).

[363] *Kopp*, NVwZ 2001, S. 172 (S. 173).

[364] *Schuppert*, AöR, Bd. 114, 1989, S. 127 (S. 132).

[365] So *Schuppert*, AöR, Bd. 114, 1989, S. 127 (S. 132 f.).

Zum einen ermöglicht die mit der Rechtsfigur der Körperschaft verbundene Pflichtmitgliedschaft eine gewisse Kontrolle über die Mitglieder sowie die Finanzierung der Selbstverwaltungsaufgaben durch die Mitgliedsbeiträge, zum anderen „gewinnt der Berufsstand mit der Erhebung zu einer Einheit der mittelbaren Staatsverwaltung ein öffentlich-rechtliches Forum zur Artikulation der berufsständischen Interessen“[366]. Nach außen wird ein einheitliches Interesse des Handwerks nach § 90 Abs. 1 HandwO vertreten. Die internen unterschiedlichen Interessen der Handwerkszweige (Gewerke) werden vereinigt und intern zum Ausgleich gebracht. Insoweit handelt es sich bei der Handwerkskammer um eine „Repräsentativkörperschaft“[367].

dd) Betroffenenpartizipation

Darüber hinaus zielt die Selbstverwaltung darauf ab, „die von bestimmten öffentlichen Angelegenheiten besonders berührten Personen, die Betroffenen, an der Erledigung der entsprechenden Angelegenheiten verstärkt zu beteiligen“[368]. Daher ist die Selbstverwaltung auch eine „Ausprägung des Prinzips der freiheitlichen Demokratie“[369]. Welche Funktionen der Handwerkskammer in der freiheitlichen Demokratie zuteil werden, wurde bereits im *2. Kapitel* eingehend thematisiert. Das Modell der Selbstverwaltung ist somit mehr als ein Ordnungsprinzip von gesellschaftlichem oder wirtschaftlichem Interesse; es ist vor allem ein „Prinzip zur Ordnung des politischen Willensbildungs- und Entscheidungsprozesses“[370]. Diesen Aspekt bringt auch die nächste Steuerungsleistung der Selbstverwaltung zum Ausdruck.

---

366 So *Schuppert*, in: Festgabe von Unruh, S. 183 (S. 189).

367 Dieser Begriff macht deutlich, dass sich die mitgliedschaftliche Zusammensetzung am Repräsentationsziel orientieren soll (*Schuppert*, in: Festgabe von Unruh, S. 183 (S. 204)); ebenso *Schuppert*, Verwaltungswissenschaft, S. 858 und *Kelber*, Grenzen des Aufgabenbereichs, S. 138.

368 So *Hendler*, Selbstverwaltung als Ordnungsprinzip, S. 678.

369 So *Hendler*, Selbstverwaltung als Ordnungsprinzip, S. 678; so auch *Kluth*, in: *Kluth [Hrsg.]*, Handbuch des Kammerrechts, S. 106 (S. 123, Rn. 70), der bei der Gründung eines Trägers funktionaler Selbstverwaltung in erster Linie die Eröffnung einer „demokratischen Partizipationsmöglichkeit“ sieht. Vgl. auch BVerfGE 5, 85, 139; BVerfGE 25, 88, 100; 40, 287, 291, sowie *Klein*, in: *Maunz/Dürig*, GG, Art. 21 Rn. 485 und *Kunig*, in: *von Münch/Kunig*, GG Kommentar, Art. 21 Rn. 81).

370 So deutlich *Schuppert*, AöR, Bd. 114, 1989, S. 127 (S. 136).

ee) Methode der Integration gesellschaftlicher Interessen in die Staatsorganisation

Gerade an der Handwerkskammer als repräsentativer Körperschaft lässt sich die Methode der Integration gesellschaftlicher Interessen in die Staatsorganisation leicht verdeutlichen. Körperschaften haben auf Grund ihrer Organisationsstruktur eine Doppelnatur, die sich darin ausdrückt, dass sie einerseits formell in die staatliche Verwaltungsorganisation eingebunden sind, andererseits jedoch auch wirtschaftliche und gesellschaftliche Interessen der Mitglieder bündeln[371]. Die körperschaftliche Selbstverwaltung ist folglich die Einbindung wirtschaftlicher und gesellschaftlicher Interessen in die öffentliche Verwaltungsstruktur[372].

ff) Staatsentlastung

Als Ausgangspunkt der Betrachtung der staatsentlastenden Steuerungsfunktion des Selbstverwaltungsprinzips bietet sich die Selbstverwaltungslehre von *Laband* an. Für *Laband* ist die Selbstverwaltung eine Form der „Selbstbeschränkung des Staates“[373] und mit der „Selbststeuerung als Methode der Staatsentlastung“[374] eng verknüpft[375]. Für die Selbstverwaltung sind daher die Fähigkeit und Möglichkeit der Selbststeuerung[376] und die aufgabenentlastende Funktion wesentliche Gesichtspunkte. Insbesondere erfolgt eine Entlastung der Verwaltung [377] durch die Wahrnehmung von öffentlichen und hoheitlichen (staatlichen) Aufgaben[378].

---

371 *Müller*, Rechtsformenwahl bei der Erfüllung öffentlicher Aufgaben, S. 454, sowie *Scheuner*, in: Gs Peters, S. 797 (S. 813).

372 Es erfolgt die „körperschaftliche Einkleidung von Erwerbszweigen“schreibt *Schuppert*, in: Festgabe von Unruh, S. 183 (S. 190). In diesem Zusammenhang wird von „korporativem“ bzw. „berufsständischem“ Gedankengut gesprochen, wenn Interessengruppen oder Verbände und somit sozio-ökonomische Gruppierungen der Gesellschaft in eine staatlich-organschaftliche Form überführt werden sollen, um sie dadurch unmittelbar an staatlichen Entscheidungsprozessen zu beteiligen; (*Krautzberger*, Die Erfüllung öffentlicher Aufgaben durch Private, S. 109).

373 So *Laband*, Das Staatsrecht des Deutschen Reiches, S. 101.

374 So *Schuppert*, in: *Hoffmann-Riem/Schmidt-Aßmann/Schuppert [Hrsg.]*, Reform des Allgemeinen Verwaltungsrechts, S. 65 (S. 87).

375 Vgl. hierzu die Ausführungen im *3. Kapitel II. 4. c)* .

376 *Schuppert*, AöR, Bd. 114, 1989, S. 127 (S. 140).

377 Auch der parlamentarische Gesetzgebers wird durch die Vermeidung eines parlamentarischen Regelungsdefizits entlastet *Klein-Cosack*, Berufsständische Autonomie und Grundgesetz, S. 54; gleichermaßen betont *Kluth*, dass der Staat im Zuge seiner „Verschlankungskur“ gerne Aufgaben auf andere Stellen übertragen hat (*Kluth*, WAB, Bd. 4, 2008, S. 2).

Weiterhin macht sich der Staat das der Organisation innewohnende Fachwissen zunutze. Alternativ könnte der Staat in seinen unmittelbaren Verwaltungsapparat sachkundige Bedienstete einstellen, jedoch wäre dies mit erheblichen Personalkosten verbunden. Daher kann der Staat Kosten einsparen, indem er auf das Fachwissen der Selbstverwaltungsorganisation zurückgreift und sich dieses zu Nutze macht[379].

Die Betrachtung der verschiedenartigen Steuerungsleistungen der Selbstverwaltung hat deutlich gemacht, wie vielfältig die Selbstverwaltung als Steuerungsinstrument eingesetzt werden kann[380]. Der Staat nutzt die Verwaltungskraft und den Sachverstand der organisierten wirtschaftlichen Interessen[381] und schont dadurch die eigenen personellen und finanziellen Ressourcen. Mit der Betonung der organisatorischen Steuerungswirkung treten die positiven Wirkungen der Organisation in den Vordergrund. Es wird zudem ein Beitrag dazu geleistet, dass eine möglichst praxisnahe und zweckdienliche Dogmatik der funktionalen Selbstverwaltung gefunden wird und ihre Rolle im staatlichen Gefüge als Selbststeuerungsakteur verdeutlicht werden kann.

e) Steuerung der funktionalen Selbstverwaltung

Das Verwaltungshandeln ist durch die Instrumente charakterisiert, derer sich die Verwaltung gegenüber dem Bürger bedient. Durch den Einsatz verschiedener Steuerungsinstrumente wird die Steuerungswirkung erreicht und damit ein Steuerungsziel forciert. Für die weiteren Überlegungen ist es daher notwendig, einen Blick auf die verschiedenen Typen von Steuerungsinstrumenten und Steuerungsmodi zu werfen. Der Steuerungsmodus bemüht sich um die Sicherstellung eines geordneten und abgestimmten Einsatzes der Steuerungsinstrumente[382], denn nur wenn die Steuerungsinstrumente in einem richtigen Verhältnis zusammengesetzt und aufeinander abgestimmt werden, lassen sich die festgelegten Steuerungsziele erreichen[383].

---

378 Um welche Aufgaben die Handwerkskammer es sich dabei handelt, wurde im *2. Kapitel III.* bereist dargestellt.

379 *Heimburg*, Verwaltungsaufgaben und Private, S. 114; so auch das BVerfGE 15, 235, 243: „Den Kammern steht ein weiter Kreis sachverständiger Fachleute zur Verfügung“; *Hendler*, Selbstverwaltung als Ordnungsprinzip, S. 357; *Müller*, Rechtsformenwahl bei der Erfüllung öffentlicher Aufgaben, S. 455.

380 *Schuppert*, Verwaltungswissenschaft, S. 589.

381 *Hendler*, Selbstverwaltung als Ordnungsprinzip, S. 357.

382 *Schmidt-Aßmann*, in: *Hoffmann-Riem/Schmidt-Aßmann [Hrsg.]*, Innovation und Flexibilität des Verwaltungshandelns, S. 407 (S. 411).

383 Vgl. hierzu die ausführliche Darstellung von *Schmidt-Aßmann*, in: *Hoffmann-Riem/Schmidt-Aßmann [Hrsg.]*, Innovation und Flexibilität des Verwaltungshandelns, S. 407 (S. 417).

Die Selbstverwaltung wird nicht unmittelbar, sondern mittelbar staatlich gesteuert[384]. Diese über den Errichtungsakt hinausgehende Steuerung und Koordination erfolgt durch das staatliche Aufsichtsrecht[385]. Diese staatliche Steuerung erfolgt durch Kontrolle (Rechts-, Fachaufsicht) sowie Finanzzuweisungen[386]. Die staatliche Aufsicht fügt sich somit in den Katalog der Steuerungsmittel ein[387]. Ebenso stellt die Finanzzuweisung als Form der Wirtschaftslenkung[388] ein Steuerungsinstrument dar[389]. Auf den Aspekt der Wirtschaftslenkung durch die Zuweisung von Finanzmitteln wird im Rahmen der Betrachtung des Wirtschaftsverwaltungsrechts als Lenkungsrecht[390] eingegangen.

Bevor jedoch der Fokus auf diesen Aspekt gelenkt wird, steht die Aufgabendelegation an die Handwerkskammer im Mittelpunkt der Betrachtung. Hierdurch wird verdeutlicht welcher Steuerungseffekt mit einer Aufgabenverlagerung einhergeht.

III. Die Aufgabendelegation als Steuerungsmittel

Im folgenden Abschnitt werden die mit einer Aufgabendelegation verbundenen Steuerungseffekte näher betrachtet. Besondere Aufmerksamkeit gilt hier den staatlichen Dezentralisierungsbestrebungen sowie der Deregulierung und Effektivitätssteigerung.

---

384 *Heimburg*, Verwaltungsaufgaben und Private, S. 81.

385 Vgl. hierzu *2. Kapitel V. 5.* Kritisch hierzu *Kormann*, der konstatiert, dass die Kammern, wenn ihnen Aufgaben übertragen werden, dennoch „gleichzeitig wie eine Staatsbehörde am (internen) Gängelband gehalten werden" und dadurch mögliche positive Effektivitäts- und Effizienzsteigerungen nicht zur Geltung kämen, so *Kormann/Wittmann*, Neue hoheitliche Aufgaben, S. 68.

386 Bei diesen Steuerungsinstrumenten ist die Intensität der Steuerung unterschiedlich; vgl. hierzu *Müller*, Rechtsformenwahl bei der Erfüllung öffentlicher Aufgaben, S. 401; *Schmidt-Aßmann*, in: *Hoffmann-Riem/Schmidt-Aßmann [Hrsg.]*, Verwaltungsorganisationsrecht als Steuerungsressource, S. 1 (S. 53); *Schmidt-Preuß*, VVDStRL, Bd. 56, 1997, S. 221 f.

387 Eine ausführliche Darstellung zur Aufsicht und Steuerung findet sich bei *Kahl*, Staatsaufsicht, S. 355 ff.

388 Dieser Begriff ist enger als der Begriff der Staats- bzw. Wirtschaftsintervention gefasst, denn der Begriff der Wirtschaftsintervention ist zutreffend allgemein und umfassend als „Ingerenz des Staates in den ökonomischen Bereich" zu verstehen, so *Tettinger*, Rechtsanwendung im Wirtschaftsverwaltungsrecht, S. 251.

389 *Kahl*, Staatsaufsicht, S. 356.

390 Siehe im Folgenden *3. Kapitel IV.*

Es wird untersucht, was aus staatlicher Sicht durch die Aufgabendelegation an die Handwerkskammer erreicht werden kann.

1. Dezentralisierungsbestrebungen

Ein Zweck der Selbstverwaltung ist die Auslagerung von Verwaltungsaufgaben sowie die Entlastung staatlicher Verwaltungsträger. Die Dezentralisierung beschreibt den Vorgang der Aufgabenverlagerung von einer Zentralinstanz auf nachgeordnete Stellen[391]. Somit zielt die Dezentralisierung auf eine Entlastung der zentralen Verwaltungseinheit und auf eine Stärkung der nachgeordneten Einheiten ab[392]. Durch die Dezentralisierung können besonders spezifische Fragestellungen an nachgeordnete spezialisierte Stellen übertragen werden[393]. Somit können bei funktionalen Selbstverwaltungsträgern wie der Handwerkskammer die vorhandenen Verwaltungskräfte und der Sachverstand genutzt werden. Die Errichtung von Körperschaften des öffentlichen Rechts und die dadurch bewirkte Dezentralisierung hoheitlicher Aufgaben werden jedoch durch den Umstand eingeschränkt, dass sich der Staat nicht seiner sämtlichen Aufgaben durch Übertragung an Selbstverwaltungsträger oder auch Private entledigen darf[394]. Der Frage nach einem notwendigerweise nicht delegierbaren Aufgabenbereich wird unter dem Stichwort der genuinen Staatsaufgaben an anderer Stelle nachgegangen[395]. Im Vordergrund der Betrachtung im folgenden Abschnitt steht die Dezentralisierung als Organisationsinstrument der staatlichen Steuerung.

a) Erscheinungsformen der Dezentralisation

Der folgende Abschnitt beschäftigt sich mit der Frage, welche Erscheinungsformen der Dezentralisation bei der Errichtung funktionaler Selbstverwaltung und der damit verbundenen Übertragung legitimer öffentlicher Aufgaben vorzufinden sind. Hinsichtlich der Klassifizierung können verschiedene Lösungsansätze aus der Literatur aufgezeigt werden.

---

[391] *Hauschildt*, in: Festgabe von Unruh, S. 79 (S. 82 f.); *Peters*, Zentralisation und Dezentralisation, S. 4; *Kelber*, Grenzen des Aufgabenbereichs, S. 66.

[392] „Dezentralisierung hebt einzig auf die Emanzipation“ von der Zentrale ab, so *Hauschildt*, in: Festgabe von Unruh, S. 79 (S. 82 f.).

[393] *Müller*, Rechtsformenwahl bei der Erfüllung öffentlicher Aufgaben, S. 456.

[394] Siehe hierzu die Ausführungen zur Letztverantwortung des Staates in Gestalt des Aufsichtsrechts (*2. Kapitel V. 5.*) und Gewährleistungspflicht des Staates, dargestellt im *3.4. Kapitel I. 1.* als genuine Staatsaufgabe.

[395] Vgl. hierzu *4. Kapitel I. 1. a).*

Nach *Mayntz* kann zwischen einer „politischen und einer administrativen Dezentralisierung“[396] unterschieden werden. Die Delegation von rechtlicher Entscheidungsmacht an die unteren Ebenen einer mehrstufig aufgebauten Verwaltungsorganisation bezeichnet *Mayntz* als „politische Dezentralisierung“[397]. Hierbei können nach *Mayntz* drei Arten von Dezentralisierungsansätzen unterschieden werden. Der erste Ansatz ist ein regionaler Ansatz und der zweite ein lokaler[398]. Der regionale Ansatz findet sich im Föderalismus wieder und der lokale Ansatz findet sich im System der kommunalen Selbstverwaltung als Gebietskörperschaften wieder[399]. Die Handwerkskammer ist dem dritten Ansatz innerhalb der „politischen Dezentralisierung“ zuzurechnen, da bei diesem Ansatz „bestimmte funktionelle Teilsysteme von zentraler staatlicher Lenkung ausgenommen und der Selbstverwaltung anheim gegeben“[400] werden. Der Handwerkskammer wird als funktionaler Selbstverwaltungsträger die Interessenwahrnehmung des Handwerks als Selbstverwaltungsaufgabe übertragen[401].

Von „administrativer Dezentralisation“ wird gesprochen, wenn lediglich die Durchführung eines festgelegten Aufgabenbereiches delegiert wird[402]. Auch diese Art der Dezentralisation findet sich im Modell der funktionalen Selbstverwaltung, da diese nicht nur Aufgaben der Selbstverwaltung, sondern auch staatliche Aufgaben als Auftragsangelegenheiten wahrnimmt[403]. Der Bereich der Auftragsangelegenheit ist streng reglementiert und untersteht der staatlichen Fachaufsicht. Somit ist festzuhalten, dass die Handwerkskammer als Teil der funktionalen Selbstverwaltung Elemente der „politischen und administrativen Dezentralisation“ in sich vereint.

Peters wählt die Ansätze der „räumlichen und sachlichen Dezentralisation“[404]. Unter „räumlicher Dezentralisation“ versteht er die Verlagerung der staatlichen Aufgabenwahrnehmung von einem zentralen Organ, das für das gesamte Gemeinwesen zuständig ist, auf einen lokal (räumlichen) begrenzten Bezirk[405]. Eine „sachliche Dezentralisation“ liegt vor, wenn ein sachlich ab-

[396] Vgl *Mayntz*, Soziologie der öffentlichen Verwaltung, S. 26.

[397] Diese Form der Dezentralisierung entspricht dem bereits oben dargestellten Verständnis von Dezentralisierung; vgl. hierzu *Hauschildt*, in: Festgabe von Unruh, S. 79 (S. 82 f.); *Peters*, Zentralisation und Dezentralisation, S. 4; *Kelber*, Grenzen des Aufgabenbereichs, S. 66.

[398] *Mayntz*, Soziologie der öffentlichen Verwaltung, S. 26.

[399] *Mayntz*, Soziologie der öffentlichen Verwaltung, S. 26.

[400] So *Mayntz*, Soziologie der öffentlichen Verwaltung, S. 26.

[401] Siehe hierzu auch die Ausführungen im *2. Kapitel III. 1.*

[402] *Mayntz*, Soziologie der öffentlichen Verwaltung, S. 26.

[403] Vgl. hierzu die Darstellung im *2. Kapitel III. 2.*

[404] Vgl. *Peters*, Zentralisation und Dezentralisation, S. 14 ff.

grenzbarer Themenbereich aus dem Tätigkeitsbereich des zentralen Organs herausgenommen wird und „von einer von der Zentrale dazu ermächtigten Stelle“[406] ausgeübt wird. Diese beiden Formen der Dezentralisation stehen nicht in einem Ausschließlichkeitsverhältnis, sondern „in jeder räumlichen Dezentralisation ist auch eine gewisse sachliche Dezentralisation enthalten“[407]. Dieses Verhältnis der beiden Formen der Dezentralisation ist dadurch bedingt, dass eine räumliche (territoriale) Dezentralisation nicht zweckmäßig wäre, wenn nicht gleichzeitig ein sachlich abgrenzbarer Themenbereich (Kompetenzbereich) zur Aufgabenerledigung übertragen wird.

In der Handwerkskammer kann man die von *Peters* aufgeführten Modelle der Dezentralisation wiederfinden. Zum einen wird die Handwerkskammer auf Grund der territorialen Komponente des Verbandszweckes nur in ihrem Kammerbezirk[408] tätig und zum anderen ist sie von einer obersten Landesbehörde errichtet[409]. Im Rahmen der Errichtung sind der Handwerkskammer Aufgabenbereiche mit einem öffentlichen Zweck übertragen worden[410]. Hierbei handelt es sich um die Selbstverwaltungsaufgabe der „Vertretung der Interessen des Handwerks“ nach § 90 HandwO.

Ferner differenziert *Peters* zwischen den Formen der „unabhängigen und der administrativen Dezentralisation“[411]. Die „unabhängige Dezentralisation“ zeichnet sich dadurch aus, dass eine Stelle mit einer eigenen Rechtspersönlichkeit von einem zentralen Organ errichtet wird und einen eigenen Aufgabenbereich selbstständig wahrnimmt, es sei denn es ist gesetzlich eine Ausnahme oder Einschränkung normiert[412]. Die Selbstverwaltungskörperschaft wurde durch die oberste Landesbehörde errichtet und nimmt den ihr zugeteilten Aufgabenbereich der Selbstverwaltungsaufgaben selbstständig wahr[413]. Eine Einschränkung dieser selbstständigen Wahrnehmung der Selbstverwaltungsaufgaben ergibt sich aus dem staatlichen Aufsichtsrecht[414]. Daher ordnet *Peters* die Selbstverwaltung in die Kategorie der „unabhängigen Dezentralisation“ ein[415]. Der Begriff der „administrativen Dezentralisa-

---

405 *Peters*, Zentralisation und Dezentralisation, S. 14.

406 So *Peters*, Zentralisation und Dezentralisation, S. 15.

407 So *Peters*, Zentralisation und Dezentralisation, S. 16.

408 Siehe hierzu die Ausführungen im *2. Kapitel V. 1. c)*.

409 Vgl. hierzu die Errichtung der Handwerkskammer *2. Kapitel I. 1.*

410 Vgl. hierzu die Handwerkskammer als Teil der öffentlichen Verwaltung, die Aufgaben des Gemeinwesens wahrnehmen *2. Kapitel I. 2. a)*.

411 So *Peters*, Zentralisation und Dezentralisation, S. 17 ff.

412 *Peters*, Zentralisation und Dezentralisation, S. 18.

413 Hierzu kann auf die Darstellung des Aufgabenbereichs der Handwerkskammer im *2. Kapitel unter III. 1.* verwiesen werden.

414 Siehe hierzu: (*2. Kapitel V. 5*).

tion" umschreibt hingegen die Aufgabenerfüllung einer dem zentralen Organ untergeordneten Stelle, die zudem weisungsabhängig ist[416]. Auch dieses Modell der Dezentralisation findet sich im Aufgabenbereich der Handwerkskammer – bekanntermaßen in den Auftragsangelegenheiten, die der Fachaufsicht unterstehen – wieder[417].

b) Verteilung der Steuerungskompetenzen

Abschließend wird der Blick auf die Verteilung der Steuerungskompetenzen gelenkt. Hält man sich zunächst den Steuerungsprozess vor Augen, so ergibt sich folgendes Modell: Der Zentralstaat steuert per Gesetz das Verhalten der Bundesländer; unter Beachtung dieser Vorgaben steuern die Länder das Verhalten der untergeordneten Verwaltungsbehörden, die ihrerseits das Verhalten der mittelbaren Staatsverwaltung steuern[418]. Diese Verflechtung zeigt, dass es sich nicht um ein zweipoliges Verhältnis von Steuerndem und Gesteuertem handelt, sondern eine Vielzahl von Beteiligten steuern und gesteuert werden. Es handelt sich daher um eine „Steuerungsverflechtung"[419]. Die einzelnen Bundesländer und die untergeordneten Verwaltungsbehörden nehmen dabei eine Doppelstellung ein, da sie gleichzeitig Steuernde wie Gesteuerte sind.

Überträgt man dieses Modell auf die Handwerkskammer, so kann folgender Steuerungsprozess analysiert werden: Der Bundesgesetzgeber steuert mit den Zuständigkeitsnormen der Handwerksordnung die Zuständigkeiten in den einzelnen Bundesländern. Die Länder wiederum übertragen Zuständigkeiten an die untergeordneten Verwaltungsbehörden. Diese können ihrerseits die Handwerkskammer durch den Erlass von Zuständigkeitsverordnungen steuern. Dieser Prozess ist jedoch nicht zwingend, da auch eine direkte Steuerung des Bundesgesetzgebers gegenüber der Handwerkskammer oder eine direkte Steuerung der Länder erfolgen kann, ohne die untergeordnete Landesbehörde zwischenzuschalten.

Die Annahme einer einseitigen Steuerungskette wird der Vielschichtigkeit der politischen Prozesse jedoch nicht gerecht[420]. Denn es gehen Rückwirkungs-

415 *Peters*, Zentralisation und Dezentralisation, S. 18; vgl. hierzu auch *Hendler*, Selbstverwaltung als Ordnungsprinzip, S. 293 f.

416 *Peters*, Zentralisation und Dezentralisation, S. 17 f. Nach *Peters* findet sich dieses Modell in den staatlichen Auftragsangelegenheiten wieder

417 Vgl. hierzu die Darstellungen im *2. Kapitel III. 2.*

418 Dieses Modell ist zur Verdeutlichung bewusst einfach gehalten und die weiteren möglichen gesetzlichen Konstruktionen bleiben außer Acht.

419 In Analogie zum Terminus der Politikverflechtung *Schäfer*, Zentralisation und Dezentralisation, S. 75.

möglichkeiten und Unsicherheitsfaktoren von allen gesteuerten Systemen aus. Daher umfasst der Begriff der Steuerung in der Verwaltungswissenschaft auch die Möglichkeit der Rückbeziehung. Auch die Handwerkskammer kann Einfluss auf die Steuerung nehmen.

Bei dem problembezogenen Konzept der Dezentralisation ist weiterhin zwischen der Steuerungskompetenz und der Steuerungsfähigkeit zu unterscheiden, wobei insbesondere die Steuerungsfähigkeit eine Problemnähe voraussetzt[421]. „Zentrale Instanzen zeichnen sich durch Besitz von Steuerungskompetenzen und Problemferne aus, dezentrale Instanzen besitzen in geringerem Maße Steuerungskompetenzen, dagegen die größere Problemnähe“[422]. Die Dezentralisation gibt somit an, in welchem Ausmaß Steuerungskompetenz verteilt wird[423]. Die Frage nach der Verteilung von Steuerungskompetenz ist somit eine Frage nach der Verteilung der Verantwortlichkeit und Einflussnahme[424]. Es wird daher zu fragen sein, wem die Steuerungskompetenz zukommt und wie die Steuerungsfähigkeit ausgestaltet ist.

Bei Verlagerung der Verwaltung auf die mittelbare Staatsverwaltung der Selbstverwaltung zeigen sich die staatlichen Dezentralisierungstendenzen, ebenso wie bei der Übertragung weiterer Aufgaben an die Handwerkskammer. Die Idee der Dezentralisierung findet sich in sämtlichen Selbstverwaltungseinheiten[425] und ist zugleich eine der wesentlichen Funktionen der Selbstverwaltung[426]. Aus der Existenz der Organisationsform der Selbstverwaltung folgt „notwendig die Existenz von starken dezentralistischen Kräften“[427]. Diese Kräfte offenbaren sich bei der Aufgabenwahrnehmung durch die Handwerkskammer, die ihre Interessen fortwährend im staatlichen Gefüge behauptet[428].

Mithin stellt sich in diesem Kontext auch die Frage, ob die wirtschaftliche und gesellschaftliche Steuerung durch Selbstverwaltungsträger problemgerechter und effizienter ist als die unmittelbare staatliche Steuerung. Zu fragen ist auch, welche Zusammenfügung von zentralen und dezentralen Elementen bei

---

420 *Schäfer*, Zentralisation und Dezentralisation, S. 75.

421 Gerade die Diskrepanz zwischen Steuerungskompetenz und Problemnähe ist ein wichtiger Grund für die mangelnde Steuerungsfähigkeit von Systemen. Diese Feststellung bildet die Arbeitshypothese von *Schäfer*, Zentralisation und Dezentralisation, S. 29.

422 So deutlich *Schäfer*, Zentralisation und Dezentralisation, S. 29.

423 *Schäfer*, Zentralisation und Dezentralisation, S. 71, 247.

424 *Schäfer*, Zentralisation und Dezentralisation, S. 27.

425 *Hendler*, Selbstverwaltung als Ordnungsprinzip, S. 345; *Peters*, Zentralisation und Dezentralisation, S. 24.

426 Siehe hierzu die Ausführungen im *2. Kapitel II. 4.*

427 So *Peters*, Zentralisation und Dezentralisation, S. 24.

428 Siehe zu diesem Aufgabenbereich *2. Kapitel III.*

der Verteilung der Steuerungskompetenz und Verantwortlichkeit erforderlich und zielorientiert ist. Festzuhalten ist hinsichtlich dieses Aspekts, dass in der funktionalen Selbstverwaltung beide Komponenten miteinander verbunden und zu einem Ausgleich gebracht werden.

c) Beurteilung der Dezentralisation anhand von klassischen Maßstäben des Verwaltungshandelns

Abschließend wird die Dezentralisation einer Bewertung anhand klassischer Verwaltungsmaßstäbe unterzogen. Die Dezentralisation als solche muss den klassischen Maßstäben des Verwaltungshandelns gerecht werden[429]. Nur wenn die Dezentralisation diesen Anforderungen gerecht wird, handelt es sich um ein sachgerechtes und rechtmäßiges Instrument des Verwaltungshandelns.

Um den Rechtmäßigkeitsanforderungen gerecht zu werden, ist zunächst der konkrete Sachverhalt zu ermitteln. Danach kann die Anwendung einer Norm erfolgen, wenn der konkret ermittelte Sachverhalt dem Tatbestand einer Norm entspricht. Von Vorteil ist bei der Erforschung des Sachverhaltes die Kenntnis von Sonderwissen in Form von typischen Problemstellungen, spezifischen Anforderungen oder Besonderheiten von Ortsverhältnisse[430]. Ein problemgerechtes Verwaltungshandeln kann dadurch erreicht werden, dass Aufgaben in dezentralisierten Verwaltungseinheiten wie den funktionalen Selbstverwaltungsträgern mit vorhandenem Fachwissen wahrgenommen werden[431]. Die Frage nach der Sachgerechtigkeit des Verwaltungshandelns zielt darauf ab, ob das in dem Gesetz festgelegte Ziel durch die ergriffenen Maßnahmen erreicht werden kann[432].

Diesen Maßgaben der Rechtmäßigkeit und Sachgerechtigkeit kann die Handwerkskammer gerecht werden. Ihr wurde die Kompetenz für einen Bereich verliehen, in denen sie sich durch besondere Sach- und Problemnähe auszeichnet – sei es bei der Einbindung der Handwerkskammer im Rahmen des § 1 Abs.1 RPHandwOZVO, der Überantwortung der Führung der Handwerksrolle nach §§ 1, 6 ff. HandwO oder der Verantwortlichkeit hinsichtlich

[429] *Schäfer*, Zentralisation und Dezentralisation, S. 179.

[430] Vgl. *Schäfer*, Zentralisation und Dezentralisation, S. 183.

[431] *Schäfer*, Zentralisation und Dezentralisation, S. 184, der herausstellt, dass sich Routineaufgaben bzw. programmierte Aufgaben ebenso sachgerecht in zentralisierten Entscheidungsverfahren bewältigen lassen.

[432] *Schäfer*, Zentralisation und Dezentralisation, S. 183. *Schäfer* stellt fest, dass der Dezentralisationsgrad des öffentlichen Handelns für dessen Sachgerechtigkeit von großer Relevanz ist (*Schäfer*, Zentralisation und Dezentralisation, S. 184).

der Berufsbildung im Handwerk nach §§ 21 ff. HandwO. Auch muss das Verwaltungshandeln den Wirtschaftlichkeitsgrundsatz berücksichtigen und daher wird auf diesen Aspekt im Kontext effektiver und effizienter Aufgabenerfüllung durch die Handwerkskammer eingegangen. Ebenso wird im *5. Kapitel* das Augenmerk auf die Frage gerichtet, wie die Handwerkskammer auch bei der Bewältigung neuer Aufgaben den dargelegten Verwaltungsmaßstäben gerecht werden kann.

Als Fazit kann festgehalten werden, dass die Dezentralisation nicht nur einen Beitrag zur Entlastung der unmittelbaren Staatsverwaltung leistet[433], sondern auch die Interessen der betroffenen Bürger einbindet[434]. Hinzu treten als weitere positive Aspekte die spezifische Problem- und Sachkenntnis der Handwerkskammer, ebenso wie das Wissen um die besonderen örtlichen Verhältnisse und Belange innerhalb des Kammerbezirkes.

2. Deregulierungsbestrebungen und Effektivitätssteigerung

Nachfolgend wird dargestellt, welchen Beitrag die Aufgabendelegation an die Handwerkkammer einerseits hinsichtlich staatlicher Deregulierungsbestrebungen leistet und wie sie andererseits die Effizienz und Effektivität der Verwaltung steigert. Diese Begrifflichkeiten stehen in einer engen Beziehung, denn gegenwärtig werden staatliche Verwaltungsaufgaben „vorwiegend unter dem Gesichtspunkt der Deregulierung“[435] auf die Kammern übertragen mit dem Ziel, Verwaltungsabläufe wirkungs- und leistungsfähiger auszugestalten[436].

433 *Brohm* bezeichnet die Nutzung der organisatorischen Möglichkeiten einer sinnvollen Dezentralisation als „staatspolitische Notwendigkeit ersten Ranges“ (vgl. *Brohm*, Strukturen der Wirtschaftsverwaltung, S. 27). *Peters* bezeichnet die Dezentralisation als eine der „treffsichersten Waffen gegen die Bureaukratie“ (*Peters*, Zentralisation und Dezentralisation, S. 48).

434 Siehe zur Betroffenenpartizipation bereits die Darstellung im *2. Kapitel II. 1.*

435 So *Kormann/Wittmann*, Neue hoheitliche Aufgaben, S. 23.

436 *Tettinger*, Kammerrecht, S. 147.

a) Deregulierung

Der Begriff der Deregulierung entzieht sich einer abschließenden Definition[437] und kann daher allenfalls aus unterschiedlichen Richtungen eingegrenzt und hinsichtlich seiner Zielsetzung umschrieben werden. Nach *Voßkuhle* ist die Deregulierung das „Sinnbild für die Forderung nach Regelungsabbau, Rechts- und Verwaltungsvereinfachung"[438]. Das Ziel der Deregulierung ist die Reduzierung der gesetzlichen Regelwerke in bestimmten Rechtsbereichen[439]. Somit steht der Begriff für die Entbürokratisierung und Reduzierung von Staatsaufgaben. Daher hält *Stober* lapidar fest, dass die Deregulierung der Gegenbegriff zu staatlicher Regulierung ist[440]. Die Aufgabendelegation an die Handwerkskammer kann einen Beitrag zur Förderung der Deregulierungsbestrebungen leisten, wenn hierdurch Staatsaufgaben reduziert und Verwaltungsabläufe vereinfacht werden. Wie dieser Beitrag ausgestaltet sein kann, wird im Rahmen der Einzelbetrachtung im *5. Kapitel* an Beispielen veranschaulicht.

b) Effektivitäts- und Effizienzsteigerung

Das Kriterium der Verwaltungseffizienz zielt auf ein möglichst optimales Verhältnis zwischen dem Einsatz finanzieller, personeller, sachlicher und zeitlicher Ressourcen ab[441]. Im Vordergrund steht die Prämisse, dass die Verwaltung ihren Aufgabenbereich zeitnah und wirtschaftlich wahrnimmt[442].

Anknüpfend an die bereits dargestellten öffentlichen Funktionen der Handwerkskammer im *2. Kapitel* stellt sich die Frage, wie sich die Selbstverwaltung

---

437 Nach *Stober* wird die Deregulierung je nach Bedarf und Disziplin unterschiedlich weit verstanden; *Stober*, Rückzug des Staates im Wirtschaftsverwaltungsrecht, S. 1. „Deregulierung lässt sich ganz allgemein definieren als Verminderung der Ingerenz zwischen dem Recht und der von diesem gesteuerten Lebenswirklichkeit" , so die Definition von *Lindner*, BayVBl. 2004, S. 225 (S. 227).

438 So die Definition von *Voßkuhle*, in: *Hoffmann-Riem/Schmidt-Aßmann/Voßkuhle [Hrsg.]*, Grundlagen des Verwaltungsrechts, S. 1 (S. 45).

439 *Ronellenfitsch*, NVwZ 1998, S. 1021 (S. 1025, Fn 32); *Ehlers* betont, dass „die Deregulierung den Wegfall bzw. die Entschärfung rechtlicher Schranken für die Wirtschaft zur Folge hat" (*Ehlers*, Aushöhlung der Staatlichkeit, S. 42), und somit ein wirtschaftspolitisches Instrument zur Verbesserung oder Neuordnung der wirtschaftlichen Rahmenbedingungen darstellt. Enger fasst *Ronellenfitsch* die Definition, wobei als Entbürokratisierung die Vereinfachungen von Rechts- und Verwaltungsvorschriften sowie der Abbau bürokratischer Erschwernisse für den Bürger bezeichnet werden.

440 So *Stober*, Rückzug des Staates im Wirtschaftsverwaltungsrecht, S. 1.

441 Vgl. hierzu *Niedobitek*, DÖV 2000, S. 761 (S. 763).

442 *Niedobitek*, DÖV 2000, S. 761 (S. 763).

in das Bild einer effizient ausgestalteten Verwaltung einfügt[443]. Die für die Selbstverwaltung charakteristische Sach- und Interessennähe der Beteiligten kann sich durchaus positiv auf Entscheidungsprozesse auswirken und dadurch einen Beitrag zu mehr Effizienz leisten[444]. Die Größe der Handlungsspielräume ist je nach Aufgabenbereich verschieden, sodass es für die Effektivität darauf ankommt, in welchem Maße Spielräume ausgenutzt werden können, um die beabsichtigte Wirkung zu erzielen[445]

Richtet man den Blick wiederum auf die Maßgabe der effektiven Aufgabenerfüllung durch die öffentliche Verwaltung, findet man eine deutliche Stellungnahme des Bundesverfassungsgerichts. In einer Urteilsbegründung bezüglich der Pflichtmitgliedschaft der Handwerkskammer hob das Gericht deutlich die Bedeutung der effizienten und effektiven Aufgabenerledigung durch diese hervor. Das Gericht fasste zusammen: „Die unmittelbare Erledigung durch die Kammern erleichtert somit den Geschäftsgang und erspart Kosten“[446]. Hervorgehoben wird mit dieser Feststellung nicht nur die Leistungsfähigkeit, sondern auch die Wirtschaftlichkeit.

Beachtenswert ist bei der Betrachtung des Begriffs der Effizienz die Definition von *Hauschildt*, der darunter jede Maßnahme fasst, die „wirkungsvoller im Sinne eines bestimmbaren Ziels“[447] ist. Angelehnt an diese sehr weit gefasste Definition umfasst der Begriff der Effizienz folglich alle Maßnahmen, die geeignet sind, ein vorgegebenes Ziel zu erreichen, sowie alle Wirkungen, die von der Organisation ausgehen[448]. Bei der Betrachtung der Effizienzsteigerung werden nicht finanzielle Aspekte im Vordergrund stehen, sondern die Leistungsfähigkeit und Anforderungen an die Qualität des geforderten Ergebnisses. Diese sehr weitgreifende Betrachtungsweise der Effizienz steht mit dem bereits dargelegten Modell der Verwaltungswissenschaft als Steuerungswissenschaft[449] im Einklang. Insbesondere die Annahme, dass das Konzept der Verwaltungswissenschaft als Steuerungswissenschaft durch den Einsatz von Steuerungsinstrumenten positive Wirkungen erzielen kann.

Anzumerken ist, dass die Selbstverwaltung nicht zwangsläufig immer zur Erhöhung der Effizienz des öffentlichen Verwaltungshandelns beiträgt[450]. Die

---

443 *Frotscher*, in: Festgabe von Unruh, S. 127 (S. 141).

444 *Frotscher*, in: Festgabe von Unruh, S. 127 (S. 133, 141).

445 *Rehbinder*, Rechtssoziologie, S. 222, Rn. 179.

446 Vgl. BVerfGE 15, 235, 242.

447 *Hauschildt*, in: Festgabe von Unruh, S. 79 (S. 79).

448 Angelehnt an die sehr weit gefasste Definition von *Hauschildt*, in: Festgabe von Unruh, S. 79 (S. 89).

449 Siehe hierzu die Ausführungen im *3. Kapitel II.*

450 Dieser Ansicht ist aber *Hauschildt*, der feststellt, dass die Selbstverwaltung schlichtweg effizient ist, *Hauschildt*, in: Festgabe von Unruh, S. 79 (S. 85).

Einschaltung einer großen Anzahl eigenverantwortlicher kleinerer Organisationseinheiten kann einen Effizienzverlust bewirken[451]. Daher darf diese Organisationsform, wie bereits im *2. Kapitel* ausgeführt, nur beim Vorliegen eines öffentlichen Zweckes verwendet werden. Insbesondere der örtliche und sachlich begrenzte Wirkungsbereich der wirtschaftlichen oder gesellschaftlichen Organisationen ist als positiv zu bewerten[452]. Auch der Austausch zwischen den Selbstverwaltungsträgern und den Verwaltungsbehörden kann positive Effekte mit sich bringen[453].

Der Grundsatz der Effektivität ist aber auch staatlicherseits bei der Aufgabendelegation in Rechnung zu stellen. Damit wird der staatlichen Aufgabendelegation eine Grenze in qualitativer und quantitativer Hinsicht gezogen[454]. Eine quantitative Grenze besteht, wenn die Übertragung von staatlichen Aufgaben in so großem Umfang erfolgt, dass die Wahrnehmung der Selbstverwaltungsaufgaben beeinträchtigt wird[455]. Diese Übertragung würde nicht mehr einer „sachgerechten Funktionswahrnehmung"[456] entsprechen und wäre daher unverhältnismäßig. Eine effektive Aufgabenwahrnehmung durch die Handwerkskammer wäre auf Grund erschöpfter personeller und finanzieller Ressourcen nicht möglich. Eine qualitative Grenze ergibt sich, wenn die Übertragung der Aufgaben im Widerspruch zu den Selbstverwaltungsaufgaben der Kammer und den Interessen der Pflichtmitglieder steht[457]. Eine Rechtfertigung wäre vor dem verfassungsrechtlichen Hintergrund der Pflichtmitgliedschaft nicht mehr möglich. An welche weiteren Grenzen die Aufgabendelegation stößt, wird im *4. Kapitel* näher erläutert.

Abschließend wird in diesem Kapitel das Wirtschaftsrecht als Lenkungsrecht betrachtet. Im Mittelpunkt der Betrachtung stehen die Möglichkeiten der Beeinflussung der gesamtwirtschaftlichen Verhältnisse sowie die Grenzen der wirtschaftlichen Betätigung der Handwerkskammer.

---

[451] *Frotscher*, in: Festgabe von Unruh, S. 127 (S. 141).

[452] *Brohm*, Strukturen der Wirtschaftsverwaltung, S. 22; vgl. zum örtlichen und sachlich eingeschränkten Wirkungsbereich die Komponenten der Verbandskompetenz im *2. Kapitel V. 1.*

[453] Kritisch hierzu *Schäfer*, der keine durchsetzbaren Freiräume für lokale und soziale Besonderheiten anerkennt(*Schäfer*, Zentralisation und Dezentralisation, S. 161).

[454] *Kormann/Wittmann*, Neue hoheitliche Aufgaben, S. 68.

[455] *Kormann/Wittmann*, Neue hoheitliche Aufgaben, S. 68; siehe hierzu auch die Grenzen bei der wirtschaftlichen Tätigkeit der Handwerkskammern im *3. Kapitel IV. 3. b)*, da auch hier die finanzielle Leistungsfähigkeit der Handwerkskammer zu beachten ist.

[456] Dieser Begriff stammt von *Schöbener*, VerwArch, Bd. 91, 2000, S. 412, und wird in diesem Kontext zur Umschreibung der Legitimität einer öffentlichen Aufgabe verwendet; siehe *2. Kapitel V. 3.*

[457] *Kormann/Wittmann*, Neue hoheitliche Aufgaben, S. 68; siehe zu den Selbstverwaltungsaufgaben der Handwerkskammer *2. Kapitel III. 1.*

IV. Wirtschaftsverwaltungsrecht als Lenkungsrecht

In der heutigen Gesellschaft gibt es kaum einen Bereich, der nicht durch besondere Zusammenschlüsse von Interessengruppen geprägt ist[458]. Die steigende Zahl von Interessenverbänden spiegelt das Bild einer pluralistisch geprägten Gemeinschaft wider. Die traditionellen berufsständischen und wirtschaftlichen Kammern fördern und gestalten nicht nur das Berufs- und Erwerbsleben, sondern nehmen auch Einfluss auf die Wirtschafts- und Marktordnung[459]. Welchen Einfluss diese Institutionen durch wirtschaftliche Lenkung ausüben, wird im Folgenden betrachtet.

Elemente des wirtschaftlichen Lenkungsrechts finden sich insbesondere im Bereich des Wirtschaftsverwaltungsrechts[460]. Das Wirtschaftsverwaltungsrecht[461] umfasst „alle Rechtssätze, die das Wirtschaften regulieren und die dem Staat oder anderen Trägern öffentlicher Gewalt zugeordnet sind“[462]. Von Interesse sind in der vorliegenden Betrachtung das Gewerberecht und das Handwerksrecht, da sie Regelungen für das Handwerk enthalten. Diese beiden Rechtsgebiete sind dem klassischen wirtschaftsverwaltungsrechtlichen Kanon zuzuordnen[463]. Sie werden einer vertieften Betrachtung als Instrumen-

[458] Vereinigungen gibt es in fast allen Bereichen der Gesellschaft, z.B. Vereinigungen mit sozialen Zielen (Caritas, Deutsches Rotes Kreuz); Vereinigungen im Bereich Freizeit und Erholung (Hobbyvereine, Deutscher Sportbund) oder auch im Bereich der Kultur und Wissenschaft, sowie im gesellschaftspolitischen Bereich(amnesty international, Kinderschutzbund); vgl. hierzu: https://www.bpb.de/politik/grundfragen/deutsche-demokratie/39319/interessenverbaende?p=all (Stand: 09.12.2012)

[459] *Dehmel*, Übertragener Wirkungskreis, Auftragsangelegenheiten und Pflichtaufgaben nach Weisungen, S. 16.

[460] Seit der Monographie von *Huber* (vgl. *Huber*, Wirtschaftsverwaltungsrecht II) findet das Lenkungsrecht im Wirtschaftsverwaltungsrecht Beachtung.

[461] Das Wirtschaftsverfassungsrecht wird dem „Wirtschaftsverwaltungsrecht im weiteren Sinne“ zugeordnet (vgl. *Schliesky*, Öffentliches Wirtschaftsrecht, S. 3); da das Wirtschaftsverfassungsrecht den äußeren rechtlichen (europarechtlichen und verfassungsrechtlichen) Rahmen bildet (*Ziekow*, Öffentliches Wirtschaftsrecht, S. 13).

[462] So *Schliesky*, Öffentliches Wirtschaftsrecht, S. 3. Auch *Stober* fasst den Begriff des Wirtschaftsverwaltungsrechts sehr weit und versteht diesen als „auf ökonomische und ökologische Sachverhalte konzentriertes und konkretisiertes Gemeinschafts-, Staats- und Verwaltungsrecht“(*Stober*, Rückzug des Staates im Wirtschaftsverwaltungsrecht, S. 9). Nach *Tettinger* umfasst das öffentliche Wirtschaftsrecht „das ordnende, gestaltende und leistende Einwirken des Staates auf das Wirtschaftsleben“ (vgl. *Tettinger/Ennuschat*, in: *Tettinger/Wank/Ennuschat*, GewO, Einleitung, Rn. 2).

[463] Eine Auflistung der Rechtsbereiche findet sich bei *Funk*, in: Fs Fröhler, S. 299 (S. 319 f.); *Ruthig/Storr*, Öffentliches Wirtschaftsrecht, Rn. 20 ff; *Ipsen*, Allgemeines Verwaltungsrecht, § 1 Rn. 61.

te der Wirtschaftsförderung und -lenkung unterzogen. In diesem Kontext wird auch auf die Möglichkeit der wirtschaftlichen Betätigung seitens der Handwerkskammer eingegangen.

Bevor jedoch die Möglichkeit der Wirtschaftsbetätigung erörtert werden kann, ist zunächst zu klären, was unter Wirtschaftslenkung zu verstehen ist und wie sich Wirtschaftslenkung von der Erscheinungsform der Wirtschaftsförderung abgrenzen lässt. Der Übergang von der Wirtschaftslenkung zur wirtschaftlichen Tätigkeit ist fließend, sodass eine eindeutige Abgrenzung der beiden Bereiche voneinander meist nicht vorgenommen wird[464]. Daher werden zunächst die Zielsetzung und Instrumente der Wirtschaftslenkung und die Wirtschaftsförderung dargestellt, bevor abschließend die wirtschaftliche Betätigung der Kammern in den Blick genommen wird.

1. Zielsetzung und Instrumente der Wirtschaftslenkung

Die Wirtschaftslenkung ist eine Kategorie des Wirtschaftsverwaltungsrechts[465]. In ihr werden alle staatlichen Maßnahmen zusammengefasst, „durch die auf den wirtschaftlichen Prozeß eingewirkt werden soll, um einen wirtschafts-, sozial- oder gesellschaftspolitisch erwünschten Zustand oder Ablauf des Wirtschaftslebens herzustellen oder zu erhalten“[466]. Um den Begriff der Wirtschaftslenkung einzugrenzen, wird er auf Maßnahmen mit gesamtwirtschaftlicher Zielrichtung beschränkt, sei es durch unmittelbare oder mittelbare Einflussnahme[467]. Festzuhalten ist somit, dass die Wirtschaftslenkung auf die Beeinflussung der gesamtwirtschaftlichen Verhältnisse zielt und daher durch wirtschafts-, gesellschafts-, und sozialpolitische Vorstellungen bestimmt wird[468].

[464] Ein Abgrenzungsversuch findet sich bei *Schliesky*, Öffentliches Wettbewerbsrecht, S. 46 ff., hinsichtlich der unterschiedlichen Zielsetzung.

[465] *Huber*, Wirtschaftsverwaltungsrecht II, S. 197.

[466] So BVerwGE 71, 183, 190; *Schliesky* kritisiert diesen weiten Definitionsansatz, da dieser zu einer Vermischung mit den Kategorien Wirtschaftsüberwachung bzw. -aufsicht und dem Subventionswesen führt, obwohl diese eigenständigen staatlichen Maßnahmen zur Erreichung oder Erhaltung eines wirtschafts-, gesellschafts- und sozialpolitisch erwünschten Erfolgs dienen (vgl. *Schliesky*, Öffentliches Wettbewerbsrecht, S. 44, und *Schliesky*, Öffentliches Wirtschaftsrecht, S. 123).

[467] In diesem Sinne auch die Begriffsverwendung von *Gröschner*, Das Überwachungsrechtsverhältnis, S. 66; *Rittner/Dreher*, Europäisches und deutsches Wirtschaftsrecht, § 24 Rn. 1; *Schliesky*, Öffentliches Wettbewerbsrecht, S. 44.

[468] *Schliesky*, Öffentliches Wettbewerbsrecht, S. 46, 48. Welche Ziele verfolgt werden, steht im Ermessen und der Verantwortung der verantwortlichen politischen Organe (*Ritt-*

Diese Vorstellungen werden durch Zielvorstellungen vorgegeben, die durch konkrete Maßnahmen umgesetzt werden sollen[469].

Eine abschließende Agenda der Mittel der staatlichen Wirtschaftslenkung kann nicht gefunden werden. Es kann jedoch bei der Lenkung durch den Staat zwischen der unmittelbaren und der mittelbaren Lenkung unterschieden werden[470]. Die unmittelbare staatliche Lenkung erfolgt durch hoheitlichen Befehl oder Zwang (Gebote und Verbote)[471], die mittelbare erfolgt „durch das Anbieten oder Inaussichtstellen von Vorteilen oder auch von Nachteilen“[472].

Die Handwerksordnung stellt eine Form des wirtschaftslenkenden Verwaltungshandelns dar[473]. Denn sie schreibt die Errichtung einer öffentlich-rechtlichen Körperschaft für das Handwerk vor. Das Gesetz – die Handwerksordnung – lässt sich eindeutig als unmittelbares Steuerungsinstrument einordnen[474]. Darüber hinaus erfolgt mit der Übertragung staatlicher und öffentlicher Aufgaben eine weitere Lenkung. Zu den weiteren staatlichen wirtschaftslenkenden Mitteln gehört die Zuteilung von monetären Mitteln. Diese spielt bei der mittelbaren Einwirkung des Staates eine maßgebliche Rolle[475]. Der folgende Abschnitt beschäftigt sich daher eingehend mit der Frage, was unter der Wirtschaftsförderung zu verstehen ist, bevor in einem nächsten Schritt die wirtschaftliche Betätigung der Handwerkskammer in den Mittelpunkt der Betrachtung rückt.

2. Wirtschaftsförderung

Der Begriff der Wirtschaftsförderung ist vielschichtig und daher kaum eindeutig bestimmbar. *Schliesky* definiert diese Erscheinungsform des Wirtschaftsverwaltungsrechts wie folgt: Die „Wirtschaftsförderung umschreibt die staatliche Beeinflussung des Wirtschaftsverkehrs durch eine rechtliche oder tatsächliche Verbesserung der Position einzelner Wirtschaftssubjekte“[476]. Im

---

ner/Dreher, Europäisches und deutsches Wirtschaftsrecht, § 24 Rn. 4).

469 *Schliesky*, Öffentliches Wettbewerbsrecht, S. 46; deskriptiv lassen sich verschiedene Gruppen von Zielvorstellungen herausarbeiten, anhand derer die Abgrenzung zur wirtschaftlichen Tätigkeit versucht werden kann, so die Vorgehensweise von *Schliesky*, Öffentliches Wettbewerbsrecht, S. 47.

470 Diese Unterscheidung findet sich bei *Rittner/Dreher*, Europäisches und deutsches Wirtschaftsrecht, § 24 Rn. 5.

471 *Rittner/Dreher*, Europäisches und deutsches Wirtschaftsrecht, § 24 Rn. 5.

472 So *Rittner/Dreher*, Europäisches und deutsches Wirtschaftsrecht, § 24 Rn.5.

473 *Scheuner*, in: Gs Peters, S. 797 (S. 813).

474 *Schliesky*, Öffentliches Wettbewerbsrecht, S. 45.

475 *Scheuner*, in: Gs Peters, S. 797 (S. 813); *Ruthig/Storr*, Öffentliches Wirtschaftsrecht, Rn. 28.

Rahmen der Wirtschaftsförderung steht das Setzen von Leistungsanreizen im Vordergrund, das sich nicht in der Zuteilung von Finanzmitteln erschöpft, sondern auch infrastrukturelle oder andere Maßnahmen der Verbesserung der wirtschaftlichen Rahmenbedingungen, wie Bürgschaften und Garantien, einbezieht[477]. *Schliesky* umschreibt die Wirtschaftsförderung als „staatliche Beeinflussung des Wirtschaftsverkehrs durch eine rechtliche oder tatsächliche Verbesserung der Position einzelner Wirtschaftssubjekte“[478].

Die Wirtschaftsförderung wird in einem nicht unerheblichen Umfang von den Kammern der wirtschaftlichen Selbstverwaltung betrieben. Die Handwerkskammer hat in großem Umfang Förderaufgaben, aus denen Aktivitäten und Leistungen zum Nutzen ihrer Mitglieder resultieren[479]. Die betriebliche Beratung der Mitglieder durch die Handwerkskammer zielt auf die Nachwuchsförderung sowie den Erhalt des Leistungsstandes und der Leistungsfähigkeit des Handwerks ab[480]. Die Handwerkskammer selbst nimmt somit eine wichtige Rolle bei der Handwerksförderung ein, da sie die Förderinformationen bündelt und den Beratungs- und Antragsservice für Existenzgründer einheitlich zusammenfasst[481]. Dem liegt der Gedanke zugrunde, dass zeitgerechte Wirtschaftsförderung insbesondere der Konzentration der Zuständigkeiten in einer Hand bedarf (One-Stop-Agency)[482]. Auf diesen Aspekt der Wirtschaftsförderung und auf das Modell des One-Stop-Agency wird ausführlich im Rahmen der Einzelbetrachtung im *5. Kapitel* eingegangen, da hierbei die Handwerkskammer eine nicht unbeachtliche Rolle spielt.

Die staatliche Mittelzuweisung an die Handwerkskammer ist ein Instrument der wirtschaftlichen Beeinflussung. Durch die gezielte finanzielle Unterstützung der Kammer[483] kann eine gezielte Förderung und Interessenlenkung des Handwerks erreicht werden. Nicht in den Bereich der Wirtschaftsförderung fallen die finanziellen Mittel, die die Handwerkskammer lediglich als Ausgleich zur Wahrnehmung von Verwaltungsaufgaben erhält[484]. Der Staat ist

---

476 *Schliesky*, Öffentliches Wirtschaftsrecht, S. 124.

477 *Stober*, BB 1996, S. 1845 (S. 1845).

478 So *Schliesky*, Öffentliches Wirtschaftsrecht, S. 124.

479 *Tettinger*, Kammerrecht, S. 145; siehe hierzu *2. Kapitel III. 1. a.*

480 Zum umfassenden Betriebsberatungsprogramm der Handwerkskammer vgl. beispielhaft das Programm der Handwerkskammer Koblenz: http://hwk-koblenz.de/beratung/betriebsberatung.html (Stand: 09.12.2012)nd der Handwerkskammer Rheinhessen; http://www.hwk.de/index.php?id=251 (Stand: 09.12.2012)

481 *Stober*, Rückzug des Staates im Wirtschaftsverwaltungsrecht, S. 12; vgl. hierzu: http://www.starterzentrum-rlp.de/ (Stand: 16.04.2010)

482 *Stober*, Rückzug des Staates im Wirtschaftsverwaltungsrecht, S. 12.

483 Vgl. hierzu die Tabelle 25 und Tabelle 22 *MWVLW Rheinland-Pfalz*, Bilanz der Wirtschaftsförderung 2002-2007 Rheinland-Pfalz, in der Zuwendungen an die Handwerkskammer ausgewiesen sind.

verpflichtet, dieser Entlastung durch entsprechende Finanzzuweisungen im Haushaltsplan Rechnung zu tragen[485]. Eine Finanzierung aus den Mitgliederbeiträgen ist den Aufgaben der Interessenvertretung vorbehalten[486].

Die Finanzautonomie ist ein wesentlicher Bestandteil des Selbstverwaltungsrechts der Kammern, die sich durch Kammerbeiträge finanziert[487]. Mit diesen Geldern kann sich die Kammer auch selbst wirtschaftlich betätigen[488] und dadurch auf wirtschaftliche Prozesse Einfluss nehmen. Jedoch unterliegt sie hierbei Grenzen, die im folgenden Abschnitt diskutiert werden.

3. Wirtschaftliche Betätigung der Handwerkskammer

Durch den Einsatz monetärer Mittel kann die Handwerkskammer selbst wirtschaftliche Impulse setzen. Problematisch ist, dass durch diese Tätigkeit die Handwerkskammer in Konkurrenz zu den Angeboten privater Dienstleister (möglicher Kammermitglieder) tritt, die ihre eigene Konkurrenz dann mitfinanzieren müssten[489]. Die Wirtschaftstätigkeit der Handwerkskammer unterliegt Grenzen, insbesondere im Hinblick auf die Verbandskompetenz der Handwerkskammer. Bevor jedoch die Grenzen der Tätigkeit betrachtet werden können, müssen zunächst der Rahmen der zulässigen wirtschaftlichen Tätigkeit abgesteckt werden und zulässige Formen der Wirtschaftsbetätigung der Handwerkskammer festgelegt werden.

---

484 *Franz*, in: *Kluth [Hrsg.]*, Handbuch des Kammerrechts, S. 350 (S. 416, Rn. 218); *Kluth* verwendet hier die Begrifflichkeit der „zweckgebundenen Zuwendungen" (*Kluth*, Funktionale Selbstverwaltung, S. 152). *Kirchhof* hingegen leitet aus der Staatlichkeit der Förderungsaufgabe eine finanzielle Garantenstellung für die Erfüllung dieser Aufgabe ab (vgl. *Kirchhof*, Finanzierung der Landwirtschaftskammern, S. 91).

485 *Tettinger*, Kammerrecht, S. 199. Eine Vielzahl von Verwaltungsaufgaben wird jedoch durch Gebühren finanziert; vgl. zum Gebührenbegriff und dem Erhebungsrecht der Handwerkskammer *Rieger*, in: *Kluth [Hrsg.]*, Handbuch des Kammerrechts, S. 350 (S. 430 ff.).

486 *Rieger*, in: *Kluth [Hrsg.]*, Handbuch des Kammerrechts, S. 350 (S. 363 ff.).

487 Eine ausführliche Darstellung der Kammerbeiträge findet sich bei *Rieger*, in: *Kluth [Hrsg.]*, Handbuch des Kammerrechts, S. 350 (S. 353 ff.).

488 Siehe hierzu insbesondere die im *2. Kapitel* angeführten wirtschaftlichen Einrichtungen wie den Berufsbildungs- und Technologiezentren

489 Im Gegensatz zur Industrie- und Handelskammer ist diese Situation bei der Handwerkskammer wohl nur theoretisch denkbar. Trotzdem ist diese Konstellation von rechtlichem Interesse.

a) Wirtschaftstätigkeit als zulässige Betätigung

Die Wirtschaftstätigkeit muss zunächst eine zulässige Betätigung der Handwerkskammer darstellen. Unter wirtschaftlicher Betätigung des Selbstverwaltungsträgers werden diejenigen Tätigkeiten verstanden, die auch von einem Privatunternehmer mit der Absicht der Gewinnerzielung betrieben werden könnten[490]. Als schwierig erweist sich dabei bereits die Frage, wann die Tätigkeit mit der Absicht der Gewinnerzielung erfolgt[491]. Grundsätzlich ist jede langfristige Unterhaltung von wirtschaftlichen Einrichtungen wegen der laufenden Personal- und Sachkosten und der immer wieder erforderlichen Instandhaltungs- und Modernisierungsinvestitionen auf die Erzielung von Überschüssen angewiesen. Folglich kann trotz der Unterschiede zwischen Privat- und Gemeinwirtschaft auch im öffentlichen Wirtschaftsrecht von Gewinnerzielungsabsicht gesprochen werden[492]. Der zentrale Unterschied liegt darin, dass bei öffentlichen im Gegensatz zu privatwirtschaftlichen Unternehmen die Gewinnerzielungsabsicht stets einem öffentlichen Zweck untergeordnet ist[493].

Auf Grund der bestehenden Parallelen zwischen der kommunalen und der funktionalen Selbstverwaltung kann auf die Grundsätze des kommunalen Wirtschaftsrechts zurückgegriffen werden. Bei einem Blick in die Gemeindeordnung (GemO) des Landes Rheinland-Pfalz wird die Pflicht der wirtschaftlichen Unternehmen der Gemeinde deutlich. Die Unternehmen sollen „einen Überschuss für den Haushalt der Gemeinden abwerfen, soweit dies mit der Erfüllung des öffentlichen Zwecks in Einklang zu bringen ist“ (§ 85 Abs. 3 S. 1 GemO)[494]. Auch die kommunalen Wirtschaftsunternehmen erbringen definitionsgemäß Leistungen, die die Privatwirtschaft aus reiner Gewinnerzielungsabsicht ebenso gut erbringen könnte.

Auch die wirtschaftliche Betätigung der Handwerkskammer muss dem öffentlichen Zweck der Interessenwahrnehmung der Handwerkskammer dienen. Es herrscht Einigkeit darüber, dass die Absicht zur Gewinnerzielung allein

---

[490] Vgl. BVerwGE 39, 329, 333 hinsichtlich der wirtschaftlichen Betätigung von Gemeinden.

[491] „Gewinn ist jedenfalls eine positive Saldogröße für einen bestimmten Zeitraum von spezifisch zu definierenden Minuenden und Subtrahenden“ , so die Definition von *Franz*, Gewinnerzielung durch kommunale Daseinsvorsorge, S. 18.

[492] *Franz*, Gewinnerzielung durch kommunale Daseinsvorsorge, S. 23.

[493] *Schliesky*, Öffentliches Wirtschaftsrecht, S. 171, 173; *Wolff* et al., Verwaltungsrecht II, § 92 Rn. 103 ff; siehe hierzu auch die Ausführungen zur Errichtung und des Aufgabenbereichs der Handwerkskammer im *2. Kapitel*.

[494] *Franz* wertet dies als „einen unmissverständlichen Gewinnerzielungsauftrag“ (vgl. *Franz*, Gewinnerzielung durch kommunale Daseinsvorsorge, S. 23).

keinen ausreichenden Betätigungszweck darstellt[495]. Zwar ist den Körperschaften keineswegs untersagt, ihre Dienstleistungen gegen Entgelt gewinnorientiert zu erbringen, jedoch wird die Grenze dort überschritten, wo die Gewinnerzielung im Vordergrund steht. Daher ist die Gewinnerzielung nur als Begleiterscheinung der Aufgabenwahrnehmung zulässig[496]. Daraus ergibt sich, dass die funktionalen Selbstverwaltungsträger auch bei den wirtschaftlichen Betätigungen nur auf Grund ihrer staatlichen Errichtung und Aufgabenzuweisung tätig werden[497].

b) Formen zulässiger Wirtschaftstätigkeit

Wird in diesem Rahmen von der grundsätzlichen Zulässigkeit wirtschaftlicher Tätigkeit ausgegangen, stellt sich die Frage, in welcher Form der Handwerkskammer eine solche erlaubt ist. Dies gilt insbesondere im Hinblick darauf, dass den Körperschaften des öffentlichen Rechts ein Wahlrecht zusteht, ob sie in privatrechtlicher oder öffentlich-rechtlicher Form ihre Kompetenz ausüben[498].

Diskutiert wurde die Form der zulässigen Wirtschaftsbetätigung in dem Fall einer Handwerkskammer, die sich an einer GmbH beteiligte, die Bauleistungen erbrachte sowie als Generalunternehmer schlüsselfertige Bauten erstellte. Das OVG Rheinland-Pfalz, das über diesen Fall zu entscheiden hatte, stellte in seiner Urteilsbegründung[499] fest, dass zwar der Zweck des Handelns von der Handwerksordnung gedeckt sei, jedoch nicht die Form (die Unternehmensbeteiligung). Die Handwerkskammer dürfe sich nicht an der GmbH beteiligen, da ihr diese Form der wirtschaftliche Betätigung nicht erlaubt sei[500]. Jedoch schloss sich die darauf folgende Rechtsprechung und Literatur dieser Entscheidung nicht an, sondern orientierte sich an der Rechtsprechung des Bundesverwaltungsgerichts hinsichtlich der wirtschaftlichen Betätigung von Kommunen[501]. Die Beteiligung der Handwerkskammer an einer privat-

---

[495] *Hsu*, Institutionen körperschaftlicher Selbstverwaltung, S. 269.

[496] Vgl. BVerfGE 61, 82, 107 f.; *Kluth*, Funktionale Selbstverwaltung, S. 138.

[497] *Scheuner*, in: Gs Peters, S. 797 (S. 812).

[498] *Brohm*, in: *Mestmäcker [Hrsg.]*, Kommunikation ohne Monopole II, S. 253 (S. 275); vertiefend zur „Formenwahlfreiheit" in der öffentlichen Verwaltung *Stober/Kluth/Müller/Peilert*, Verwaltungsrecht I, § 23 Rn. 6 ff.

[499] Vgl. OVG RhPf., GewArch 1980, 339, 340.

[500] „Eine Handwerkskammer darf ein wirtschaftliches Unternehmen in Form einer GmbH grundsätzlich weder selbst noch mit Hilfe einer Beteiligung betreiben", so das OVG RhPf., GewArch 1980, 339. „Bedenken könnten sich auch dann aus dem Gesichtspunkt der möglichen Konkurrenz zu Kammermitgliedern ergeben", so das OVG RhPf., GewArch 1980, 339, 340.

[501] Vgl. BVerwGE 39, 329 ff. Gemäß dem Urteil des Bundesverwaltungsgerichts handelt es

rechtlichen Gesellschaft ist dem in § 91 Abs. 1 Nr. 1 HandwO beschriebenen Aufgabenbereich zuzuordnen[502] und somit von der Verbandskompetenz der Handwerkskammer gedeckt. Die Handwerkskammer kann daher privatrechtliche Gesellschaften gründen, um die Interessen der Kammermitglieder zu fördern[503]. § 106 Abs. 1 Nr. 8 HandwO normiert als Zulässigkeitskriterium für die wirtschaftliche Betätigung der Handwerkskammer, dass es der Beschlussfassung der Vollversammlung vorbehalten bleibt, über „die Beteiligung an Gesellschaften des privaten und öffentlichen Rechts und die Aufrechterhaltung der Beteiligung“ der Handwerkskammer zu entscheiden.

Zudem ist die wirtschaftliche Betätigung der Handwerkskammer durch die finanzielle Leistungsfähigkeit der Kammer begrenzt[504]. Anhand der vorhandenen finanziellen Ressourcen der Handwerkskammer[505] ist zu fragen, ob die mit dem Warenangebot oder der Dienstleistung verbundenen Kosten abgedeckt werden können[506]. Maßgeblich ist, dass die Handwerkskammer durch die zusätzliche finanzielle Belastung kein wirtschaftliches Risiko eingeht und die Wahrnehmung der Pflichtaufgaben gefährdet[507].

c) Grenzen der Wirtschaftstätigkeit

Diesen Formen der zulässigen Wirtschaftsbetätigung der Handwerkskammer werden jedoch Grenzen gesetzt. Zunächst sind die Grenzen, die sich aus der Verbandskompetenz ergeben, zu untersuchen, bevor in einem nächsten Schritt die Betrachtung der Vorgaben des Wettbewerbs- und Vergaberechts erfolgt. Eine weitere durchaus kritische Perspektive ergibt sich aus dem Blickwinkel von privaten Verbänden und Unternehmen, die in Konkurrenz zu den Kammern stehen.

aa) Verbandskompetenz

Die Verbandskompetenz der Handwerkskammer legt nicht nur den Wirkungskreis für die Aufgabenwahrnehmung fest[508], sondern grenzt ihn auch ein[509].

---

sich hinsichtlich der wirtschaftlichen Betätigung insbesondere auch bei Beteiligungen um legitime Instrumente, die zugewiesenen Aufgaben zu erfüllen.

502 Vgl. VGH München, GewArch 1987, 203; vgl. OVG Lüneburg, GewArch 1986, 203.

503 *Fröhler/Oberndorfer*, Körperschaften, S. 86.

504 *Hövelberndt*, Die Kammern als Wettbewerber, S. 194; *Kluth*, in: *Kluth [Hrsg.]*, Handbuch des Kammerrechts, S. 304 (S. 327, Rn. 106).

505 *Hövelberndt*, Die Kammern als Wettbewerber, S. 194.

506 *Kluth*, in: *Kluth [Hrsg.]*, Handbuch des Kammerrechts, S. 304 (S. 327, Rn. 106).

507 *Hövelberndt*, Die Kammern als Wettbewerber, S. 194/195.

508 Siehe hierzu die Ausführungen im *2. Kapitel V. 1.*

Die Verbandskompetenz kann, wie bereits im *2. Kapitel* dargestellt, in eine sachliche, personelle und territoriale Komponente unterteilt werden. Welche Grenzen diese Komponenten der wirtschaftlichen Betätigung der Handwerkskammer setzen, wird im Folgenden geprüft.

aaa) Sachliche Komponente

Die sachliche Komponente der Verbandskompetenz der Handwerkskammer wird durch die in der Handwerksordnung festgeschriebenen Aufgabenzuweisungen nach §§ 90, 91 HandwO festgelegt[510]. Zu den Aufgaben der Handwerkskammer gehört nach § 91 Abs. 1 Nr. 9 HandwO, „die wirtschaftlichen Interessen des Handwerks und die ihnen dienenden Einrichtungen, insbesondere das Genossenschaftswesen, zu fördern“. Diese generalklauselartige Aufgabenzuweisung lässt erheblichen Spielraum für die wirtschaftliche Betätigung der Kammer. Explizit benennt die Norm des § 91 Abs. 1 Nr. 7 HandwO eine Aufgabe, die im Wege der wirtschaftlichen Betätigung der Kammer erfüllt werden kann[511]. Nach dieser Regelung hat die Handwerkskammer „die technische und betriebswirtschaftliche Fortbildung der Meister und Gesellen [...] zu fördern, die erforderlichen Einrichtungen hierfür zu schaffen oder zu unterstützen und zu diesem Zweck eine Gewerbeförderungsstelle zu unterhalten“.

bbb) Personelle Komponente

Die Handwerkskammer ist in personeller Hinsicht als Personalkörperschaft darauf beschränkt, Dienstleistungen und Waren für Kammermitglieder anzubieten[512]. Das Offerieren von Dienstleistungen für Nichtkammermitglieder ist nur bei einer ausdrücklich normierten Ausnahme in der Handwerksordnung zulässig, die die Dienstleistung für Nichtkammermitglieder erlaubt. Beispielhaft wurde hierzu bereits § 91 Abs. 1a HandwO im *2. Kapitel* dargestellt.

---

509 Vgl. *Kluth*, in: *Kluth [Hrsg.]*, Handbuch des Kammerrechts, S. 304 (S. 326, Rn. 94); vertiefend *Oldiges*, DÖV 1989, S. 873 (S. 874); *Wolff* et al., Verwaltungsrecht II, § 82 Rn. 80; zu den Folgen einer Kompetenzüberschreitung vgl. *Silcher*, Das kompetenzüberschreitende Handeln der juristischen Personen des öffentlichen Rechts, S. 110 ff.

510 *Kluth*, in: *Kluth [Hrsg.]*, Handbuch des Kammerrechts, S. 304 (S. 326, Rn. 95); *Wolff* et al., Verwaltungsrecht II, § 85 Rn. 41, 41; *Oldiges*, DÖV 1989, S. 873 (S. 874).

511 *Hövelberndt*, Die Kammern als Wettbewerber, S. 101.

512 Siehe hierzu bereits die Darstellung im *2. Kapitel V. 1.*

ccc) Territoriale Komponente

Die territoriale Komponente der Verbandskompetenz zeichnet sich dadurch aus, dass die Betätigung der Handwerkskammer auf den betreffenden Bezirk der Handwerkskammer begrenzt ist[513]. Eine Betätigung außerhalb der Kammerbezirksgrenzen ist, angelehnt an die Grundsätze der wirtschaftlichen Betätigung von Kommunen, in engen Grenzen möglich. Nach § 85 Abs. 2 GemO RhPf ist die Betätigung eines wirtschaftlichen Unternehmens der Gemeinde außerhalb des Gemeindegebietes nur beim Vorliegen der Voraussetzungen des § 85 Abs. 1 GemO RhPf zulässig und wenn zudem „die berechtigten Interessen aller hiervon unmittelbar betroffenen Gemeinden gewahrt sind". Die Interessen der Nachbargemeinde sind bereits dann beeinträchtigt, wenn es sich um einen spürbaren Eingriff in die Rechte der Nachbargemeinde handelt[514]. Die Grenzen der territorialen Kammertätigkeit richten sich somit nach der Eingriffsintensität der wirtschaftlichen Tätigkeit und folglich deren Wirkung auf die umliegenden Bezirke[515]. Nach *Kluth* kann – je nach der Intensität des Eingriffs in die Bereiche der angrenzenden Kammerbezirke – zwischen der bloßen Ausstrahlungswirkung, der Randnutzung und einem echten Konkurrenzverhältnis unterschieden werden[516].

Eine Ausstrahlungswirkung liegt vor, wenn das Angebot der Ware oder Dienstleistung innerhalb des Kammerbezirkes erfolgt, jedoch eine Nachfrage über die Kammergrenzen hinaus erzeugt wird[517]. Entscheidend ist jedoch, dass die angebotene Dienstleistung oder Ware für die Mitglieder des Kammerbezirks förderlich ist[518]. Die Nachfrage von Personen außerhalb des Kammerbezirks ist kein Eingriff, sondern lediglich ein Nebeneffekt des Dienstleistungsangebotes durch die Kammer[519]. Es ist „grundsätzlich uner-

513 Vgl. hierzu *2. Kapitel V. 1. c).*

514 Viel weiter geht *Stober*, der in dieser Norm einen Verstoß gegen das Territorialprinzip des Art. 28 Abs. 2 S. 1 GG sieht und daher Beschränkung auf den örtlichen Wirkungskreis fordert (*Wolff* et al., Verwaltungsrecht II, § 92 Rn. 112).

515 *Kluth*, in: *Kluth [Hrsg.]*, Handbuch des Kammerrechts, S. 304 (S. 326, Rn. 98); ebenso *Hövelberndt*, Die Kammern als Wettbewerber, S. 270.

516 Vgl. *Kluth*, in: *Kluth [Hrsg.]*, Handbuch des Kammerrechts, S. 304 (S. 326 f.).

517 *Kluth*, in: *Kluth [Hrsg.]*, Handbuch des Kammerrechts, S. 304 (S. 327, Rn. 100). Anzumerken ist, dass sich in der heutigen digital und medial geprägten Gesellschaft das Waren- oder Dienstleistungsangebot nicht auf einen abgeschotteten Personenkreis oder Bezirk beziehen kann. Dies ist nur in einem geschlossenen System möglich, was gerade die Handwerkskammer als Repräsentativkörperschaft nicht sein kann.

518 *Hövelberndt*, Die Kammern als Wettbewerber, S. 267.

519 *Kluth*, in: *Kluth [Hrsg.]*, Handbuch des Kammerrechts, S. 304 (S. 327, Rn. 100); *Hövelberndt*, Die Kammern als Wettbewerber, S. 268. Sehr kritisch zu dieser Ansicht: *Schliesky*, Öffentliches Wirtschaftsrecht, S. 183, der jede Form des staatlichen Tätigwerdens nur innerhalb der (auch räumlichen) Grenzen des Wirkungskreises des Trägers

heblich, ob auch Abnehmer außerhalb des Kammerbezirkes an den Leistungen der Kammer partizipieren“[520]. Das Dienstleistungs- und Warenangebot der Handwerkskammer wird nicht als Eingriff in den Kompetenzbereich einer anderen Kammer gewertet, soweit nicht bewusste (Über-)Kapazitäten geschaffen werden, die auf die Nachfrage von Personen außerhalb des Kammerbezirkes zielen[521].

Entsprechend der Randnutzung bei der wirtschaftlichen Betätigung von Kommunen gibt es auch beim Angebot von Gütern und Dienstleistungen bei den Kammern die Möglichkeit der Randnutzung[522]. Die Nutzung von vorhandenen Kapazitäten über die territorialen Grenzen der Kammer hinaus trägt nach *Kluth* lediglich dem Wirtschaftlichkeitsgebot Rechnung[523]. Jedoch ist diese Ansicht sehr kritisch zu betrachten, denn allein die bessere Auslastung von bereits vorhandenen Kapazitäten kann die Tätigkeit als solche nicht rechtfertigen[524], sonst würde eine grundsätzliche Überdimensionierung von wirtschaftlichen Einrichtungen der Handwerkskammer die Tätigkeit rechtfertigen[525]. Daher ist eine Randnutzung in der Praxis restriktiv zu handhaben. Dabei ist das wirtschaftliche Angebot der Kammer an der Mitgliederzahl im Kammerbezirk auszurichten.

Das höchste Ausmaß erreicht die wirtschaftliche Kammertätigkeit, wenn ein echtes Konkurrenzverhältnis[526] zwischen den Kammern entsteht. Die Kammer überschreitet in diesem Fall die Grenzen der zulässigen Aufgabenwahrnehmung im Hinblick auf die territoriale Verbandskompetenz. Dies zeigt sich darin, dass die wirtschaftlich tätige Kammer in den Kompetenzbereich einer anderen Kammer tatsächlich einwirkt[527]. Danach liegt im Ergebnis bei

---

der Staatsgewalt erachtet.

520 So deutlich *Hövelberndt*, Die Kammern als Wettbewerber, S. 267.

521 *Ebert-Weidenteller*, in: *Götting/Nordemann*, UWG, § 4 Rn. 13.32; *Hövelberndt*, Die Kammern als Wettbewerber, S. 268; vgl. hierzu die Entscheidung des OLG Hamm, NJW 1998, 350, dass grundsätzlich keine Überdimensionierung erfolgen darf.

522 Vgl. *Schliesky*, Öffentliches Wettbewerbsrecht, S. 227 ff.; *Stober/Kluth/Müller/Peilert*, Verwaltungsrecht I, § 23 Rn. 23 ff.

523 *Kluth*, in: *Kluth [Hrsg.]*, Handbuch des Kammerrechts, S. 304 (S. 327, Rn. 101).

524 Vgl. hierzu OLG Hamm, NJW 1998, 3504 zur kommunalen Wirtschaftsbetätigung.

525 Vgl. hierzu OLG Hamm, NJW 1998, 3504: „Die Gemeinde kann sich den die Betätigung rechtfertigenden Zweck nicht selbst schaffen, indem sie die entsprechende Einrichtung so dimensioniert, daß sie nur bei zusätzlicher privatwirtschaftlicher Betätigung wirtschaftlich arbeiten kann.“

526 *Kluth*, in: *Kluth [Hrsg.]*, Handbuch des Kammerrechts, S. 304 (S. 327, Rn. 102) bezeichnet dieses Verhältnis als ein „tatsächliches Konkurrenzverhältnis“.

527 *Kluth*, in: *Kluth [Hrsg.]*, Handbuch des Kammerrechts, S. 304 (S. 327, Rn. 98). *Kluth* differenziert bei dem tatsächlichen Konkurrenzverhältnisses zwischen zwei Fallgruppen. Betrifft die wirtschaftliche Tätigkeit der Kammer eine „monopolisierte Dienstleistung“, so stellt die außerbezirkliche Tätigkeit einen Eingriff in den Kompetenzbereich

einem echten Konkurrenzverhältnis ein Verstoß gegen die Verbandskompetenz vor. Eine kammerbezirksübergreifende Tätigkeit ist daher lediglich als Kooperation zwischen den Kammern denkbar und zulässig[528].

Jedoch können die Handwerkskammern nicht nur untereinander konkurrieren. Durch das Angebot von Gütern und Dienstleistungen treten sie auch in ein Konkurrenzverhältnis mit privaten Anbietern. Auch diese Konkurrenzsituation ist, insbesondere gegenüber Kammermitgliedern im Hinblick auf die Pflichtmitgliedschaft in der Handwerkskammer, nicht grenzenlos möglich.

bb) Wirtschaftliche Tätigkeit von privaten Konkurrenten

Das Konkurrenzverhältnis zu privaten Anbietern bezieht sich auf den Aufgabenbereich der Interessenwahrnehmung. Insbesondere handelt es sich dabei um den Bereich der sogenannten „Bildungsdienstleistungen“[529]. Dieser Bereich umfasst das große Angebot der Handwerkskammer im Hinblick auf Rechts- und Wirtschaftsberatung sowie Fort- und Weiterbildungsmaßnahmen. Auf Grund ihrer Kompetenzen zur Förderung des Berufsstandes (§ 91 Abs. 1 Nr. 1 HandwO) kann die Handwerkskammer diese Leistungen für ihre Mitglieder anbieten. In diesem Bereich tritt die Kammer in ein Konkurrenzverhältnis mit den entsprechenden privaten Anbietern der gleichen Dienstleistung.

Daher rückt die Frage in den Vordergrund, welche Grenzen der wirtschaftlichen Betätigung im Hinblick auf private Konkurrenten zu ziehen sind. Es findet sich kein grundsätzliches Verbot der wirtschaftlichen Betätigung in der Handwerksordnung oder dem allgemeinen Wirtschaftsverfassungs- und Verwaltungsrecht. Eine mit dem „Subsidaritätsgrundsatz“[530] des § 85 GemO

---

einer anderen Kammer dar und ist nur mit Zustimmung der angrenzenden Kammerbezirke zulässig. Ist hingegen die Dienstleistung nicht monopolisiert, stellt die Kammer lediglich einen neuen Wettbewerber neben den privaten Dienstleistungsanbietern dar und die angrenzenden Kammern sind lediglich über das Angebot der Dienstleistung zu informieren (*Kluth*, in: *Kluth [Hrsg.]*, Handbuch des Kammerrechts, S. 304 (S. 327, Rn. 102 ff.)). Ob eine solche Unterscheidung in der Praxis umsetzbar ist, sei hier dahingestellt. In beiden Fällen liegt m.E. ein Eingriff vor, da die Kammern untereinander nicht wie Private agieren.

528 Hierzu ausführlich *Hövelberndt*, Die Kammern als Wettbewerber, S. 268 f.

529 Vgl. *Kluth*, in: *Kluth [Hrsg.]*, Handbuch des Kammerrechts, S. 106 (S. 110, Rn. 9); ebenso *Hövelberndt*, Die Kammern als Wettbewerber, S. 47, der den Schwerpunkt bei den Bildungs- und Weiterbildungsdienstleistungen der Kammer sieht. Der Begriff der „Bildungsdienstleistung“ soll hier den Bereich der Weiterbildung mit umfassen. Vgl. zum umfassenden Weiterbildungsprogramm der Handwerkskammer Rheinhessen http://www.hwk.de/index.php?id=265 (Stand: 23.05.2011)

530 Vgl. hierzu ausführlich *Wolff* et al., Verwaltungsrecht II, § 92 Rn. 102, 106 f.

RhPf vergleichbare Regelung ist ebenso nicht vorhanden. Daher ist das zentrale Kriterium, dass die wirtschaftliche Tätigkeit von der sachlichen, personellen und territorialen Verbandskompetenz gedeckt ist[531]. Zudem unterliegt die wirtschaftliche Betätigung zum einen verfassungsrechtlichen Grenzen und zum anderen Grenzen, die sich aus der mitgliedschaftlichen Struktur der Handwerkskammer ergeben. Dabei ist zu differenzieren, ob die Handwerkskammer in Konkurrenz zu privaten Anbietern steht, die keine Mitglieder der Kammer sind, oder ob sie in Konkurrenz zu ihren eigenen Mitgliedern steht.

aaa) Verbot des Verdrängungswettbewerbs

Eine äußere Grenze ergibt sich aus den Grundrechten der privaten Konkurrenten, insbesondere dann, wenn den Mitbewerbern am Markt durch die Wirtschaftstätigkeit der öffentlichen Hand die wirtschaftliche Grundlage entzogen wird[532]. Es handelt sich dabei um das Verbot des Verdrängungswettbewerbs[533]. Je intensiver die durch Art. 12 Abs. 1 GG geschützte berufliche Tätigkeit des privaten Konkurrenten beeinträchtigt wird, desto unzumutbarer ist die wirtschaftliche Tätigkeit der Kammer[534]. Maßgeblich ist daher die Frage, ob der private Konkurrent lediglich Marktanteile einbüßt oder ob er vom Markt durch das Leistungsangebot der Kammer verdrängt wird[535]. Diese Grenze spielt auf Grund der hohen Anforderungen an den Verdrängungswettbewerb in der Praxis eine untergeordnete Rolle und wird daher an dieser Stelle nicht vertieft. Viel praxisrelevanter ist das Gebot der Rücksichtnahme, das die Handwerkskammer zu beachten hat, wenn sie in Konkurrenz zu ihren Mitgliedern tritt.

---

531 So auch das Ergebnis von *Hövelberndt*, dass sich die wirtschaftliche Betätigung im Rahmen der gesetzlichen Aufgabenzuweisung halten muss (*Hövelberndt*, Die Kammern als Wettbewerber, S. 179).

532 Vgl. BVerwGE 30, 191 198; 39, 329, 336 ff.; vgl. hierzu *Brohm*, in: *Mestmäcker [Hrsg.]*, Kommunikation ohne Monopole II, S. 253 (S. 271); *Hövelberndt*, Die Kammern als Wettbewerber, S. 138.

533 Vgl. hierzu BVerwGE 39, 329 ff.; OVG NW, NVwZ, 1986, 1045, 1046; VerfGH Rh.-Pf., DVBl. 2000, 992, 993; VG Freiburg, GewArch 2005, 478, 479; *Brohm*, in: *Mestmäcker [Hrsg.]*, Kommunikation ohne Monopole II, S. 253 (S. 271); *Kluth*, in: *Kluth [Hrsg.]*, Handbuch des Kammerrechts, S. 304 (S. 328, Rn. 108).

534 *Hövelberndt*, Die Kammern als Wettbewerber, S. 178; *Kluth* greift bei der Frage, ob ein Eingriff vorliegt, auf das von ihm entwickelte Kriterium der „marktinkonformen Verhaltensweise“ zurück; ausführlich hierzu *Kluth*, in: *Kluth [Hrsg.]*, Handbuch des Kammerrechts, S. 304 (S. 328 , Rn. 109) m.w.N.

535 *Hövelberndt*, Die Kammern als Wettbewerber, S. 178.

bbb) Allgemeines mitgliedschaftliches Rücksichtnahmegebot

Brohm stellt zu der Konkurrenzsituation zwischen der Kammern und ihren Mitgliedern fest, dass die Handwerkskammer mühelos die privaten Anbieter preislich unterbieten könne, da sie finanziell durch die Kammerbeiträge abgesichert sei[536]. Zwangsläufig kommt es in dieser Konkurrenzsituation zu einem angespannten Verhältnis zwischen dem allgemeinen Förderungsauftrag der Handwerkskammer aus § 91 Abs. 1 S. 1 HandwO und den Interessen der Kammermitglieder, die dieselbe Dienstleistung oder Ware am Markt anbieten[537]. Gerade im Hinblick auf die Pflichtmitgliedschaft ist zu fragen, wann die wirtschaftliche Tätigkeit der Handwerkskammer zu einer „unzumutbaren Belastung"[538] für die Kammermitglieder wird. Wann sich eine solche wirtschaftliche Belastung für die Kammermitglieder als unzumutbar erweist, ergibt sich aus der „allgemeinen mitgliedschaftlichen Rücksichtnahmepflicht"[539]. Diese Rücksichtnahmepflicht geht mit dem Grundsatz der Verhältnismäßigkeit und der Rechtfertigung der Pflichtmitgliedschaft einher.

Für die Einhaltung der Rücksichtnahmepflicht muss ein Bedürfnis der Kammermitglieder hinsichtlich des Angebots der Ware oder Dienstleistung durch die Handwerkskammer vorliegen[540], und die Auswirkungen auf die gewerbliche Betätigung der Kammermitglieder müssen dabei berücksichtigt werden[541]. Hierbei ist die quantitative Auswirkung der wirtschaftlichen Tätigkeit ein entscheidender Faktor, d.h. die Frage, ob nur ein Kammerangehöriger Konkurrent ist oder mehrere Mitglieder mit der Dienstleistung der Kammer konkurrieren[542]. Folglich fällt das Konkurrenzverhältnis zu mehreren Kammermitgliedern stärker ins Gewicht und ist daher als unzumutbare wirtschaftliche Belastung für die Kammermitglieder einzustufen. Die Rücksichtnahmepflicht der Handwerkskammer gegenüber ihren Mitgliedern löst somit eine Marktbeobachtungspflicht hinsichtlich der Märkte aus, auf denen die Handwerkskammer selbst wirtschaftlich tätig ist[543]. Die Prüfung des Bedarfs der

---

536 *Brohm*, in: *Mestmäcker [Hrsg.]*, Kommunikation ohne Monopole II, S. 253 (S. 269).

537 *Kluth*, in: *Kluth [Hrsg.]*, Handbuch des Kammerrechts, S. 304 (S. 328, Rn. 111).

538 *Hövelberndt*, Die Kammern als Wettbewerber, S. 174.

539 So *Kluth/Voigt*, in: *Kluth [Hrsg.]*, Jahrbuch des Kammerrechts 2002, S. 351 (S. 363 ff.); *Kluth*, in: *Kluth [Hrsg.]*, Handbuch des Kammerrechts, S. 304 (S. 329, Rn. 111); ausführlich *Hövelberndt*, Die Kammern als Wettbewerber, S. 174 ff.

540 Vgl. *Kluth*, in: *Kluth [Hrsg.]*, Handbuch des Kammerrechts, S. 304 (S. 329, Rn. 112); sehr ausführlich zur Ermittlung des Bedarfs *Hövelberndt*, Die Kammern als Wettbewerber, S. 193 f. Dieses Kriterium ist angelehnt an die „Subsidiaritätsklausel" bei der kommunalen Wirtschaftsbetätigung, die auch im Ergebnis auf einen konkreten Bedarf abstellt.

541 Vgl. *Kluth*, in: *Kluth [Hrsg.]*, Handbuch des Kammerrechts, S. 304 (S. 329, Rn. 112).

542 *Hövelberndt*, Die Kammern als Wettbewerber, S. 178.

Kammermitglieder muss bei Veränderung der wirtschaftlichen Verhältnisse überprüft und gegebenenfalls angepasst werden[544].

Die wirtschaftliche Betätigung der Handwerkskammer wird jedoch nicht nur durch die Verbandskompetenz und die Rechte privater Konkurrenten begrenzt. Es ergeben sich auch Grenzen aus Gesetzen, die zum Schutz des Wettbewerbes erlassen wurden. Zu untersuchen ist zum einen das Gesetz gegen den unlauteren Wettbewerb (UWG) und zum anderen das Gesetz gegen Wettbewerbsbeschränkung (GWB).

cc) Vorgaben des allgemeinen Wettbewerbsrecht

Wie bereits festgestellt, kann die Handwerkskammer wie ein privater Marktteilnehmer Dienstleistungen und Waren am Markt anbieten. In diesem Fall nimmt sie wie ein privater Marktteilnehmer am geschäftlichen Verkehr teil und es entsteht ein Wettbewerbsverhältnis zwischen der Kammer und den anderen Marktteilnehmern[545]. Das UWG ist nicht nur auf die private wettbewerbsrelevanten Tätigkeiten anwendbar, sondern auch auf die Tätigkeit des Staates am Markt[546]. Somit wird auch die wirtschaftliche Tätigkeit der funktionalen Selbstverwaltungsträger erfasst. Das UWG regelt jedoch nicht die Zulässigkeit der Wettbewerbsteilnahme der Kammern, sondern stellt Kriterien der Art und Weise der Wettbewerbsteilnahme[547] auf. Somit ergibt sich die Antwort auf die Frage nach der Zulässigkeit der wirtschaftlichen Tätigkeit der Handwerkskammer nicht aus dem Wettbewerbsrecht, sondern aus der in der Handwerksordnung geregelten Verbandskompetenz. Im Ergebnis kann die Wettbewerbsteilnahme der Handwerkskammer nicht in Folge einer Kompetenzüberschreitung als „unlauter“ im Sinne des §§ 3 Abs. 1, 4 Nr. 11 UWG eingeordnet werden[548].

---

543 *Kluth*, in: *Kluth [Hrsg.]*, Handbuch des Kammerrechts, S. 304 (S. 329, Rn. 112, 114); vertiefend hierzu *Hövelberndt*, Die Kammern als Wettbewerber, S. 193 f.

544 Nach *Kluth* trifft die Kammer eine „Rechtfertigungs- und Abwägungspflicht“, so *Kluth*, in: *Kluth [Hrsg.]*, Handbuch des Kammerrechts, S. 304 (S. 329, Rn. 115) m.w.N.

545 *Kluth*, in: *Kluth [Hrsg.]*, Handbuch des Kammerrechts, S. 304 (S. 332, Rn. 132).

546 Vgl. BHGZ 82, 375, 382 f.

547 Vgl. *Schöbener*, in: *Kluth [Hrsg.]*, Handbuch des Kammerrechts, S. 443 (S. 498, Rn. 160); *Kluth*, in: *Kluth [Hrsg.]*, Handbuch des Kammerrechts, S. 304 (S. 332, Rn. 132).

548 Vgl. BGH, NJW 2002, 2645 ff. Die Überprüfung der Überschreitung der Verbandskompetenzen liegt zudem bei der Verwaltungsgerichtsbarkeit; vertiefend hierzu *Schöbener*, in: *Kluth [Hrsg.]*, Handbuch des Kammerrechts, S. 443 (S. 497, Rn. 158 ff.). Vgl. auch *Ahrens*, in: *Harte-Bavendamm/Henning-Bodewig*, UWG, Einleitung G Rn. 36.

Nach § 3 Abs. 1 UWG sind wirtschaftliche Tätigkeiten (als geschäftliche Handlungen) der Handwerkskammer „unlauter", „wenn sie geeignet sind, die Interessen von Mitbewerbern, Verbrauchern oder sonstigen Marktteilnehmern spürbar zu beeinträchtigen". Zu fragen ist daher nach der Art und Weise der Teilnahme der Handwerkskammer am Wettbewerb. Dazu haben sich die vier folgenden Fallgruppen[549] herausgebildet: der Missbrauch einer hoheitlichen Stellung, die Preisunterbindung, die Verquickung öffentlicher und erwerbswirtschaftlicher Tätigkeiten und die Marktstörung. Diese Fallgruppen werden im Folgenden kurz dargestellt, wobei die Gruppen nicht trennscharf voneinander unterschieden werden können, sondern sich teilweise auch überschneiden.

aaa) Missbrauch der hoheitlichen Stellung

Die erste Fallgruppe umfasst die Fälle, in denen die Handwerkskammer ihre hoheitliche Stellung missbraucht. Ein Handeln ist in diesen Fällen „unlauter", wenn die Handwerkskammer unter missbräuchlicher Ausnutzung ihrer Machtstellung einen Vorteil im wirtschaftlichen Wettbewerb erlangt[550]. Dies kann einerseits durch das Ausnutzen staatlicher Ressourcen, Machtmittel, amtlicher Beziehungen und Kenntnisse bei der Vornahme einer Wettbewerbshandlung geschehen oder aber andererseits auch durch das Ausnutzen der „staatlichen Vertrauensposition"[551], die der Staat auf Grund seines Wesens in den Augen der Nachfrager besitzt, sowie durch das Vortäuschen von Objektivität und Neutralität. Der Aspekt der Ausnutzung staatlicher Ressourcen geht mit der im folgenden darzustellenden Fallgruppe der Preisunterbindung einher.

bbb) Preisunterbietung

Nicht grundsätzlich folgt aus einer Preisunterbietung die Unlauterkeit des Wettbewerbes durch die Handwerkskammer[552]. Die Wettbewerbsteilnahme

---

[549] Vgl. zu den Fallgruppen die Einteilung bei *Ebert-Weidenteller*, in: *Götting/Nordemann*, UWG, § 4 Rn. 13.25; *Ahrens*, in: *Harte-Bavendamm/Henning-Bodewig*, UWG, Einleitung G Rn. 38 ff.; *Schöbener*, in: *Kluth [Hrsg.]*, Handbuch des Kammerrechts, S. 443 (S. 500 f., Rn. 164 ff.); vgl. BGH GRUR 1995, 594, 596 ff., sowie *Tettinger*, NJW 1998, S. 3473 (S. 3473); *Ruthig/Storr*, Öffentliches Wirtschaftsrecht, Rn. 729.

[550] *Schliesky*, Öffentliches Wettbewerbsrecht, S. 357 ff.; *Schöbener*, in: *Kluth [Hrsg.]*, Handbuch des Kammerrechts, S. 443 (S. 500, Rn. 165); vgl auch BGH, GRUR 1964, 210, 211 f.

[551] *Emmerich*, Unlauterer Wettbewerb, § 4 Rn. 34.

der Handwerkskammer ist jedoch unlauter, wenn ihr die niedrige Preisgestaltung nur auf Grund einer zweckfremden „Gegenfinanzierung"[553] möglich ist. Eine Preisunterbietung ist somit zulässig, solange sie dem öffentlichen Zweck dient und mit Mitteln betrieben wird, die der Handwerkskammer zu diesem Zweck überlassen wurden[554]. Die Mitgliederbeiträge dürfen daher nur zum Zweck der Förderung der Interessen des Handwerks eingesetzt werden.

ccc) Verquickung öffentlicher und erwerbswirtschaftlicher Tätigkeiten

Der Unlauterkeitsvorwurf beruht bei dieser Fallgruppe auf der unlauteren Verbindung öffentlicher und erwerbswirtschaftlicher Tätigkeiten. Für die Unlauterkeit der Verquickung muss ein spezifischer – unlauterer –Wechselbezug zwischen der amtlichen Stellung und der wirtschaftlicher Betätigung hinzukommen[555]. Eine unlautere Verquickung liegt vor, wenn keine räumliche und personelle Trennung zwischen der Erfüllung der hoheitlichen Aufgabe und der wirtschaftlichen Betätigung gegeben ist[556]. Als Beispiel hierfür: Eine unlautere Verquickung läge vor, wenn die Handwerkskammer bei der Anmeldung zu einer Prüfung, die bei der Kammer durchgeführt wird, zugleich die Anmeldung zu einem Vorbereitungskurs bei der Kammer für diese Prüfung anbieten und empfehlen würde[557]. In diesem Fallbeispiel würde auch zugleich ein Missbrauch der hoheitlichen Stellung vorliegen.

ddd) Marktstörung

Letztlich werden unter der Fallgruppe der Marktstörung diejenigen Fälle zusammengefasst, bei denen ein Unternehmen nicht leistungsgerechte Mittel

552 *Schliesky*, Öffentliches Wettbewerbsrecht, S. 376 ff.; *Schöbener*, in: *Kluth [Hrsg.]*, Handbuch des Kammerrechts, S. 443 (S. 501, Rn. 168).

553 So *Schöbener*, in: *Kluth [Hrsg.]*, Handbuch des Kammerrechts, S. 443 (S. 501, 168).

554 *Emmerich*, Unlauterer Wettbewerb, § 4 Rn. 35;*Kluth/Voigt*, in: *Kluth [Hrsg.]*, Jahrbuch des Kammerrechts 2002, S. 351 (S. 388 ff.); *Schöbener*, in: *Kluth [Hrsg.]*, Handbuch des Kammerrechts, S. 443 (S. 501, Rn. 168); *Schliesky*, Öffentliches Wettbewerbsrecht, S. 378);vgl. hierzu RGZ 138, 174, 179; BGH GRUR 1982, 433, 436; OLG Saarbrücken WRP 1988, 328, 330; Schl.-Holst. OLG WRP 1995, 971, 973.

555 *Ruthig/Storr*, Öffentliches Wirtschaftsrecht, Rn. 729.

556 Vgl. *Schöbener*, in: *Kluth [Hrsg.]*, Handbuch des Kammerrechts, S. 443 (S.501, Rn. 170). Auch dieses Kriterium der räumlichen und personellen Trennung entstammt der wirtschaftlichen Tätigkeit von Kommunen. Vgl. hierzu die folgende Rechtsprechung: BGH GRUR 2005, 960 ff.; BGH GRUR 2003, 167 ff; BGH GRUR 1987, 118 ff.

557 Vgl. hierzu mit weiteren Beispielen *Schöbener*, in: *Kluth [Hrsg.]*, Handbuch des Kammerrechts, S. 443 (S. 501, Rn. 170).

einsetzt und damit der Bestand des Wettbewerbes gefährdet wird[558]. Nach *Schliesky* kann eine Unlauterkeit erst dann bejaht werden, wenn es zur Irreführung der Verbraucher über das Preisniveau kommt und zudem die konkrete Gefahr der Verdrängung des Wettbewerbers begründet wird[559]. Die Fallgruppe der Marktstörung umfasst somit auch das Verbot des Verdrängungswettbewerbes, das bereits ausführlich dargestellt wurde[560].

Jedoch tritt die Handwerkskammer nicht nur als Marktteilnehmer und somit als Konkurrent privater Anbieter am Markt auf, sondern auch als Nachfrager von angebotenen Waren und Dienstleistungen. Dadurch kann die Handwerkskammer durch den Kauf von bestimmten Waren und Dienstleistungen bestimmter Anbieter in das Marktgeschehen mittelbar eingreifen, was im Folgenden vertieft dargestellt wird.

dd) Anforderungen des Vergaberechts

Der Kauf von Gütern oder die Inanspruchnahme von Dienstleistungen stellt nicht nur „ein wirksames Instrument der Wirtschaftsförderung und Wirtschaftslenkung“[561] dar, sondern darüber hinaus können politische und soziale Ziele verfolgt werden[562]. Kriterien hierzu finden sich beispielsweise in § 97 Abs. 4 GWB, der für die Auftragsausführung zusätzliche Anforderungen an Auftragsnehmer gestattet, wenn diese „insbesondere soziale, umweltbezogene oder innovative Aspekte betreffen“. Bei der als Personalkörperschaft errichteten Handwerkskammer besteht aber insbesondere die Gefahr, dass sie Aufträge an kammerzugehörige Mitglieder vergibt[563]. Damit die mögliche Förderung und Lenkung der Wirtschaft nicht willkürlich erfolgt, muss zum einen das Verfahren zur Vergabe des Auftrages so ausgestaltet sein, dass der Auftraggeber in der Lage ist, das für ihn beste – meist das wirtschaftlichste – Angebot zu ermitteln. Zum anderen muss verhindert werden, dass Bieter aus persönlichen oder politischen Gründen bevorzugt werden[564].

Die Verwendung öffentlicher Mittel für eine Beschaffung sind vor allem an den Grundsätzen der Sparsamkeit und Wirtschaftlichkeit nach § 7 LHO zu messen. Nach dem nationalen Verständnis des Vergaberechts ist die Schonung

---

558 *Emmerich*, Unlauterer Wettbewerb, § 19 Rn. 1 ff.; vgl. BGHZ 43, 278, 284; 51, 236, 242; 81, 291, 295; 82, 375, 396 f.

559 *Schliesky*, Öffentliches Wettbewerbsrecht, S. 377.

560 Siehe *3. Kapitel IV. 3. c) bb)aaa)*.

561 So *Ruthig/Storr*, Öffentliches Wirtschaftsrecht, Rn. 1023.

562 Vgl. hierzu mit Beispielen *Ruthig/Storr*, Öffentliches Wirtschaftsrecht, Rn. 1023.

563 *Heyne*, in: *Kluth[Hrsg.]*, Handbuch des Kammerrechts, S. 334 (S. 334, Rn. 1).

564 Vgl. zu den Funktionen und Strukturprinzipien *Ruthig/Storr*, Öffentliches Wirtschaftsrecht, Rn. 1027; *Ziekow*, Öffentliches Wirtschaftsrecht, § 9 Rn. 44 f., 51 f.

öffentlicher Ressourcen Hauptziel des Vergaberechts (sog. haushaltsrechtliche Lösung)[565]. Nach den rechtlichen Vorgaben der Europäischen Union bei Vergaben oberhalb der sog. Schwellenwerte (§ 2 VgV) steht jedoch der Schutz der konkurrierenden Mitbewerber und -bieter im Vordergrund des Vergaberechts (sog. wettbewerbsrechtliche Lösung)[566].

Ob auch die Handwerkskammer dem Recht der öffentlichen Auftragsvergabe – dem Vergaberecht – unterliegt, wird in dem folgenden Abschnitt eingehender betrachtet. Differenziert werden muss hierbei zwischen der Auftragsvergabe unterhalb und oberhalb der Schwellenwerte (§ 2 VgV). Maßgeblich geht es bei der Vergabe von Aufträgen oberhalb des Schwellenwertes um die Beantwortung der Frage, ob die Handwerkskammer als öffentlicher Auftraggeber im Sinne des Vergaberechts zu qualifizieren ist.

aaa) Auftragsvergabe unterhalb des Schwellenwertes

Unterhalb des Schwellenwertes richtet sich das Vergaberecht nach dem Haushaltsrecht, da ein „spezielles körperschaftliches Wettbewerbsrecht“[567] nicht vorhanden ist. Besonderheiten in haushaltsrechtlicher Hinsicht regeln die §§ 105 ff. LHO. Nach ihnen richtet sich auch der Begriff des öffentlichen Auftraggebers. Die zentrale Norm für landesunmittelbare juristische Personen des öffentlichen Rechts enthält § 105 Abs. 1 LHO. Juristische Personen im Sinne des § 105 Abs. 1 LHO sind landesunmittelbare Körperschaften, Anstalten und Stiftungen des öffentlichen Rechts, die ihre eigenständige Rechtsfähigkeit im Sinne des öffentlichen Rechts durch Gesetz oder durch einen Staatsakt auf Grund eines Gesetzes erhalten.

Die Handwerkskammer ist als Selbstverwaltungskörperschaft eine juristische Person des öffentlichen Rechts, deren Rechtsfähigkeit durch Gesetz begründet wurde[568]. Sie ist nicht als unmittelbare, sondern als mittelbare juristische Person des öffentlichen Rechts einzuordnen[569]. Fraglich ist, was unter „landesunmittelbar“ im Sinne des § 105 Abs. 1 LHO zu verstehen ist. Nach dem Wortlaut der Norm würde eine Einordnung der Handwerkskammer un-

[565] Vgl. zu dieser durch Europarecht überholte Lösung: *Ziekow*, Öffentliches Wirtschaftsrecht, § 9 Rn. 1; *Ruthig/Storr*, Öffentliches Wirtschaftsrecht, Rn. 1030. Jedoch unterhalb der Schwellenwerte ist die Vergabe weiterhin im Haushaltsrecht geregelt. Vgl. dazu die folgenden Ausführungen.

[566] Vgl. *Ziekow*, Öffentliches Wirtschaftsrecht, § 9 Rn. 1; *Ruthig/Storr*, Öffentliches Wirtschaftsrecht, Rn. 1030.

[567] So *Schliesky*, Öffentliches Wettbewerbsrecht, S. 35.

[568] Siehe hierzu die Ausführungen im *2. Kapitel I. 1.*

[569] Vgl. die Einordnung der Handwerkskammer in die mittelbare Staatsverwaltung im *1. Kapitel I. 1.*

ter § 105 Abs. 1 LHO ausscheiden. Vergleicht man jedoch die Regelung mit der bundesrechtlichen Norm, so liegt Bundesunmittelbarkeit im Sinne des § 105 BHO vor, wenn der Verwaltungsträger der Aufsicht des Bundes untersteht[570]. Das Merkmal der Bundesunmittelbarkeit bringt daher nicht zum Ausdruck, dass es sich um bundesunmittelbare juristische Personen des öffentlichen Rechts handeln muss, sondern die Errichtung des Verwaltungsorgans muss auf Grund eines Bundesgesetzes erfolgt sein[571]. Das Merkmal besagt, dass das Verwaltungsorgan unmittelbar dem Bund untersteht und nicht einem Bundesland, wobei diese Unterordnung ein gewisses Mindestmaß an Aufsicht erfordert[572].

Diese Ausführungen lassen sich auf den Begriff „landesunmittelbar" übertragen, da die Regelung des § 105 Abs.1 LHO im Wesentlichen der Regelung des § 105 BHO entspricht[573]. Die Handwerkskammer wurde durch Hoheitsträger errichtet[574] und unterliegt der staatlichen Aufsicht, sodass sie als landesunmittelbare Körperschaft im Sinne der LHO zu qualifizieren ist[575]. Somit ist die Handwerkskammer im Bereich unterhalb der Schwellenwerte an die Regelungen für die Vergabe öffentlicher Aufträge gebunden[576].

bbb) Auftragsvergabe oberhalb des Schwellenwertes

Die Auftragsvergabe oberhalb der Schwellenwerte (§ 2 VgV) richtet sich nach den §§ 97 ff. GWB, wenn die Handwerkskammer als öffentlicher Auftraggeber im Sinne des § 98 GWB zu qualifizieren ist. In Betracht kommt die Einordnung der Handwerkskammer als öffentlicher Auftraggeber im Sinne des § 98 Nr. 2 GWB. Nach dieser Norm müssen fünf Voraussetzungen vorliegen, damit die Eigenschaft als öffentlicher Auftraggeber bejaht werden kann[577].

570 *v. Köckritz/Lamm*, BHO, § 105 Rn. 2.

571 *Eibelshäuser/Wallis*, in: *Heuer*, KHR, § 105 Rn. 3.

572 So *Eibelshäuser/Wallis*, in: *Heuer*, KHR, § 105 Rn. 3.

573 *Eibelshäuser/Wallis*, in: *Heuer*, KHR, § 105 Rn. 16; *Heyne*, Aktuelle Stellungnahme/Institut für Kammerrecht e. V., Nr. 1, 2009, S. 1 (S. 6).

574 Siehe hierzu die Darstellung zur Errichtung der Handwerkskammer im *2. Kapitel I. 1.*

575 *Heyne*, Aktuelle Stellungnahme/Institut für Kammerrecht e. V., Nr. 1, 2009, S. 1 (S. 6); *Heyne*, in: *Kluth[Hrsg.]*, Handbuch des Kammerrechts, S. 334 (S. 348, Rn. 52).

576 Vgl. zu den geltenden Vorschriften *Ziekow*, Öffentliches Wirtschaftsrecht, § 9 Rn. 10 ff.; *Ruthig/Storr*, Öffentliches Wirtschaftsrecht, Rn. 1034.

577 *Dippel*, in: *Hattig/Maibaum*, PK Kartellvergaberecht, § 98 GWB Rn. 23; *Heyne*, in: *Kluth[Hrsg.]*, Handbuch des Kammerrechts, S. 334 (S. 335, Rn. 3).

Danach müsste es sich um eine juristische Person des öffentlichen Rechts oder privaten Rechts handeln, die im Allgemeininteresse liegende Aufgaben nicht gewerblicher Art erfüllt und zu diesem besonderen Zweck auch gegründet wurde und zudem eine besondere Staatsnähe aufweist, die sich entweder aus der Finanzierung oder aus der Aufsicht durch eine Stelle ergibt, die selbst öffentlicher Auftraggeber im Sinne des § 98 Nr. 1 oder 3 GWB ist.

Die Handwerkskammer ist eine juristische Person des öffentlichen Rechts, die im Allgemeininteresse tätig ist. Die Handwerkskammer ist auf Grund eines hoheitlichen Errichtungsaktes eine Körperschaft des öffentlichen Rechts[578] und folglich eine juristische Person des öffentlichen Rechts nach § 98 Nr. 2 GWB[579]. Auch nimmt die Handwerkskammer Aufgaben im Allgemeininteresse[580] wahr. Dies ergibt sich daraus, dass die Handwerkskammer als juristische Person des öffentlichen Rechts nur errichtet werden darf, wenn sich ihr Aufgabenbereich auf einen öffentlichen Zweck bezieht[581]. Diese Sichtweise steht auch im Einklang mit der Rechtsprechung des EuGH. Danach ist eine Wahrnehmung von Aufgaben im Allgemeininteresse anzunehmen, wenn mit ihr eine „Impulswirkung für den Handel und die wirtschaftliche und soziale Entwicklung" der betreffenden Körperschaft[582] verbunden ist. Somit ist festzuhalten, dass die Handwerkskammer Aufgaben im Allgemeininteresse wahrnimmt.

Zudem muss die Aufgabe das Kriterium der Nichtgewerblichkeit erfüllen. Die Aufgabe ist dann nicht gewerblicher Art, wenn keine vorrangige Gewinnerzielungsabsicht besteht[583]. Eine solche ist bei der Handwerkskammer nicht vorhanden, denn bei ihr steht die Erfüllung der Aufgaben, die durch die Handwerksordnung zugewiesen werden, im Vordergrund.

---

578 Vgl. hierzu die Ausführungen im *2. Kapitel I. 1.*

579 Vertiefend zum funktionellen Auftraggeberbegriff vgl. *Bungenberg*, in: *Loewenheim/ Meessen/Riesenkampff*, Kartellrecht Band 2, § 98 Rn. 10ff.; *Ziekow*, Öffentliches Wirtschaftsrecht, § 9 Rn. 34.

580 Vgl. zum Begriff der „im Allgemeininteresse liegenden Aufgaben" die Ausführungen von *Bungenberg*, in: *Loewenheim/ Meessen/Riesenkampff*, Kartellrecht Band 2, § 98 Rn. 20, *Otting*, in: *Bechtold*, Kartellgesetz Kommentar, § 98 Rn. 14 sowie *Dippel*, in: *Hattig/Maibaum*, PK Kartellvergaberecht, § 98 Rn. 45ff.

581 Vgl. dazu, dass grundsätzlich nur solche Aufgaben, die ihre Grundlage im Öffentlichen haben, den Körperschaften übertragen werden können, die Ausführungen im *2. Kapitel unter 2.b)*; vgl. auch *Heyne*, Aktuelle Stellungnahme/Institut für Kammerrecht e. V., Nr. 1, 2009, S. 1 (S. 2); *Dippel*, in: *Hattig/Maibaum*, PK Kartellvergaberecht, § 98 GWB Rn. 53.

582 Vgl. EuGH, RS. 35/99 – Urteil vom 19.2.2002, Rn. 37 – Arduino; m.w.N.

583 Jedoch verbietet sich ein isoliertes Abstellen auf die Gewinnerzielungsabsicht; hierzu *Dippel*, in: *Hattig/Maibaum*, PK Kartellvergaberecht, § 98 GWB Rn. 57.

Weiterhin müsste die Handwerkskammer die Eigenschaft aufweisen, dass sie zu einem besonderen Zweck gegründet wurde. Diese Voraussetzung ist erfüllt, da die Handwerkskammern nach § 90 HandwO „zur Vertretung der Interessen des Handwerks" errichtet werden und nach § 91 HandwO Aufgaben im Allgemeininteresse wahrnehmen, wie beispielsweise die Beratung des Staates (§ 91 Abs. 1 Nr. 2, 8 HandwO) sowie die Berufsbildung und -fortbildung (§ 91 Abs. 1 Nr. 4, 4a, 7 HandwO)[584]. Dieser besondere Zweck ist, wie oben bereits erläutert, durch den staatlichen Errichtungsakt indiziert.

Schließlich muss daneben noch eine besondere Staatsnähe bestehen, die auch als besonderes „Beherrschungsmerkmal"[585] bezeichnet wird. Dieses Merkmal ist erfüllt, wenn die Handwerkskammer durch einen öffentlichen Auftraggeber im Sinne des § 98 Nr. 1 und Nr. 3 GWB finanziert (finanzielle Beherrschung)[586] wird oder unter der Aufsicht dieses öffentlichen Auftraggebers steht (personelle Beherrschung)[587].

Die Kammern finanzieren sich durch die Beitragspflicht[588] der Mitglieder nach § 113 Abs. 1 HandwO. Danach werden die Kosten der Tätigkeit der Handwerkskammer von den Kammermitgliedern „nach einem von der Handwerkskammer mit Genehmigung der obersten Landesbehörde festgesetzten Beitragsmaßstab getragen". Somit liegt eine mittelbare staatliche Finanzierung[589] vor. Fraglich ist, ob diese mittelbare Finanzierung den vergaberechtlichen Anforderungen einer finanziellen Beherrschung durch den Staat (einem öffentlichen Auftraggeber im Sinne des § 98 Nr. 1 GWB) genügt. Fordert man ein direktes Kausalverhältnis zwischen der Finanzierung und dem Staat[590], so würde eine solche mittelbare Finanzierung dem Merkmal der finanziellen Beherrschung nicht genügen.

Gegen ein solches restriktives Verständnis wird angeführt, dass es nach § 98 Nr. 2 GWB keinen Unterschied machen könne, ob der Staat die Finanz-

[584] Siehe hierzu die ausführliche Darlegung des Aufgabenbereichs der Handwerkskammer im *2. Kapitel III.* sowie die Erläuterung der Erfüllung legitimer öffentlicher Aufgaben im *4. Kapitel I. 2. a).*

[585] So *Heyne*, Aktuelle Stellungnahme/Institut für Kammerrecht e. V., Nr. 1, 2009, S. 1 (S. 3); *Heyne*, in: *Kluth[Hrsg.]*, Handbuch des Kammerrechts, S. 334 (S. 336, Rn. 8).

[586] Für das Vorliegen einer überwiegenden Finanzierung ist ein Finanzierungsanteil von mindestens 50 Prozent durch einen öffentlichen Auftraggeber notwendig; *Dippel*, in: *Hattig/Maibaum*, PK Kartellvergaberecht, § 98 GWB Rn. 205; *Heyne*, in: *Kluth[Hrsg.]*, Handbuch des Kammerrechts, S. 334 (S. 336, Rn. 8).

[587] *Heyne*, in: *Kluth[Hrsg.]*, Handbuch des Kammerrechts, S. 334 (S. 336, Rn. 8).

[588] Zur Kammerfinanzierung vgl. *Rieger*, in: *Kluth [Hrsg.]*, Handbuch des Kammerrechts, S. 350 (S. 353 Rn. 7 f. und S. 376, Rn. 77 f.).

[589] *Heyne*, in: *Kluth[Hrsg.]*, Handbuch des Kammerrechts, S. 334 (S. 336, Rn. 9).

[590] *Dreher*, NZBau 2008, S. 297 (S. 302); *Eschenbruch*, NZBau 2003, S. 471 (S. 475 Fn. 28).

mittel einzieht und dann an die betreffende Einrichtung übergibt oder ob der Staat ihr das Recht überträgt, die Beiträge selbst einzuziehen[591]. Diese Ansicht sieht sich durch die Entscheidung des EuGH bestätigt, der im Fall der öffentlichen Rundfunkanstalten entschieden hat, dass die mittelbare Finanzierung über gesetzlich garantierte Zwangsabgaben (Rundfunkgebühren) als Finanzierung durch einen öffentlichen Auftraggeber ausreicht[592]. Die Gebühren werden auf der Grundlage des Rundfunkstaatsvertrages als staatlicher Akt festgestellt und beruhen somit auf einer gesetzlichen Grundlage.

Das die Frage der finanziellen Beherrschung bei den funktionalen Selbstverwaltungsträgern sehr umstritten ist, zeigt die neuste Entscheidung des EuGH, die auf Grund eines Vorabentscheidungsersuchens des OLG Düsseldorf erfolgte[593]. Das OLG Düsseldorf hatte darüber zu entscheiden, ob die Ärztekammer Westfalen-Lippe ein öffentlicher Auftraggeber im Sinne des § 98 Nr. 2 GWB ist. Das Gericht war der Auffassung, dass die Ärztekammer nicht überwiegend vom Staat finanziert werde und auch nicht hinsichtlich ihrer Leitung der Aufsicht durch den Staat unterliege. Zwar werde der Kammer durch Gesetz die Befugnis zur Beitragserhebung eingeräumt, jedoch sei nach Ansicht des Gerichts entscheidend, dass das Gesetz die Beiträge der Höhe nach nicht festlegt[594]. Auch eine Genehmigung der Gebühren durch den Staat reiche nicht aus[595]. Die Höhe der Beitragssätze werde durch die berufsständischen und wirtschaftlichen Kammern autonom in der Satzung festgelegt und daher sei die vergaberechtliche Wertung eine andere als bei gesetzlich festgelegten Beiträgen wie den Rundfunkgebühren[596]. Daher hat das OLG Düsseldorf das Verfahren ausgesetzt und dem EuGH zur Entscheidung vorgelegt, ob die Ärztekammer als öffentlicher Auftraggeber einzustufen ist[597].

---

591 Dieser Ansicht folgend *Heyne*, in: *Kluth[Hrsg.]*, Handbuch des Kammerrechts, S. 334 (S. 336, Rn. 9).

592 Vgl. hierzu die Entscheidung des EuGH, NZBau 2008, 130 ff.; sowie vorlegende Gericht OLG Düsseldorf, 21.07.2006 - VII-Verg 13/06. Jüngst bestätigt durch das folgende Urteil: EuGH, Urt. v. 12.09.2013, Rs. c-526/11

593 Vgl. Rechtssache C-526/11 Vorabentscheidungsersuchen des Oberlandesgerichts Düsseldorf (Deutschland) eingereicht am 18. Oktober 2011 – IVD GmbH Co. KG gegen Ärztekammer Westfalen-Lippe, Amtsblatt Nr. C 025 vom 28/01/2012 S.0028-0028.

594 Vgl. OLG Düsseldorf, Beschluss vom 5.10.2011, VII-Verg 38/011.

595 Vgl. OLG Düsseldorf, Beschluss vom 5.10.2011, VII-Verg 38/011.

596 *Dreher*, NZBau 2008, S. 297 (S. 302); vgl. auch OLG Düsseldorf, Beschluss vom 5.10.2011, VII-Verg 38/0119.

597 Vgl. Rechtssache C-526/11 Vorabentscheidungsersuchen des Oberlandesgerichts Düsseldorf (Deutschland) eingereicht am 18. Oktober 2011 – IVD GmbH Co. KG gegen Ärztekammer Westfalen-Lippe, Amtsblatt Nr. C 025 vom 28/01/2012 S.0028-0028.

Der EuGH hat sich in seinem Urteil dem OLG Düsseldorf angeschlossen und verneint die Auftraggebereigenschaft der Ärztekammer. Dies begründet der Gerichtshof damit, dass die Situation der Errichtung einer Ärztekammer mit der einer Rundfunkanstalt nicht gleichgesetzt werden kann[598]. Die Ärztekammer verfügt über eine organisatorische und haushaltstechnische Autonomie. Diese ist darin begründet, dass sie die überwiegende Finanzierung frei ausgestalten kann und die Entscheidung, mit der sie die Höhe der von de Kammerangehörigen zu entrichtenden Beiträge festlegt lediglich der Genehmigung durch die Aufsichtsbehörde bedarf, die sich bei der Prüfung auf einen ausgeglichene Haushaltsführung beschränkt[599]. Diese restriktive Auslegung des Begriffs der Aufsicht im Sinne des § 98 Nr. 2 GWB wird auch in der Literatur vertreten. Durch die Rechtsaufsicht wird lediglich rechtswidriges Handeln verhindert, jedoch kein direkter Einfluss auf die Ausgestaltung der Aufgabenwahrnehmung genommen[600].

Bei der ausdrücklichen Nennung der Handwerkskammer im Anhang III der Vergabekoordinierungsrichtlinie[601], in dem öffentliche Auftraggeber in der Bundesrepublik Deutschland exemplarisch aufgeführt sind, handelt es sich um eine widerlegbare Vermutung[602].

Somit ist im Ergebnis festzuhalten, dass die Handwerkskammer kein öffentlicher Auftraggeber im Sinne des § 98 Nr. 2 GWB ist und bei der Auftragsvergabe über dem Schwellenwert den Anforderungen der §§ 98 ff. GWB nicht gerecht werden muss.

---

598 EuGH, Urt. v. 12.09.2013, Rs. C-526/11 Rn. 26

599 EuGH, Urt. v. 12.09.2013, Rs. C-526/11 Rn. 29, 30.

600 Dieser Ansicht folgend *Bungenberg*, in: *Loewenheim/ Meessen/Riesenkampff*, Kartellrecht Band 2, § 98 Rn. 30. Nach *Heyne* spricht gerade die tatsächliche Ausübung im spezifischen Fall für eine extensivere Auslegung des § 98 Nr. 2 GWB, (*Heyne*, Aktuelle Stellungnahme/Institut für Kammerrecht e. V., Nr. 1, 2009, S. 1 (S. 4)).

601 Richtlinie 2004/18/EG vom 31. März 2004 über die Koordinierung der Verfahren zur Vergabe öffentlicher Bauaufträge, Lieferaufträge und Dienstleistungsaufträge ABl. L 134 vom 30.4.2004, S. 114).

602 EuGH, Urt. v. 12.09.2013 - Rs. C-526/11 Rn. 18; vgl. *Bungenberg*, in: *Loewenheim/ Meessen/Riesenkampff*, Kartellrecht Band 2, § 98 Rn. 13, 14; *Heyne*, in: *Kluth[Hrsg.]*, Handbuch des Kammerrechts, S. 334 (S. 337, Rn. 12). Dem Verzeichnis kommt keine rechtliche Verbindlichkeit zu, sondern lediglich ein deklaratorischer Charakter (vgl. zur Indizwirkung: VK Rheinland-Pfalz, Beschluss vom 14.05.2009, VK 1-20/09 sowie VK Rheinland-Pfalz, Beschluss vom 22.10.2010, VK 2-34/1), dies gibt auch *Ziekow* zu bedenken, der diese Auflistung für nicht zwingend hält und nicht von der Prüfung der Voraussetzungen des § 98 Nr. 2 GWB befreit (*Ziekow*, Öffentliches Wirtschaftsrecht, § 9 Rn. 34).

4. Wirtschaftsüberwachung

Abschließend wird auf die Rolle der Handwerkskammer bei der Wirtschaftsüberwachung eingegangen. Die Wirtschaftsüberwachung ist eine starke Form der Wirtschaftslenkung[603] und bezeichnet die „Kontrolle des Wirtschaftsverkehrs und der teilnehmenden Wirtschaftssubjekte auf Einhaltung der wirtschaftsrelevanten Normen“[604]. Dabei kommt den Kammern eine zentrale Rolle zu. Die Wirtschaftsaufsicht dient der Überwachung und Kontrolle des Wirtschaftssubjekts und beschränkt daher auch die Freiheit des Einzelnen[605]. In der folgenden Betrachtung wird maßgeblich auf die Funktion der Handwerkskammer im Rahmen der Einhaltung wirtschaftsrechtlicher Normen durch die am Wirtschaftsleben teilnehmenden Subjekte eingegangen.

Zu den klassischen Bereichen der Wirtschaftsüberwachung zählt das Gewerberecht ebenso wie das Handwerksrecht[606]. Das Handwerksrecht war früher Bestandteil der Gewerbeordnung und wird daher noch heute als gewerberechtliches Nebengebiet betrachtet[607]. Mit der eigenständigen Errichtung eines Handwerksrechts hat der Gesetzgeber auch eine neue Zielsetzung verbunden[608]. Der Zweck der Handwerksordnung ist zunächst der Schutz und die Förderung dieses wichtigen mittelständischen Gewerbezweiges, ferner die Erhaltung des Leistungsstandes und der Leistungsfähigkeit sowie die Qualitätssicherung des Handwerks.

---

603 *Rittner/Dreher*, Europäisches und deutsches Wirtschaftsrecht, § 24 Rn. 13.

604 Nach *Schliesky* ist die Wirtschaftsüberwachung die Kontrolle, ob die Bestimmungen des Wirtschaftsrechts eingehalten werden und die Maßnahmen der Wirtschaftsverwaltungsbehörden befolgt werden (vgl. *Schliesky*, Öffentliches Wirtschaftsrecht, S. 122). *Brohm* nimmt eine klare begriffliche Abgrenzung vor, indem er die Staatsaufsicht als „Verwaltungsaufsicht“ definiert, die regelmäßig über juristische Personen des öffentlichen Rechts ausgeübt wird (vgl. *Brohm*, in: *Mestmäcker [Hrsg.]*, Kommunikation ohne Monopole II, S. 253 (S. 256)). Beide Arten der Aufsicht beruhen auf verschiedenen rechtlichen Grundkonzeptionen und damit auf unterschiedlichen rechtlichen und vor allem verfassungsrechtlichen Anforderungen (vgl. *Brohm*, in: *Mestmäcker [Hrsg.]*, Kommunikation ohne Monopole II, S. 253 (S. 256)); vertiefend zum Begriff der Überwachung, vgl. *Gröschner*, Das Überwachungsrechtsverhältnis, S. 119 ff.

605 Häufig wird auch die Terminologie der Wirtschaftsaufsicht verwandt, um die Staatstätigkeiten zu beschreiben, die aus Gemeinwohlgründen bei der eigenverantwortlichen Teilnahme am Wirtschaftsverkehr für die Einhaltung der dafür geschaffenen Rechtsregeln sorgen, so die Definition von *Schliesky*, Öffentliches Wirtschaftsrecht, S. 121, was verdeutlicht, dass der Begriff der Wirtschaftsaufsicht häufig sehr weit gebraucht wird und keine festen Konturen aufweist.

606 *Brohm*, in: *Mestmäcker [Hrsg.]*, Kommunikation ohne Monopole II, S. 253 (S. 259) ordnet die Wirtschaftsüberwachung der Handwerkskammer als eine besondere Form „fachspezifischer Wirtschaftsaufsicht“ ein.

607 *Schliesky*, Öffentliches Wirtschaftsrecht, S. 246; *Czybulka*, NVwZ 1991, S. 230 (S. 230).

608 *Schliesky*, Öffentliches Wirtschaftsrecht, S. 247.

Sekundär geht es um den Schutz der Beschäftigten und der Kunden und somit um die Gefahrenabwehr.

Rückt das Instrumentarium, das der Handwerkskammer bei der Verwirklichung der Aufgabe der Wirtschaftsüberwachung zur Verfügung steht, in den Fokus der Betrachtung, kann auf die Darstellung des Aufgabenbereiches der Handwerkskammer zurückgegriffen werden. Zunächst kann hier auf § 6 I HandwO verwiesen werden, wonach die Handwerkskammer ein Verzeichnis zu führen hat, „in welches die Inhaber von Betrieben zulassungspflichtiger Handwerke ihres Bezirks nach Maßgabe der Anlage D Abschnitt I zu diesem Gesetz mit dem von ihnen zu betreibenden Handwerk oder bei Ausübung mehrerer Handwerke mit diesen Handwerken einzutragen sind (Handwerksrolle)".

Im Rahmen der Einzelbetrachtungen des *5. Kapitels* wird insbesondere die neben der Eintragung der Handwerksrolle notwendige Anzeigepflicht nach § 14 GewO eine Rolle spielen. Sie ist die Voraussetzung für eine lückenlose Unterrichtung der Behörde und traditionell das mildeste Mittel der Gewerbeüberwachung[609]. Die Zweiteilung von gewerbepolizeilicher Überwachung und funktionaler Selbstverwaltung ist geschichtlich gewachsen und kommt in der doppelten Anzeigepflicht zum Ausdruck[610].

---

[609] In diesem Sinne BVerwG, GewArch 1976, S. 293 (S. 294) zu § 14 GewO; *Gröschner* bezeichnet die Anzeigepflicht daher als „Musternorm aller wirtschaftsüberwachungsrechtlichen Anzeigepflichten", *Gröschner*, Das Überwachungsrechtsverhältnis, S. 245 f.

[610] *Gröschner*, Das Überwachungsrechtsverhältnis, S. 246/ 247.

4. Kapitel Rechtliche Anforderungen an die Aufgabendelegation

Die rechtlichen Anforderungen an die Übertragung staatlicher Aufgaben an die Handwerkskammer sind vielschichtig. Grund hierfür ist das Handlungsfeld der öffentlich-rechtlichen Körperschaft, denn diesem werden rechtliche Grenzen zum einen durch Kompetenzzuweisungen gesetzt und zum anderen durch die prinzipielle Begrenztheit der Zwecke und Aufgaben der Rechtsform einer öffentlich-rechtlichen Körperschaft. Auch stellt sich mit Blick auf das bereits dargestellte Aufgabenspektrum der Handwerkskammer das Problem, welche Aufgaben denn nun übertragen werden dürfen. Sind dies staatliche, öffentliche oder nur besonders legitime öffentliche Aufgaben, und welche Grenzen sind dabei zu beachten.

Dafür ist in Erinnerung zu rufen, dass die Autonomie der Körperschaften nicht originär und auch nicht aus dem Selbstverwaltungsrecht ableitbar ist, sondern vom Staat besonders verliehen werden muss[611]. Für die Kammer gibt es folglich keine Allzuständigkeit wie etwa bei den Gemeinden als Gebietskörperschaften nach Art. 28 Abs. 2 S. 1 GG, sondern es gilt grundsätzlich das Enumerationsprinzip[612], d.h. die Handwerkskammer darf sich nur insoweit betätigen, als der Gesetzgeber ihr ein Tätigkeitsfeld zugewiesen hat[613]. Die Wahrnehmung einer gesetzlich zugewiesenen öffentlichen Aufgabe bildet die Gewähr dafür, dass die damit betraute Körperschaft nicht in den grundrechtlich geschützten Schutzbereich ihrer Mitglieder oder dritter Personen eingreift[614].

Zunächst muss untersucht werden, ob es einen Bereich gibt, der von der Aufgabendelegation ausgeschlossen ist. In der Literatur gibt es zahlreiche Diskussionsbeiträge zu dieser Thematik, die sich alle um eine Definition der genuinen Staatsaufgaben bemühen. Dieser Aufgabenbereich der genuinen Staatsaufgaben ist von Verfassungs wegen von der Delegation ausgeschlossen.

---

611 Siehe hierzu die Ausführungen im *2. Kapitel I. 1.*

612 *Scheuner*, DÖV 1952, S. 609 (S. 611); *Maurer*, Allgemeines Verwaltungsrecht, § 23 Rn. 42.

613 *Bachof*, DÖV 1980, S. 607 (S. 608); *Bethge*, Grundrechtsberechtigung, S. 120; *Kelber*, Grenzen des Aufgabenbereichs, S. 4, 73; *Klein-Cosack*, Berufsständische Autonomie und Grundgesetz, S. 151, vgl. zu den Gestaltungsspielräumen und dem eingeschränkten Aufgabenfindungsrecht der Handwerkskammer vgl. *2. Kapitel IV.*

614 Siehe hierzu die Ausführungen im *2. Kapitel I. 1.*

I. Verfassungsrechtliche Delegationsanforderungen

Dem Gesetzgeber steht es nicht unbegrenzt zu, Aufgaben an die Handwerkskammer zu delegieren. Die Aufgabendelegation muss im Einklang mit der Verfassung stehen. Problematisch ist insbesondere, dass das Grundgesetz weder bezüglich der Existenz noch des Aufgabenbereichs der Kammern eine positive Aussage trifft. Für die Aufgabendelegation gelten dieselben Grenzen, die sich ergeben, wenn es um die inhaltliche Bestimmung dessen geht, was der zulässig errichteten Körperschaft erlaubt ist. Daher kann auf die Ausführungen hinsichtlich der verfassungsrechtlichen Maßgaben für die Errichtung einer öffentlich-rechtlichen Körperschaft[615] zurückgegriffen werden.

Im Bereich der verfassungsrechtlichen Grenzen kann zwischen absoluten und relativen Delegationsverboten unterschieden werden[616]. Es gibt zum einen Aufgabenbereiche, die der Aufgabenübertragung verschlossen sind, und daher einem absoluten Delegationsverbot unterliegen. Dieser Aufgabenbereich ist in der Regel zwingend einem Träger der unmittelbaren Staatsverwaltung zugeordnet. Zum anderen gibt es die verfassungsrechtlichen Anforderungen, die mit dem Begriff der relativen Delegationsverbote umschrieben werden. Diese relativen Delegationsverbote beschreiben die rechtlichen Anforderungen, die bei einer Aufgabendelegation an die Handwerkskammer gestellt werden. Eine Aufgabendelegation kann verfassungsrechtlich nur dann gerechtfertigt werden, wenn der Aufgabenbereich eingehalten wird[617]. Die „öffentlich-rechtliche Disziplinierung“[618] privater oder öffentlicher Aufgaben, insbesondere durch Maßnahmen wie Pflichtmitgliedschaft, Pflichtbeiträge oder Satzungsbefugnis bedarf einer speziellen Rechtfertigung, weil dadurch die grundrechtlich geschützte Sphäre der Verbandsmitglieder vor allem in Bezug auf Art. 2 Abs. 1 GG berührt wird. Art. 2 Abs. 1 GG zeigt, dass eine Pflichtmitgliedschaft nur im Rahmen der verfassungsmäßigen Ordnung möglich ist. Danach „dürfen öffentlich-rechtliche Verbände nur gegründet werden, um legitime öffentliche Aufgaben wahrzunehmen“, so das Bundesverfassungsgericht[619]. Was sich hinter dem Begriff der legitimen öffentlichen Aufgabe

---

[615] Siehe hierzu die Ausführungen im *2. Kapitel I.*

[616] Diese Aufteilung findet sich bei *Kluth*, in: *Kluth [Hrsg.]*, Handbuch des Kammerrechts, S. 106 (S. 131 ff.).

[617] *Brohm*, in: Festgabe von Unruh, S. 777 (S. 777, 789); *Oberndorfer*, Selbstverwaltung, S. 9; *Tettinger*, Kammerrecht, S. 40.

[618] So *Krimer*, Der Begriff der öffentlichen Aufgaben, S. 200. Mit dieser Disziplinierung ist auch eine konkrete staatliche Steuerung verbunden; vgl. *3. Kapitel III.*

[619] BVerfGE 10, 89, 102; vgl. BVerfGE 38, 281, 299; BVerfG, NVwZ 2002, 335, 336.

verbirgt und welche rechtlichen Anforderungen sich daraus an die Aufgabendelegation ergeben, wird in einer gesonderten Betrachtung im Rahmen der relativen Delegationsverbote geklärt. Zunächst wird nun im folgenden Abschnitt auf das absolute Delegationsverbot eingegangen.

1. Absolutes Delegationsverbot: Genuine Staatsaufgaben

Kirmer konstatiert, dass den Kammern auch originäre Staatsaufgaben übertragen werden können, da die einzelnen übertragenen hoheitlichen Aufgabenbereiche einen Beitrag zur verbesserten Aufgabenwahrnehmung leisten können[620]. Ob diese Annahme zutreffend ist oder ob es nicht bestimmte Aufgabenfelder gibt, die als Kernbereich hoheitlichen Staatshandelns vom Staat in eigener unmittelbarer Führung wahrgenommen werden müssen und nicht den Trägern mittelbarer Staatsgewalt übertragen werden können, wird im Folgenden betrachtet.

Absolute Delegationsverbote können aus der unabdingbaren verfassungsrechtlichen Zuteilung des Aufgabenbereichs an einen anderen Verwaltungsträger resultieren[621]. In diesem Kontext stellt sich insbesondere die Frage, welche Aufgaben genuine Staatsaufgaben sind und damit vom Staat durch die unmittelbare Staatsverwaltung zwingend wahrgenommen werden müssen. Für den Landesgesetzgeber können sich solche Verbote zusätzlich aus bundesrechtlichen Zuweisungen ergeben.

a) Die Staatsaufgaben in der wissenschaftlichen Diskussion

Die Tendenz des Staates, die Aufgabenwahrnehmung zu delegieren, ist ein Phänomen jüngster Zeit[622]. Die Tätigkeit des Staates verlagert sich zunehmend auf Aufgaben der Aufsicht, Überwachung, Regulierung, Lenkung und Steuerung[623]. Folglich hat der Staat in vielen Bereichen nur die ordnungsge-

[620] *Krimer*, Der Begriff der öffentlichen Aufgaben, S. 211.

[621] *Kluth*, in: *Kluth [Hrsg.]*, Handbuch des Kammerrechts, S. 106 (S. 131, Rn. 93).

[622] Vgl. hierzu bereits die Ausführungen *3. Kapitel I. und III. 3.*

[623] *Ehlers*, Aushöhlung der Staatlichkeit, S. 105; einen Teil der Aufgaben teil *Stober* als Privatisierungsfolgenrecht ein (*Wolff* et al., Verwaltungsrecht II, § 95 Rn. 2 ff.); ebenso *Ruthig/Storr*, Öffentliches Wirtschaftsrecht, Rn. 23. Wobei nachweislich Erörterungen bereits im 19. Jahrhundert stattgefunden haben – *Jellinek* unterschied zwischen Tätigkeiten, die dem Staat ausschließlich zukommen, und solchen, mit denen er lediglich „ordnend, unterstützend, fördernd oder abwehrend zu individuellen und sozialen Lebensäußerungen hinzutritt“ (*Jellinek*, Allgemeine Staatslehre, S. 100).

mäße Erledigung der Aufgaben zu gewährleisten. Diese „Gewährleistungsverantwortung“[624] bezüglich einer ordnungsgemäßen Aufgabenerledigung stellt eine genuine Staatsaufgabe dar, die der Staat durch eigene Organe wahrnehmen muss[625]. Aus diesem Grund ist eine exakte Bestimmung der genuinen Staatsaufgaben notwendig[626]. Welche Aufgaben neben den Gewährleistungsaufgaben als genuine Staatsaufgaben eingeordnet werden können, wird im folgenden Abschnitt betrachtet.

Erstmals in der zweiten Hälfte des 20. Jahrhunderts werden bestimmte Aufgaben mit Begriffen belegt, die verdeutlichen, dass sie ausschließlich vom Staat wahrzunehmen sind und – nach *Jellinek* – Tätigkeiten sind, die „ausschließlich dem Staat zukommen“[627] und somit genuine Staatsaufgaben sind. Schon bei der Bezeichnung herrscht allerdings keine Einigkeit[628]. Sinnvoll erscheint es, zunächst der Frage nachzugehen, welche Aufgaben überhaupt staatliche Aufgaben sind und was unter dem Begriff der Staatsaufgaben zu verstehen ist. Festzuhalten ist, dass nicht alle öffentlichen Aufgaben Staatsaufgaben sind, wohl aber können nur öffentliche Aufgaben Staatsaufgaben sein[629]. Das Vorliegen eines öffentlichen Interesses ist also nicht ausreichend für die Qualifizierung als Staatsaufgabe, jedoch stellt das öffentliche Interesse eine von mehreren Voraussetzungen für das Vorliegen einer Staatsaufgabe dar. Wie lässt sich nun der Begriff der Staatsaufgabe definieren? Auch hier sind die Bemühungen um eine möglichst klare Begriffsbestimmung ausufernd. Im Folgenden werden einige dieser Definitionsversuche dargestellt.

Nach *Burgi* versteht man unter Staatsaufgaben diejenigen Tätigkeitsbereiche, die für die äußeren Bedingungen des Gemeinwohls maßgeblich sind und bei denen eine Kompetenz zugunsten des Staates nachweisbar ist[630]. Etwas

---

[624] So *Wolff* et al., Verwaltungsrecht II, § 95 Rn. 1; *Ruthig/Storr*, Öffentliches Wirtschaftsrecht, Rn. 27.

[625] *Ehlers* unterteilt die Kategorie der genuinen Aufgaben im weiteren Sinne in Gewährleistungsaufgaben und in „echte“ genuine Staatsaufgaben bzw. genuine Staatsaufgaben im engeren Sinne; *Ehlers*, Aushöhlung der Staatlichkeit, S. 106. Siehe zur „Gewährleistungsverantwortung“ des Staates bereits die Ausführungen im *2. Kapitel I. 2.*

[626] *Ehlers*, Aushöhlung der Staatlichkeit, S. 105.

[627] So *Jellinek*, Allgemeine Staatslehre, S. 155.

[628] Vgl. hierzu die Auflistung bei *Krautzberger*, Die Erfüllung öffentlicher Aufgaben durch Private, S. 50; *Bull*, Die Staatsaufgaben nach dem Grundgesetz, S. 99 f., sowie *Ehlers*, Aushöhlung der Staatlichkeit, S. 86.

[629] *Burgi*, Funktionale Privatisierung und Verwaltungshilfe, S. 44.

[630] *Burgi*, Funktionale Privatisierung und Verwaltungshilfe, S. 41, d. h. nach *Burgi* ist der Staatsaufgabenbegriff insofern ein kompetenzieller, als er diejenigen Aufgaben umfasst, die der Staat von Verfassung wegen wahrnehmen darf, für die er die Kompetenz hat. An das Vorliegen einer Staatsaufgabe sind spezifische verfassungsrechtliche Konsequenzen geknüpft; denn mit dem Vorliegen einer Staatsaufgabe greifen die grund-

anschaulicher definiert *Grimm* Staatsaufgaben als diejenigen „Aktionsfelder, die von staatlichen Akteuren unter Einsatz öffentlicher Mittel oder unter staatlicher Anleitung bearbeitet werden“[631].

Einschränkender will hingegen *Heimburg* die im Einzelnen genau bestimmten Staatstätigkeiten und somit diejenigen Aufgaben, die sich der Staat selbst stellt und die er auch tatsächlich selbst wahrnimmt[632], als Staatsaufgaben qualifizieren.

Auf das typische Erscheinungsbild des Staates und die Voraussetzungen seiner Wirksamkeit zielt ein weiterer Ansatz ab. Staatlich sind demnach jene Aufgaben, die dem Staat auf Grund der geltenden Staatsidee zustehen. Insbesondere in Bereichen der Ausübung auswärtiger Gewalt, der Landesverteidigung, der Gesetzgebung und der Rechtsprechung würde ein staatlicher Kompetenzverzicht den Staatscharakter infrage stellen[633]. Nach *Martens* handelt es sich „erst dort, wo Verfassung, Gesetz oder Europäisches Gemeinschaftsrecht den Staat zum verantwortlichen Aufgabenträger bestimmen“[634], um „staatliche öffentliche Aufgaben“[635]. Daher schlägt er vor, die vom Staat wahrgenommenen und wahrzunehmenden Aufgaben schlicht als „staatliche Aufgaben“ zu bezeichnen oder von staatlichen öffentlichen Aufgaben zu sprechen, um die terminologische und begriffliche Klarheit zu fördern[636].

Schäfer hingegen differenziert nach der „konzentrischen Logik“[637]. Nach dieser müssen Aufgabenbereiche, die für das System bedeutsam sind und bei mangelhafter Bewältigung systembedrohende Krisen hervorrufen könnten, von einer zentralen Stelle ausgeführt werden[638]. Den dezentralen Instanzen können hingegen solche Probleme und Aufgaben übertragen werden, die für den Bestand des Systems nicht wesentlich sind[639]. Jedoch entspricht eine derartig rationale Verteilung von Machtkompetenzen nicht der herrschenden Staatsstruktur.

Deutlich wird an dieser Darstellung, dass die wissenschaftliche Diskussion

---

rechtliche Bindung und die Verfahrens- und Zuständigkeitsregeln, die Struktur- und Organisationsprinzipien, deren unmittelbarer Adressat der Staat ist, *Burgi*, Funktionale Privatisierung und Verwaltungshilfe, S. 43 f..

631 So *Grimm*, in: *Grimm [Hsrg.]*, Staatsaufgaben, S. 9 (S. 10).

632 *Heimburg*, Verwaltungsaufgaben und Private, S. 15.

633 *Heimburg*, Verwaltungsaufgaben und Private, S. 22.

634 So *Martens*, Öffentlich als Rechtsbegriff, S. 131.

635 So *Martens*, Öffentlich als Rechtsbegriff, S. 131.

636 *Martens*, Öffentlich als Rechtsbegriff, S. 119.

637 So *Schäfer*, Zentralisation und Dezentralisation, S. 29.

638 Vgl. *Schäfer*, Zentralisation und Dezentralisation, S. 29.

639 *Schäfer*, Zentralisation und Dezentralisation, S.29 f. Elementar sind genuine Staatsaufgaben.

bereits hinsichtlich der Bestimmung der Staatsaufgaben sehr kontrovers ist. Dennoch soll im Folgenden eine möglichst zweckmäßige Definition für die weitere Betrachtung gefunden werden. Nur so kann auch eine sinnvolle Festlegung des Aufgabenbereichs erfolgen, der von der Delegation ausgeschlossen ist. Weiterführend scheinen diejenigen Definitionsansätze zu sein, die die Staatsaufgaben in verschiedenen Kategorien zu systematisieren versuchen.

b) Begriff und Definition der genuinen Staatsaufgaben

Zielführend für die Entwicklung einer zweckmäßigen Arbeitsdefinition ist daher der Versuch der Aufstellung einer Agenda der Kernaufgaben, mit der die absolute Grenze der Aufgabendelegation möglichst klar umrissen werden kann. Es ist zu betrachten, welche staatlichen Aufgaben zu dem notwendigen[640] und wesentlichen[641] Kernbereich staatlicher Aufgaben zählen und somit als genuine Staatsaufgaben bezeichnet werden können. Der Kernbereich, der als genuin einzustufen und damit zu den nicht delegierbaren Aufgaben des Staates zu zählen ist, ist sehr eng zu fassen, da unsere demokratische Rechtsordnung von einer grundsätzlich beschränkten staatlichen Macht ausgeht.

Da das Grundgesetz keine Aufzählung von Staatsaufgaben enthält, wurde in der Literatur versucht, genuine Staatsaufgaben-Agenden aufzustellen. Eine Eingrenzung der Aufgaben erfolgt dadurch, dass die Wahrnehmung der genuinen Staatsaufgaben „mit hoheitlicher Zwangsgewalt unlösbar verknüpft“[642] ist. Ziel und Zweck der Aufgaben müssen spezifisch staatsbezogen sein und ihre Wahrnehmung muss eine besondere Rechtsmacht und die Möglichkeit des Einsatzes hoheitlichen Zwangs erfordern[643]. Zu diesem Aufgabenbereich zählen daher insbesondere die Justiz[644] sowie die Zwangsvollstreckung, die Polizei und das Militär[645].

---

640 *Ronellenfitsch*, NVwZ 1998, S. 1021 (S. 1021, 1023 f.).

641 *Ehlers*, Aushöhlung der Staatlichkeit, S. 87.

642 So deutlich *Krimer*, Der Begriff der öffentlichen Aufgaben, S. 80.

643 *Krimer*, Der Begriff der öffentlichen Aufgaben, S. 80.

644 Insbesondere bedarf es nach der Rechtsprechung des Bundesverfassungsgerichts „keiner näheren Begründung, daß ‚Rechtspflege‘ und ‚freiwillige Gerichtsbarkeit‘“ originäre Staatsaufgaben sind (vgl. BVerfGE 17, 371, 376).

645 Vgl. BVerfGE 17, 371, 376; Teile der Literatur stehen dieser Rechtsprechung kritisch gegenüber, denn eine Rechtfertigung einer Staatsaufgabe als genuine Staatsaufgabe allein auf Grund des Erfordernisses des Einsatzes hoheitlicher Mittel sei keine Rechtfertigung in sich selbst und damit unzulässig; vgl. *Krautzberger*, Die Erfüllung öffentlicher Aufgaben durch Private, S. 52; *Bull*, Die Staatsaufgaben nach dem Grundgesetz, S. 92.

Nach *Kirmer* zählen zu diesem Aufgabenbereich zudem die Tätigkeiten, die notwendigerweise der einheitlichen (staatlichen) Entscheidung bedürfen – wie beispielsweise Währungshoheit, öffentliches Beurkundungswesen, Ausübung der auswärtigen Gewalt, Landesverteidigung und Gesetzgebung[646]. Nach *Bull* zählen die folgenden Aufgabenbereiche zu den als klassisch bezeichneten Aufgaben des Staates: Wahrnehmung auswärtiger Angelegenheiten, Selbstschutz des Staates, Bereitstellung von Polizei und Gerichten, Zwangsvollstreckung und Strafverfolgung[647]. Ein staatlicher Kompetenzverzicht in diesen Bereichen würde den Staatscharakter infrage stellen, da die Ausübung von Staatsgewalt als Wesensmerkmal des Staates nicht mehr garantiert wäre[648].

Im Ergebnis ist daher festzuhalten, dass es einen Kernbereich hoheitlichen Staatshandelns gibt, der vom Staat in eigener unmittelbarer Führung wahrgenommen werden muss. Dieser Bereich der genuinen Staatsaufgaben unterliegt einem absoluten Delegationsverbot. In diesen Aufgabenbereich fallen die Wahrnehmung auswärtiger Angelegenheiten, der Selbstschutz des Staates, die Bereitstellung von Polizei und Gerichten sowie die Zwangsvollstreckung und die Strafverfolgung. Diese Aufgabenbereiche sind von der Delegation an die Handwerkskammern ausgeschlossen.

2. Relative Delegationsverbote

Im folgenden Abschnitt werden nun die relativen Delegationsverbote hinsichtlich der Aufgabendelegation dargestellt. Neben dem Parlamentsvorbehalt und dem Rechtsstaatsprinzip muss die Aufgabendelegation insbesondere den rechtlichen Anforderungen einer legitimen öffentlichen Aufgabe gerecht werden.

a) Wahrnehmung legitimer öffentlicher Aufgaben

Das Erfordernis der Verfolgung einer öffentlichen Aufgabe ist zunächst Voraussetzung für jegliche Form der mittelbaren oder unmittelbaren Staatsver-

646 Diese Aufzählung findet sich bei *Krimer*, Der Begriff der öffentlichen Aufgaben, S. 82.

647 So die Aufzählung bei *Bull*, Die Staatsaufgaben nach dem Grundgesetz, S. 102. Nach *Bull* kommen zahlreiche neue Aufgaben auf dem Gebiet der sozialen Sicherung hinzu, wobei eine konkrete Aufzählung ausbleibt.

648 *Krimer*, Der Begriff der öffentlichen Aufgaben, S. 82. Dieser Ansicht folgt auch *Krautzberger*, der originäre Staatsaufgaben als solche Aufgaben definiert, die unersetzbar entweder für den Staat „an sich“ oder für das konkrete staatliche Gemeinwesen sind (*Krautzberger*, Die Erfüllung öffentlicher Aufgaben durch Private, S. 49). Hierbei ist auch auf die Drei-Elementen-Lehre von Jellinek zu verwiesen, der eine Staatsgewalt als notwendiges Staatselement fordert; vertiefend hierzu *Jellinek*, Allgemeine Staatslehre.

waltung[649]. Die entscheidende Weichenstellung erfolgt bei der Frage, ob und inwieweit der Gesetzgeber befugt ist, staatliche Aufgaben aus der unmittelbaren Staatsverwaltung auszulagern und auf öffentlich-rechtliche Körperschaften zu übertragen. Nach der Rechtsprechung des Bundesverfassungsgerichts steht es dem Gesetzgeber „grundsätzlich frei, öffentliche Aufgaben unmittelbar durch staatliche Behörden oder mittelbar durch Körperschaften des öffentlichen Rechts erfüllen zu lassen, also staatliche Aufgaben an Selbstverwaltungskörper zu delegieren“[650]. Es ist „Sache des gesetzgeberischen Ermessens, zu entscheiden, welche dieser Aufgaben der Staat nicht durch seine Behörden, sondern durch eigens gegründete öffentlich-rechtliche Anstalten oder Körperschaften erfüllt“[651]. Hierbei ist es nicht notwendig, dass eine Körperschaft stets hoheitliche Aufgaben verfolgt, sondern es genügt, dass sie öffentliche Aufgaben wahrnimmt[652].

Jedoch hat das Bundesverfassungsgericht für den Bereich der öffentlich-rechtlichen Körperschaften mit Pflichtmitgliedschaft der Übertragung engere Grenzen im Hinblick auf die Freiheitssphäre der Pflichtmitglieder gezogen. Die Aufgabendelegation bedarf daher einer besonderen, über die allgemeine Erfüllung derartiger Aufgaben hinausgehenden Legitimation. Das Bundesverfassungsgericht hat für diese wesentliche Grenze des Aufgabenbereichs der Körperschaften den Begriff der legitimen öffentlichen Aufgabe entwickelt. Um die Legitimität der öffentlichen Aufgaben zumindest ansatzweise zu strukturieren, ist es sinnvoll, in einem ersten Schritt die öffentlichen Aufgaben zu erörtern, um dann in einem nächsten Schritt die Übertragbarkeit derartiger Aufgaben auf öffentliche Körperschaften – die Legitimität der öffentlichen Aufgabe – zu betrachten.

aa) Begriff der öffentlichen Aufgabe

Zunächst ist zu fragen, was eine Angelegenheit zu einer öffentlichen Aufgabe macht. Mit dieser Frage befasst sich in wiederkehrenden Abständen die staats- und verwaltungsrechtliche Diskussion, ohne dass sie bislang dogma-

---

[649] *Schöbener*, VerwArch, Bd. 91, 2000, S. 382; *Heimburg*, Verwaltungsaufgaben und Private, S. 26.

[650] So BVerfGE 15, 235, 240; vgl. auch BVerwGE 39, 100, 103, 105; BGHZ 55, 255, 259.

[651] BVerfGE 10, 89, 102, 104; 10, 354, 363; 12, 319, 323 f.; 15, 235, 242.

[652] *Scheuner*, in: Gs Peters, S. 797 (S. 813). Hingegen stellt *Redeker* die Grundthese auf, dass die Aufgaben öffentlicher Zwangskörperschaften ausschließlich auf staatlicher Delegation beruhen können. Aufgaben, die dem Staat angesichts des Grundrechtsschutzes des Bürgers verwehrt sind, stehen nach seiner Meinung deshalb auch Zwangskörperschaften nicht zu. Legitime öffentliche Aufgaben können nach *Redeker* nur legitime staatliche Aufgaben sein.

tisch hinreichend beantwortet wurde[653]. Ausgangspunkt der Diskussion ist das Problem, dass „das deutsche Verfassungsrecht keinen Numerus clausus der ‚öffentlichen Aufgaben'"[654] kennt. Der Aufgabenbereich ist notwendigerweise offen, da sich hinsichtlich der Einordnung der Aufgabe in den öffentlichen oder staatlichen Aufgabenbereich ein Wandel vollziehen kann[655]. Im Rahmen der Verfassung und der politischen Gestaltungsfreiheit des Gesetzgebers hängt der Aufgabenbestand des Staates von den jeweiligen politischen Vorstellungen ab[656]. Hinsichtlich der öffentlichen Aufgaben wird fortwährend eine politische Diskussion geführt, wer der richtige Aufgabenträger und welche die richtige Rechtsform zu deren Erfüllung ist. Das öffentliche Interesse an der Erfüllung einer bestimmten Aufgabe ist nicht nur Rechtfertigung, sondern auch Grund dafür, dass politisch diskutiert wird, wer – Staat oder Privater – in welcher Rechtsform die Aufgabe erfüllten soll[657].

Die fehlende gesetzliche Definition des Begriffs der öffentlichen Aufgabe hat zu Bemühungen in der Literatur geführt, dem Begriff Konturen zu verleihen. Dennoch hat dies nicht zu einer einheitlichen Begriffsbestimmung geführt, sondern dazu, dass die Begrifflichkeit, „einem Chamäleon gleich, bei jedem Autor eine andere Gestalt annimmt"[658]. Die in der Literatur vertretene Ansicht, der Begriff der öffentlichen Aufgabe sei zwar unklar, könne jedoch letztlich auf jede Aufgabe angewendet werden, die im öffentlichen Interesse erfüllt wird[659], ist wohl kaum hinreichend. Daher bedarf der Begriff zunächst einer detaillierten Analyse, um anschließend eine Begriffsdefinition, die für die weiteren Betrachtungen eine widerspruchsfreie Arbeitsgrundlage liefert, zu finden. Zunächst wird eine Abgrenzung gegenüber dem Begriff der staatlichen Aufgabe erfolgen, um sodann eine inhaltliche Bestimmung zu wagen.

Die begriffliche Unterscheidung zwischen öffentlichen Aufgaben und Staats-

---

653 Zu nennen sind die Arbeiten von *Peters*, in: Fs Nipperdey, S. 877 ff.; *Martens*, Öffentlich als Rechtsbegriff; *Haeberle*, Öffentliches Interesse als juristisches Problem; *Rinken*, Das Öffentliche als verfassungstheoretisches Problem; *Schuppert*, VerwArch, Bd. 71, 1980, S. 309–344; *Müller*, Rechtsformenwahl bei der Erfüllung öffentlicher Aufgaben, und *Krimer*, Der Begriff der öffentlichen Aufgaben.

654 So *Kormann/Wittmann*, Neue hoheitliche Aufgaben, S. 13. Der Aufgabenbereich ist notwendig offen; *Kux*, Ansätze zur Privatisierung öffentlicher Aufgaben, S. 117; *Krautzberger*, Die Erfüllung öffentlicher Aufgaben durch Private, S. 40 ff.

655 Siehe hierzu die Ausführungen zu den öffentlichen Angelegenheiten der Verwaltung im *2. Kapitel I. 2.*, die ebenso entwicklungsoffen sein müssen.

656 *Böckenförde*, in: *Böckenförde*, Staat, Gesellschaft, Freiheit, S. 118 f.

657 *Homeister*, Öffentliche Aufgaben, Organisation und Rechtsbindungen, S. 16.

658 So *Emde*, Funktionale Selbstverwaltung, S. 249; *Schuppert* bezeichnet den Begriff der öffentlichen Aufgabe als „babylonische Sprachverwirrung" (*Schuppert*, VerwArch, Bd. 71, 1980, S. 333).

659 *Peters*, in: Fs Nipperdey, S. 877 ff. (S. 877 f.).

aufgaben ist gängig, jedoch über den Inhalt und das Verhältnis der beiden Begriffe zueinander besteht keine Einigkeit[660]. Zwischen den öffentlichen und den staatlichen Aufgaben besteht kein Ausschließlichkeitsverhältnis, da der Staat in seinem Aufgabenbereich öffentliche Aufgaben wahrzunehmen hat[661]. Die Auffassung, wonach die Staatsaufgabe eine von der öffentlichen Aufgabe zu unterscheidende Kategorie bildet und die Staatsaufgabe einen Ausschnitt der öffentlichen Aufgaben markiert, ist die heute herrschende Meinung[662]. Die Staatsaufgabe fällt somit unter den „Oberbegriff öffentliche Aufgabe"[663]. Demnach versteht man unter einer Staatsaufgabe eine öffentliche Aufgabe, mit der sich der Staat von Verfassungs wegen befasst[664].

Betrachtet man die Judikatur, so lässt insbesondere das Bundesverfassungsgericht in seinen Entscheidungen keine Systematik beim Gebrauch des Begriffs der öffentlichen Aufgabe erkennen und verwendet die Termini der öffentlichen und der staatlichen Aufgabe ohne Differenzierung für denselben Sachverhalt[665]. Mit dem ersten Rundfunkurteil des Bundesverfassungsgerichts erfolgte eine Abschichtung der Staatsaufgaben von den übrigen gemeinwohlbezogenen Aufgaben, indem das Bundesverfassungsgericht die Veranstaltung von Rundfunksendungen dort als öffentliche Aufgabe bezeichnete, die dann zur staatlichen Aufgabe werde, wenn sich der Staat mit ihr befasse[666].

In einer späteren Entscheidung bezeichnete das Bundesverfassungsgericht die Aufgaben der Rundfunkanstalten nicht mehr lediglich als öffentliche Aufgaben, sondern deklarierte sie als öffentlich-rechtliche Aufgaben, ohne konkret darauf einzugehen, was darunter zu verstehen ist[667]. Setzt man den Begriff

---

660 Vgl. *Peters*, in: Fs Nipperdey, S. 877 ff. (S. 801); *Scheuner*, in: Gs Peters, S. 797 (S. 801); *Musil*, Wettbewerb in der staatlichen Verwaltung, S. 411.

661 Vgl. *Musil*, Wettbewerb in der staatlichen Verwaltung, S. 411, der auf *Di Fabio*, JZ 1999, S. 585 (S. 587) verweist, der diese Problematik ausführlich darstellt.

662 *Burgi*, Funktionale Privatisierung und Verwaltungshilfe, S. 42.

663 *Di Fabio*, JZ 1999, S. 585 (S. 587). Auch *Musil* räumt dieser Ansicht den Vorzug ein, da diese einerseits der Tatsache Rechnung trägt, dass „es auch öffentliche Aufgaben gibt, deren sich der Staat nicht selbst annehmen muss, vielmehr autonom durch die Gesellschaft erfüllt werden", so *Musil*, Wettbewerb in der staatlichen Verwaltung, S. 411, der als Beispiel die Presse anführt.

664 *Musil*, Wettbewerb in der staatlichen Verwaltung, S. 412, sowie *Heintzen*, VVDStRL, Bd. 62, 2003, S. 228 und *Isensee/ Kirchhof [Hrsg.]*, HdbStR, Bd III, S. 3 (Rn. 137).

665 Vgl. BVerfGE 17, 371, 376 f. Dort wird ausgeführt, dass der Notar staatliche Funktionen wahrnimmt und im Weiteren ist dann die Rede von der Erledigung öffentlicher Aufgaben und dann wiederum von der Wahrnehmung staatlicher Aufgaben; auch finden sich immer wieder Passagen, in denen öffentliche Aufgaben mit Staatsaufgaben gleichgesetzt worden sind, vgl. BVerfGE 20, 56, 113 (Erstes Parteienfinanzierungsurteil), wonach die Abhaltung von Wahlen eine öffentliche Aufgabe sei, deren „Durchführung den verfaßten Staatsorganen" obliege.

666 Vgl. BVerfGE 12, 205, 243.

der öffentlich-rechtlichen Aufgabe in ein Verhältnis zu den bereits erläuterten Aufgaben, ist festzuhalten, dass diese keine den Staatsaufgaben gegenüberzustellende Gruppe bilden. Die öffentlich-rechtlichen Aufgaben stellen eine Untergruppe der Staatsaufgaben dar[668].

Will man sich im Folgenden dem außerordentlich weiten und offenen Terminus der öffentlichen Aufgabe[669] inhaltlich nähern, so fällt auch hier eine konturenscharfe Umgrenzung schwer. In der Literatur lassen sich mehrere Ansätze unterscheiden.

aaa) Öffentliche Aufgaben als Aufgaben, mit denen sich der Staat befasst

Eine in der Literatur vereinzelt vertretene Ansicht setzt den Begriff der öffentlichen Aufgaben mit dem der staatlichen Aufgaben gleich. Die Aufgaben seien – unabhängig davon, ob der Staat sie selbst erfüllt oder nicht – öffentliche und somit staatliche Aufgaben, sobald sie einmal dem öffentlichen Bereich zugeteilt wurden[670]. Diese Zuteilung erfolgt durch die Feststellung eines öffentlichen Interesses an der Aufgabenerfüllung[671].

Diese Ansicht wurzelt in einem Dualismus von Staat und Gesellschaft, der die private Sphäre und die öffentlich-staatliche Sphäre voneinander trennte. Sie verkennt, dass diese Vorstellung durch eine „Trichotomie von staatlich, öffentlich und privat“[672] abgelöst wurde und die Spähren sich gegenseitig bedingen[673].

Gerade aus der Kritik an der Gleichsetzung der staatlichen mit den öffentlichen Aufgaben haben sich verschiedene Ansätze für die Beschreibung des Verhältnisses der beiden Aufgabenbereiche herausgebildet.

---

667 Vgl. BVerfGE 31, 314, 329. Dahinter verbirgt sich, so *Burgi*, keine dezidierte Rechtsauffassung, eher offenbart sich „eine gewisse Unbefangenheit im Umgang mit dogmatischen Begriffen“, so *Burgi*, Funktionale Privatisierung und Verwaltungshilfe, S. 42.

668 Dieser Ansicht folgt *Burgi*, Funktionale Privatisierung und Verwaltungshilfe, S. 45; *Bull*, Die Staatsaufgaben nach dem Grundgesetz, S. 50, 314. *Ehlers* betont, dass das Attribut „öffentlich-rechtlich“ lediglich die Form der Aufgabenwahrnehmung kennzeichne; *Ehlers*, Aushöhlung der Staatlichkeit, S. 63 Fn 179.

669 *Burgi*, Funktionale Privatisierung und Verwaltungshilfe, S. 43.

670 *Huber*, Wirtschaftsverwaltungsrecht I, S. 533 ff.; *Krimer*, Der Begriff der öffentlichen Aufgaben, S. 53. Das Vorliegen eines öffentlichen Interesses führt dazu, dass aus einer beliebigen Aufgabe eine Staatsaufgabe wird, was dem Staat die Aufgabenkompetenz verschafft, gleichgültig, ob er davon Gebrauch gemacht hat, so zusammenfassend *Burgi*, Funktionale Privatisierung und Verwaltungshilfe, S. 42 Fn 3.

671 *Krimer*, Der Begriff der öffentlichen Aufgaben, S. 53.

672 So *Rinken*, Das Öffentliche als verfassungstheoretisches Problem, S. 295.

673 *Krimer*, Der Begriff der öffentlichen Aufgaben, S. 55 und 58.

bbb) Öffentliche Aufgaben als von nichtstaatlichen Trägern erfüllte Aufgaben

Vereinzelt bezeichnen Autoren die öffentlichen Aufgaben als diejenigen Aufgaben, die nicht durch den Staat, sondern durch die Gesellschaft, d. h. von nichtstaatlichen Gruppen und Einrichtungen erfüllt werden[674]. Sie werden als öffentlich bezeichnet, da ihnen eine besondere Bedeutung für das Wohl der Allgemeinheit zugesprochen wird und ihre Besorgung im öffentlichen Interesse liegt[675].

Die Bezeichnung öffentlich hebe die Freiheit des Aufgabenwahrnehmung vom Staat sowie staatlicher Verantwortung oder Verpflichtung hervor[676] und treffe somit keine Aussage über die Einbeziehung in den staatlichen Aufbau[677]. Dieser Ansicht kann jedoch nicht gefolgt werden, da das Wort öffentlich eine Beziehung zum Staat als Verantwortlichen für das Allgemeinwohl ausdrückt.Es kann daher nicht von einem Bereich der öffentlichen Aufgaben ausgegangen werden, der nur von nichtstaatlichen Organisationen erfüllt wird[678].

ccc) Öffentliche Aufgaben als Aufgaben von öffentlichem Interesse

Nach der in der Literatur vorherrschenden Meinung ist die „öffentliche Aufgabe“[679] dadurch gekennzeichnet, dass ihre Wahrnehmung im öffentlichen Interesse liegt[680]. Das Öffentliche stellt im modernen Gemeinwesen eine be-

---

674 *Heimburg*, Verwaltungsaufgaben und Private, S. 14; so auch *Krautzberger*, der vorschlägt, den Begriff der öffentlichen Aufgaben besser auf ein Vorfeld des Staatlichen und somit auf öffentlichkeitsrelevante Tätigkeiten, die nicht von staatlichen Organen wahrgenommen werden, zu beschränken (*Krautzberger*, Die Erfüllung öffentlicher Aufgaben durch Private, S. 106).

675 *Klein*, DÖV 1965, S. 755 (S. 759).

676 *Heimburg*, Verwaltungsaufgaben und Private, S. 14.

677 Eine Differenzierung danach, ob die Aufgaben in unmittelbarer Staatsverwaltung oder in mittelbarer Staatsverwaltung durch andere juristische Personen des öffentlichen Rechts ausgeführt werden, geht ins Leere, denn „ob der Staat eine Aufgabe selbst wahrnimmt oder einer verselbständigten juristischen Person des öffentlichen Rechts zuweist, ist in der Regel nur eine organisatorische Frage, die über die Qualität der Aufgabe wenig aussagt“, so *Heimburg*, Verwaltungsaufgaben und Private, S. 15.

678 *Bull*, Die Staatsaufgaben nach dem Grundgesetz, S. 49.

679 *Bull*, Die Staatsaufgaben nach dem Grundgesetz, S. 48, *Bull* schlägt vor, für die Aufgaben des Staates im weiteren Sinne den Ausdruck „öffentliche Aufgaben“ zu meiden und zur Bezeichnung der Aufgaben mit „Öffentlichkeitsbezug“, die von privaten oder gesellschaftlichen Institutionen erfüllt werden, die Bezeichnung „gemeinwohlbezogene“ oder „gemeinnützige Aufgaben“ zu wählen (*Bull*, Die Staatsaufgaben nach dem Grundgesetz, S. 50).

stimmte „Zwischenschicht gesellschaftlichen Daseins und Wirkens“[681] dar. Der Begriff des Öffentlichen ist mithin ein rein soziologischer Terminus[682], der „aus der gesellschaftlichen Funktion erst durch einen staatsintegrierenden Rechtsakt“[683], somit durch die Kompetenzübertragung und einen hoheitlichen Errichtungsakt, staatliche Relevanz erlangt. In der staatstheoretischen Betrachtung greift das Öffentliche auf der einen Seite über das Individuell-Private hinaus und setzt sich aus überindividuellen Allgemeinheiten und Mehrheiten zusammen[684].

Als öffentliche Aufgaben können jedoch nicht nur solche Angelegenheiten bezeichnet werden, die „unabhängig von der Individualität der Menschen und über ihre individuellen Beziehungen hinaus allen Angehörigen eines Volkes potenziell oder gar aktuell gemein sind“[685]. Jedoch sind fast alle menschlichen Tätigkeiten in irgendeiner Weise auf die Allgemeinheit gerichtet[686]. Daher muss der Begriff der öffentlichen Aufgabe primär solche Aufgaben erfassen, an deren Wahrnehmung ein tatsächliches Interesse der Öffentlichkeit besteht[687].

---

680 *Homeister*, Öffentliche Aufgaben, Organisation und Rechtsbindungen, S. 15; *Kluth*, Funktionale Selbstverwaltung, S. 117; *Peters*, in: Fs Nipperdey, S. 877 ff. (S. 878); *Isensee/ Kirchhof [Hrsg.]*, HdbStR, Bd III, S. 3 (Rn. 136). Die Summe aller öffentlichen Interessen ist identisch mit dem Gemeinwohl im engeren Sinne, somit demjenigen Bereich, in dem ausschließlich der Staat tätig werden kann (*Burgi*, Funktionale Privatisierung und Verwaltungshilfe, S. 43).

681 So *Scholz*, Koalitionsfreiheit, S. 197.

682 Siehe hierzu die Ausführungen dem Begriff der öffentlichen Verwaltung im *2. Kapitel I. 2.*, sowie vertiefend hierzu *Stober/Kluth/Müller/Peilert*, Verwaltungsrecht I, § 3 Rn. 12.

683 So die deutliche Formulierung von *Heimburg*, dass durch die Anerkennung der Zuständigkeit durch den Staat das Öffentliche zum öffentlichen Recht wird und die öffentliche Aufgabe zur öffentlich-rechtlichen und somit normativ relevanten (*Heimburg*, Verwaltungsaufgaben und Private, S. 13).

684 *Martens*, Öffentlich als Rechtsbegriff, S. 45; *Heimburg*, Verwaltungsaufgaben und Private, S. 13; *Scholz*, Koalitionsfreiheit, S. 197; so auch *Terrahe*, der konstatiert, dass das Wesensmerkmal des „Öffentlichen“ in der Anknüpfung an Verhältnisse einer Vielheit von Personen liege. Erst dadurch, dass mehrere Personen gleiche Angelegenheiten zukommen, werden diese überindividuell und damit i.d.R. öffentlich (*Terrahe*, Die Beleihung als Rechtsinstitut der Staatsorganisation, S. 76).

685 So *Martens*, Öffentlich als Rechtsbegriff, S. 118; als wesentlichen Gesichtspunkt stellt *Martens* heraus, dass es sich bei der öffentlichen Aufgabe um einen „nicht rein empirisch-deskriptiv bestimmten Begriff, sondern um einen normativen Begriff handelt, der sich erst einem wertenden Urteil erschließt“.

686 So die Feststellung von *Homeister*, Öffentliche Aufgaben, Organisation und Rechtsbindungen, S. 15, der jedoch wohl den maßgeblichen Aspekt des Zugutekommens unberücksichtigt lässt, denn lediglich ein Berührungspunkt mit der Allgemeinheit bedeutet nicht, dass ein öffentliches Interesse erfüllt wird.

687 *Martens*, Öffentlich als Rechtsbegriff, S. 117; in diesem Sinne auch *Scheuner*, der annimmt, dass eine öffentliche Aufgabe wahrgenommen wird, wenn diese im Bereich

Die Angelegenheiten des öffentlichen Interesses sind so vielgestaltig und dynamisch wie die gesellschaftlichen Bedürfnisse[688]. Zusammenfassend lässt sich festhalten, dass sowohl die begriffliche Gleichsetzung als auch die undifferenzierte Vermischung von öffentlichen und staatlichen Aufgaben unzulässig ist[689]. Das Öffentliche ist weder mit dem Staatlichen noch mit dem Privaten identisch[690], denn es liegt jenseits des Privaten, ist aber auch nicht das Staatliche, sondern umschließt den Kernbereich der staatlichen Aufgaben. Durch welche Faktoren eine Aufgabe als eine öffentliche Aufgabe bestimmt wird, wird im folgenden Abschnitt betrachtet.

bb) Qualifizierung einer Aufgabe als öffentliche Aufgabe

Welche Sachmaterien den öffentlichen Aufgaben zuzurechnen sind, ergibt sich im Allgemeinen aus einem öffentlichen Interesse und einer Entscheidung des Gesetzgebers[691]. Die Frage, wann ein gesellschaftlicher Sachverhalt zu einer öffentlichen Aufgabe wird und wie die Aufgabenerfüllung gesteuert wird, gehört zu den Grundfragen einer demokratischen Staatsverfassung. Der Staat hat die Kompetenz-Kompetenz, eine öffentliche Aufgabe zu einer staatlichen zu erklären[692], sodass diese Aufgabe privater Handlungsfähigkeit entzogen wird[693].

Dem Staat steht hinsichtlich der Bestimmung von Angelegenheiten als staatliche oder öffentliche Aufgaben eine Einschätzungsprärogative zu[694]. Hierbei muss er die verfassungsmäßige Ordnung, die Grundrechte und andere Wertentscheidungen des Grundgesetzes beachten[695].

---

des Öffentlichen liegt und eine für die Gesamtheit bedeutsame Funktion oder die Erfüllung einer staatlichen, d. h. „bereits vom Staat als Gesamtinteresse beanspruchten Aufgabe“ umfasst (*Scheuner*, in: Gs Peters, S. 797 (S. 813)).

688 *Martens*, Öffentlich als Rechtsbegriff, S. 117.

689 So zutreffend *Krimer*, Der Begriff der öffentlichen Aufgaben, S. 54; *Mallmann*, JZ 1966, S. 625 (S. 625, 629); *Peters*, in: Fs Nipperdey, S. 877 ff. (S. 877); *Klein*, DÖV 1965, S. 755 (S. 755 f.).

690 *Heimburg*, Verwaltungsaufgaben und Private, S. 13.

691 Somit einer demokratischen, d. h. gesetzgeberischen Entscheidung, so *Böckenförde*, Staat, Gesellschaft, Freiheit, S. 203; *Brohm*, in: *Mestmäcker [Hrsg.]*, Kommunikation ohne Monopole II, S. 253 (S. 262);*Martens*, Öffentlich als Rechtsbegriff, S. 120.

692 *Heimburg*, Verwaltungsaufgaben und Private, S. 115.

693 Selbst wenn der Staat durch Beleihung Private zur Ausübung dieser Kompetenz ermächtigt, gibt es keinen Anspruch auf Übertragung staatlicher Aufgaben (vgl. BVerfGE 17, 371, 381).

694 Diese Entscheidung unterliegt der „gesetzgeberischen Gestaltungsfreiheit“, so *Kormann/Wittmann*, Neue hoheitliche Aufgaben, S. 13; vgl. hierzu BVerfGE 10, 89, 102; BVerwG, DVBl. 1962, 533.

695 *Brohm*, in: Festgabe von Unruh, S. 777 (S. 797); *Hendler*, DÖV 1986, S. 675 (S. 679);

Somit ist festzuhalten, dass es neben dem Aufgabenkreis des Staates, den der Gesetzgeber immer wieder neu umgrenzt, erweitert oder – wenn auch selten – verringert, einen Aufgabenbereich gibt, in dem für „die Gesamtheit bedeutsame und wichtige Angelegenheiten [...] von nicht institutionell zum Staat gehörigen politischen und soziale Verbänden“[696] wahrgenommen werden. Dies ist auch der Aspekt, unter dem sich die Körperschaft des öffentlichen Rechts als Organisationsform anbietet, um berufliche, wirtschaftliche oder gesellschaftliche Angelegenheiten von öffentlicher Bedeutung organisatorisch zusammenzufassen. In einem solchen Fall braucht die Aufgabe nicht eine staatliche zu werden, sondern sie kann im Bereich des öffentlichen Interesses angesiedelt werden[697].

Der Entscheidungsspielraum des Gesetzgebers ist allerdings begrenzt, da es öffentliche Aufgaben gibt, die notwendig staatliche Aufgaben sind. Dieser Aufgabenbereich der genuinen Staatsaufgaben wurde bereits am Anfang des Kapitels ausführlich dargestellt[698]. Schließlich gibt es auch einen Bereich öffentlicher Aufgaben, deren Inanspruchnahme als staatliche Aufgabe von Verfassungs wegen ausgeschlossen ist[699]. Dieser Bereich ist ausschließlich der Gesellschaft vorbehalten[700]. Die entscheidende Weichenstellung hinsichtlich der Aufgabendelegation an die Handwerkskammer erfolgt durch den Begriff der legitimen öffentlichen Aufgabe. Nachdem die Bestimmung der öffentlichen Aufgabe erfolgt ist, wird nunmehr der Frage nachgegangen, ob und inwieweit der Gesetzgeber befugt ist, öffentliche Aufgaben auf öffentlich-rechtliche Körperschaften mit Pflichtmitgliedschaft zu übertragen. Es wird somit der Frage nachgegangen, wann eine öffentliche Aufgabe legitim ist.

cc) Legitimität einer öffentlichen Aufgabe

Die Rechtsprechung hat den Begriff der öffentlichen Aufgabe durch den Zusatz der Legitimität in seinem Anwendungsbereich eingegrenzt. Die Übertragung öffentlicher Aufgaben auf einen Träger funktionaler Selbstverwal-

Tettinger, DÖV 1995, S. 169 (S. 172).

696 So *Scheuner*, in: Gs Peters, S. 797 (S. 802).

697 Denn auch „Aufgaben, die unter Teilhabe an der staatlichen Sonderrechtsordnung wahrgenommen werden, können ebenso als ‚öffentliche Aufgaben‘ bezeichnet werden“(*Krautzberger*, Die Erfüllung öffentlicher Aufgaben durch Private, S. 106).

698 Siehe die Ausführungen zu den genuinen Staatsaufgaben im *4. Kapitel I. 1.*

699 Beispiele hierzu finden sich bei *Hendler*, DÖV 1986, S. 675 (S. 678). Siehe die folgenden Ausführungen im *4. Kapitel I. 2. a) cc) bbb).*

700 So *Böckenförde*, in: *Böckenförde*, Staat, Gesellschaft, Freiheit, S. 203, hierzu vertiefend *Hendler*, DÖV 1986, S. 675 (S. 678); *Kux*, Ansätze zur Privatisierung öffentlicher Aufgaben, S. 119.

tung mit Pflichtmitgliedschaft bedarf einer besonderen, über die allgemeine Erfüllung derartiger Aufgaben hinausgehenden Legitimation[701]. Damit wird betont, dass zwar dem Staat in der Bestimmung von Angelegenheiten als staatliche oder öffentliche Aufgabe ein Ermessen zusteht[702], jedoch „eine gewisse Abwägung des Gedankens der freien Selbstbestimmung auf der einen Seite und der Bedürfnisse der Ordnung auf der anderen“[703] erfolgen muss.

In der Literatur werden sehr unterschiedliche Ansichten zur Bedeutung des Zusatzes legitim vertreten, wobei die Versuche, den Begriff näher auszulegen, mehr Fragen aufwerfen, als sie beantworten[704]. In der folgenden Betrachtung wird zunächst der Begriff der legitimen öffentlichen Aufgabe näher erläutert, bevor dieser in den Kontext der öffentlich-rechtlichen Körperschaft mit Pflichtmitgliedschaft gesetzt wird.

aaa) Der Begriff der legitimen öffentlichen Aufgabe

Die Formulierung des Bundesverfassungsgerichts von der „legitimen öffentlichen Aufgabe“ impliziert, dass nicht jede öffentliche Aufgabe einer Körperschaft des öffentlichen Rechts zugewiesen werden kann. Es muss eine solche öffentliche Aufgabe sein, die legitimerweise von der Körperschaft des öffentlichen Rechts erfüllt werden darf.

Diese Formulierung des Bundesverfassungsgerichts ist wiederholt kritisiert worden, da dem Verweis auf die Legitimität keine nähere inhaltliche Bestimmung entnommen werden könne und es sich damit um ein zirkuläres Argument handele[705]. *Mronz* bringt dies deutlich zum Ausdruck, indem er kritisiert, dass „die unmotivierte Verwendung eines Blankettbegriffs zur Kompensierung unterlassener Begründungen“[706] nicht geeignet sei. Deutliche Kritik äußerte auch *Scholz*, der herausstellte, dass solch ein juristisch unbestimmter Begriff eine konsequente Grundrechtsprüfung verhindere[707]. Dies zeige sich mit aller Deutlichkeit an der einschlägigen Rechtsprechung des Bundesver-

---

[701] *Schöbener*, VerwArch, Bd. 91, 2000, S. 383.

[702] Vgl. BVerfGE 10, 89, 102; BVerwG, DVBl. 1962, 533.

[703] So *Scheuner*, in: Gs Peters, S. 797 (S. 814), der als Bedürfnisse der Ordnung folgende Aspekte anführt: die Begrenzung der staatlichen Aufgaben, die Einfügung in organisierte Wahrnehmung öffentlicher Aufgaben sowie die sachlichen Vorzüge einer öffentlichen Gestaltung eines Bereichs.

[704] *Jaekel*, DVBl. 1983, S. 1133 (S. 1134).

[705] *Mronz*, Körperschaften, S. 66 ff.

[706] So *Mronz*, Körperschaften, S. 94, 97. Dabei gibt er zu bedenken, dass durch das Adjektiv legitim in einem grundrechtssensiblen Bereich für reichlich Unklarheit gesorgt werde.

[707] *Scholz*, Koalitionsfreiheit, S. 272.

fassungsgerichts, da diese nur summarisch auf das angebliche Vorliegen einer solchen Aufgabe hinweise[708]. *Kluth* ist jedoch der Ansicht, dass das Bundesverfassungsgericht den „in der Tat wenig aussagekräftigen Begriff näher entfaltet und ihm dadurch eine gewisse Kontur verliehen hat“[709].

Das Bundesverfassungsgericht erläutert den Begriff wie folgt: „Damit sind Aufgaben gemeint, an deren Erfüllung ein gesteigertes Interesse der Gemeinschaft besteht, die aber weder allein im Wege privater Initiative wirksam wahrgenommen werden können noch zu den im engeren Sinne staatlichen Aufgaben zählen, die der Staat selbst durch seine Behörde wahrnehmen muss“[710]. Das Bundesverfassungsgericht drückt dadurch aus, dass es sich um eine besonders wichtige Aufgabe des öffentlichen Bereichs handeln muss, damit der Staat sie zu einer legitimen öffentlichen Aufgabe erheben darf[711]. Somit hebt es auch den bereits im *2. Kapitel* festgestellten Aspekt hervor, dass der Aufgabenbereich der Interessenwahrnehmung der Handwerkskammer unlösbar mit der Organisationsform der funktionalen Selbstverwaltung verbunden ist. Im Umkehrschluss legt das Gericht damit auch einen Bereich der öffentlichen Aufgaben fest, die zwar im öffentlichen Interesse liegen, jedoch nicht einer staatlichen Disziplinierung bedürfen. Hiernach dürfen öffentlich-rechtliche Verbände nur gegründet werden, um legitime öffentliche Aufgaben[712] wahrzunehmen. Lediglich dann, wenn es sich bei dem zu regelnden Lebenssachverhalt um eine legitime öffentliche Aufgabe handelt, ist der Rahmen der verfassungsmäßigen Ordnung nach Art. 2 Abs. 1 GG eingehalten[713]. Der legitime Charakter der zu übertragenden Aufgaben entscheidet folglich über die Verfassungsmäßigkeit der funktionalen Selbstverwaltung mit Pflichtmitgliedschaft[714].

Das OVG Nordrhein-Westfalen führt aus, dass eine legitime öffentliche Aufgabe nur eine solche Aufgabe sein kann, „deren Erfüllung entweder hoheitliche Mittel voraussetzt oder im öffentlichen Interesse liegt und zur Wahrnehmung durch eine öffentlich-rechtliche Korporation mit Zwangsmitgliedschaft geeignet und nicht unverhältnismäßig ist“[715]. An diesen Aspekt, dass eine öffentliche Aufgabe vorliegen muss, die zur Wahrnehmung durch eine

---

708 So kritisch *Scholz*, Koalitionsfreiheit, S. 272.

709 So *Kluth*, in: *Kluth [Hrsg.]*, Handbuch des Kammerrechts, S. 106 (S. 130 Rn. 89).

710 Vgl. BVerfGE 38, 281, 299; vgl. auch VG Sigmaringen, DVBl. 1977, 465; OVG Bremen, NJW 1994, 1606; OVG NW, DVBl. 1995, 435.

711 *Krimer*, Der Begriff der öffentlichen Aufgaben, S. 202.

712 Vgl. BVerfGE 10, 89, 102; 10, 354, 363; 15, 235, 241.

713 Vgl. BVerfGE 10, 89, 102; 10, 354, 363; 38, 281, 299; 78, 320, 329, *Krimer*, Der Begriff der öffentlichen Aufgaben, S. 201.

714 *Krimer*, Der Begriff der öffentlichen Aufgaben, S. 201.

715 Vgl. OVG NRW, DVBl. 1977, 464.

öffentlich-rechtliche Körperschaft mit Pflichtmitgliedschaft geeignet und verhältnismäßig ist, wird später unter dem „Gedanken der sachgerechten Funktionswahrnehmung“[716] angeknüpft. Dieser Gedanke umschreibt die Legitimität der öffentlichen Aufgabe. Anzumerken ist, dass die Rechtsprechung – soweit ersichtlich – in keinem Fall die Annahme einer legitimen Aufgabe eingehender geprüft oder gar für verfassungsrechtlich unzulässig erklärt hat.

Auch in der Literatur gab es Bemühungen, den Begriff der legitimen öffentlichen Aufgabe zu definieren. Durch die Anforderung der Legitimität einer öffentlichen Aufgabe werden dem Gesetzgeber bei der Errichtung und Delegation eines Aufgabenkreises an einen funktionalen Selbstverwaltungsträger Grenzen gesetzt[717]. Daher wird unter legitim als aus verfassungsrechtlichen Gründen zulässig definiert[718] oder berechtigterweise innerhalb der Grenzen der Verfassung verstanden. Welche Aufgaben in diesem Sinne verfassungsrechtlich zulässig sind, führt wiederum zu der Frage, welche Grundvorstellungen über das Verhältnis von Staat und Gesellschaft[719] vorherrschen. Auf der Stufe der Legitimität wird daher eine wertende Beziehung zum Aufgabenträger hergestellt[720]. Im Ergebnis wird erst auf dieser wertenden Ebene die Zuweisung einer öffentlichen Aufgabe an einen funktionalen Selbstverwaltungsträger auf die Vereinbarkeit mit der Verfassung überprüft[721].

Martens formuliert zu diesem Aspekt prägnant: „Beweggrund ist die Annahme der Erfüllung öffentlicher Aufgaben, Rechtfertigung die Erfüllung legitimer öffentlicher Aufgaben“[722]. Die Legitimation der Übertragung einer

---

716 So die Bezeichnung von *Schöbener*, VerwArch, Bd. 91, 2000, S. 348, siehe hierzu die Darstellung im *2. Kapitel V. 3.*

717 Vgl. BVerfGE 10, 89, 102; vgl. auch BVerfGE 38, 281, 299; BVerfG, NVwZ 2002, 335, 336.

718 *Mronz*, Körperschaften, S. 95.

719 *Klein* macht daher darauf aufmerksam, dass die Legitimität auch in einer Unverfügbarkeit wurzelt, die Ausdruck einer sozialen, politischen und kulturellen Werteordnung ist. Hierzu gehören neben unverfügbaren individuellen Rechtspositionen auch bestimmte „Grundstrukturen staatlicher Ordnung“ (*Klein*, in: Fs Carstensen, S. 645 (S. 645)). Tatsächlich nimmt man hiermit auf eine staatliche Kompetenzentscheidung Bezug, so *Scholz*, Koalitionsfreiheit, S. 272, „denn in ihr erkennt die herrschende Meinung den eigentlich legitimierenden Grund der öffentlich-rechtlichen Zwangsorganisationen“.

720 *Kelber*, Grenzen des Aufgabenbereichs, S. 18, veranschaulicht dies mit dem Beispiel, dass die öffentliche Aufgabe, die etwa die Presse erfüllt, legitimerweise nicht vom Staat wahrgenommen werden darf; so auch *Hendler*, DÖV 1986, S. 675 (S. 78). *Scharf* will die Kontur des Begriffs dahin gehend einschränken, dass legitime öffentliche Aufgaben ausdrücklich solche Aufgaben sind, die einen Berufsbezug haben, *Scharf*, NJW 1983, S. 606 (S. 606).

721 *Kelber*, Grenzen des Aufgabenbereichs, S. 21.

722 So *Martens*, Öffentlich als Rechtsbegriff, S. 117, wobei er im Folgenden nicht klarstellt, welcher Art die Qualifizierung von den öffentlichen hin zu den legitimen Aufgaben ist.

öffentlichen Aufgabe auf einen funktionalen Selbstverwaltungsträger beruht damit im Wesentlichen auf dem „Gedanken der sachgerechten Funktionswahrnehmung“[723]. Daher stellt sich die Frage, was bei der Übertragung an die Handwerkskammer in Hinblick auf verfassungsrechtliche Anforderungen zulässig ist und somit als sachgerechte Funktionswahrnehmung zu qualifizieren ist. Dabei ist insbesondere darzulegen, was einen funktionalen Selbstverwaltungsträger als solchen qualifiziert und seine Aufgabenwahrnehmung auszeichnet[724].

bbb) Legitime öffentliche Aufgaben eines funktionalen Selbstverwaltungsträgers

Im Zentrum der Körperschaft des öffentlichen Rechts steht die selbstständige Aufgabenbewältigung, die auf die Idee der Beteiligung einer jeweils definierten Gruppe von Staatsbürgern – den Körperschaftsmitgliedern – an der Wahrnehmung öffentlicher Aufgaben zurückzuführen ist.

Redeker folgert aus dem Gedanken, dass die Aufgaben der öffentlich-rechtlichen Körperschaft auf staatlicher Delegation beruhen, dass nur solche Aufgaben delegiert werden können, die dem Staat selbst auch zustehen[725]. Dieser Auffassung folgt auch *Brohm*, der unter legitime öffentliche Aufgaben diejenigen Aufgaben fasst, an denen „ein vordringliches öffentliches Interesse besteht und die sich im Einklang mit den in der Verfassung zum Ausdruck gebrachten Wertentscheidungen und Staatszielbestimmungen befinden, so daß sich der Staat ihrer in den verfassungsrechtlich vorgegebenen Grenzen legitimerweise annehmen darf“[726]. Diese Ansicht ist jedoch nicht unproblematisch vor dem Hintergrund, dass insbesondere bei den beratenden und Interessen vertretenden Tätigkeiten der Körperschaften nicht von staatlichen Aufgaben gesprochen werden kann[727].

Es gibt mehrere verfassungsrechtlich festgelegte Fälle, in denen verselbstständigte Hoheitsträger Aufgaben erfüllen, die der Staat durch seine unmittelbare Verwaltung nicht wahrnehmen darf[728]. Dieses Verbot, dass der

[723] *Schöbener*, VerwArch, Bd. 91, 2000, S. 348.

[724] Hierbei kann auf die erarbeiteten Erkenntnisse des *1. Kapitels* zurückgegriffen werden.

[725] So die wiederholt vorgetragene Ansicht von *Redeker*, DVBl. 1980, S. 567 (S. 570); *Redeker*, NJW 1982, S. 1266 (S. 1267).

[726] So die Definition von *Brohm*, in: *Mestmäcker [Hrsg.]*, Kommunikation ohne Monopole II, S. 253 (S. 263).

[727] Siehe hierzu auch die Ausführungen im *2. Kapitel III. 1.*

[728] Die Fälle betreffen namentlich die Gemeinden (Art. 28 Abs. 2 S. 1 GG), die Rundfunkanstalten (Art. 5 Abs. 1 GG) und die Universitäten (Art. 5 Abs. 3 GG); dem Staat ist aus verfassungsrechtlichen Gründen untersagt diese Aufgabenbereiche wahrzunehmen;

Staat öffentliche Aufgaben dieser Institutionen an sich zieht, ergibt sich schon aus „grundsätzlichen Erwägungen zur Selbstverwaltung“[729]. Die Form der wirtschaftlichen Selbstverwaltung ist maßgeblich auf den Schutz der wirtschaftsspezifischen Interessen einer bestimmten Betroffenengruppe gerichtet[730]. Folglich kann die Kategorie der legitimen öffentlichen Aufgaben keineswegs auf staatliche Aufgaben reduziert werden[731], was bereits bei der Darstellung des Aufgabenbereichs der Handwerkskammer im *1. Kapitel* klar zum Vorschein kam.

Dreh- und Angelpunkt der Legitimität der Delegation einer öffentlichen Aufgabe an einen funktionalen Selbstverwaltungsträger ist der „Gedanke der sachgerechten Funktionswahrnehmung“[732], der die Legitimität der öffentlichen Aufgabe umschreibt. Die Aufgaben- und Funktionswahrnehmung seitens des funktionalen Selbstverwaltungsträgers kann nur sachgerecht sein, wenn sie sich im Rahmen der Verbandskompetenz bewegt. Hierbei kann auf die bereits gewonnenen Erkenntnisse hinsichtlich der (sachlichen, personellen, territorialen) Verbandskompetenz der Handwerkskammer zurückgegriffen werden[733]. Auf dieser Ebene kann eine wertende Beziehung zur Organisation der Selbstverwaltung hergestellt werden, indem auf ihre im *2. Kapitel* dargestellten Funktionen in der freiheitlichen Demokratie zurückgegriffen wird. Diesen Funktionen muss die Handwerkskammer bei jeder Aufgabenerfüllung gerecht werden. Die Handwerkskammer wurde errichtet, um nach § 90 Abs. 1 HandwO die Interessen des Handwerks zu vertreten. Diesem Zweck, dem Verbandszweck[734] muss die zu übertragende Aufgabe entsprechen. Hierbei kann es sich um öffentliche und um staatliche Aufgaben handeln. Maßgeblich ist der Bezug auf die Interessenvertretung des Handwerks, um eine sachgerechte Funktionswahrnehmung der Handwerkskammer sicherzustellen.

Hendler, DÖV 1986, S. 675 (S. 678); ebenso *Kux*, Ansätze zur Privatisierung öffentlicher Aufgaben, S. 119. *Bockenförde* konstatiert, dass dieser Bereich der Gesellschaft vorbehalten ist *Böckenförde*, in: *Böckenförde*, Staat, Gesellschaft, Freiheit, S. 203.

729 So *Hendler*, DÖV 1986, S. 675 (S. 678).

730 *Hendler*, DÖV 1986, S. 675 (S. 678). Daher ist die Handwerkskammer auf die Interessen des Handwerks beschränkt.

731 Dieser Ansicht auch folgend *Jaekel*, DVBl. 1983, S. 1133 (S. 1139); *Pietzcker*, JuS 1985, S. 27 (S. 29); *Scharf*, NJW 1983, S. 606 (S. 607); *Tettinger*, DÖV 1995, S. 169 (S. 171); *Tettinger*, Kammerrecht, S. 126.

732 *Schöbener*, VerwArch, Bd. 91, 2000, S. 348.

733 Siehe *2. Kapitel V. 1.*

734 Sieh hierzu die ausführliche Darstellung im *2. Kapitel V. 1.* sowie im *3. Kapitel IV. 3. c) aa).*

dd) Zusammenfassung und Arbeitsdefinition

Zusammenfassend ist festzuhalten, dass sich im Rahmen der Betrachtung wesentliche Merkmale der legitimen öffentlichen Aufgabe herauskristallisiert haben. Zum einen liegt ein gesteigertes Interesse der Gemeinschaft an der Erfüllung der öffentlichen Aufgabe vor. Dieses gesteigerte Interesse der Gemeinschaft ist nicht a priori bestimmbar, sondern bedarf einer politischen Entscheidung, sodass diese Entscheidung in erster Linie der unmittelbar legitimierte Gesetzgeber zu treffen hat[735]. Zum anderen zählt zu den legitimen öffentlichen Aufgaben keine Aufgabe, die der Staat selbst zu erledigen hat[736]. Dies bringt das zweite maßgebliche Merkmal zum Ausdruck, dass eine legitime öffentliche Aufgabe keine genuine Staatsaufgabe sein kann[737]. Legitimerweise ist eine öffentliche Aufgabe einer Körperschaft des öffentlichen Rechts dann zugewiesen, wenn diese Aufgabendelegation nach den Wertungen des Grundgesetzes der Stellung der Körperschaft entspricht[738]. Hinsichtlich dieses Merkmals ist der Aspekt hervorzuheben, dass der Handwerkskammer als funktionalem Selbstverwaltungsträger nur solche Aufgaben übertragen werden dürfen, die durch den Verbandszweck als notwendig legitimiert sind[739]. Nur wenn die Handwerkskammer durch ihre Aufgabenwahrnehmung ihrer Funktion als funktionaler Selbstverwaltungsträger gerecht wird, ist die öffentliche Aufgabe auch legitim.

b) Sonstige verfassungsrechtliche Anforderungen

Aus der Verfassung ergeben sich neben der Maßgabe der Wahrnehmung einer legitimen öffentlichen Aufgabe weitere relative Delegationsverbote, die hinsichtlich der Aufgabendelegation an die Handwerkskammer rechtliche Anforderungen stellen. Insbesondere aus der Lehre vom Parlamentsvorbehalt kann sich ein relatives Delegationsverbot ergeben. Anknüpfend an die vom Bundesverfassungsgericht in seinem sog. Facharztbeschluss entwickelten Grundsätzen müssen vor allem Maßnahmen, die Außenstehende in ihren Grundrech-

---

735 *Brohm*, in: Festgabe von Unruh, S. 777 (S. 795). Der Gesetzgeber muss hierbei die verfassungsmäßige Ordnung, die Grundrechte und andere Wertentscheidungen des Grundgesetzes beachten; *Brohm*, in: Festgabe von Unruh, S. 777 (S. 797); *Hendler*, DÖV 1986, S. 675 (S. 679); *Tettinger*, DÖV 1995, S. 169 (S. 172).

736 *Hsu*, Institutionen körperschaftlicher Selbstverwaltung, S. 212.

737 Welche Aufgaben genuine staatliche Aufgaben und daher von einer möglichen Delegation auf die mittelbare Staatsverwaltung ausgeschlossen sind, wurde bereits zu Beginn des *4. Kapitels* herausgearbeitet.

738 *Kelber*, Grenzen des Aufgabenbereichs, S. 76; *Fröhler/Oberndorfer*, Körperschaften, S. 27; *Kluth*, in: *Kluth [Hrsg.]*, Handbuch des Kammerrechts, S. 106 (S.121, Rn. 62).

739 *Kluth*, Funktionale Selbstverwaltung, S. 243.

ten betreffen, vom parlamentarischen Gesetzgeber selbst geregelt werden[740]. Bereits bei der Errichtung funktionaler Selbstverwaltungseinheiten gebietet das Rechtsstaatsprinzip eine gesetzliche Regelung, die die Aufgaben der Körperschaften hinreichend klar festlegt, sowie institutionelle Vorkehrungen der Interessenwahrung der Betroffenen[741].

Im Hinblick auf die parlamentarische Verantwortung im Fall einer Übertragung von Rechtsetzungsbefugnissen führt das Bundesverfassungsgericht im sog. Facharztbeschluss weiter aus, dass „auch im Rahmen einer an sich zulässigen Autonomiegewährung der Grundsatz besteht, daß der Gesetzgeber sich seiner Rechtsetzungsbefugnis nicht völlig entäußern und seinen Einfluß auf den Inhalt der von den körperschaftlichen Organen zu erlassenden Normen nicht gänzlich preisgeben darf"[742].

Das Rechtsstaatsprinzip fordert, „die öffentliche Gewalt in allen ihren Äußerungen auch durch klare Kompetenzordnung und Funktionentrennung rechtlich zu binden, so daß Machtmißbrauch verhütet und die Freiheit des Einzelnen gewahrt wird"[743]. Darauf aufbauend gebietet das Demokratieprinzip, „dass jede Ordnung eines Lebensbereichs durch Sätze objektiven Rechts auf eine Willensentschließung der vom Volke bestellten Gesetzgebungsorgane"[744] zurückgeführt werden kann. Auf den sehr wichtigen Aspekt der klaren Ordnung und Zuteilung der Kompetenzen wird im Rahmen der Einzelbetrachtungen des *5. Kapitels* noch näher eingegangen.

Gleichermaßen als Gegenpol ist die Funktion der funktionalen Selbstverwaltung im staatlichen Gefüge zu berücksichtigen. Das Bundesverfassungsgericht führt zu diesem Aspekt Folgendes aus: „Andererseits würden die Prinzipien der Selbstverwaltung und der Autonomie, die ebenfalls im demokratischen Prinzip wurzeln und die dem freiheitlichen Charakter unserer sozialen Ordnung entsprechen, nicht ernst genug genommen, wenn der Selbstgesetzgebung autonomer Körperschaften so starke Fesseln angelegt würden, daß ihr Grund-

---

[740] Vgl. BVerfGE 49, 89, 126. Die Lehre ist ein Teil der „Wesentlichkeitstheorie" ; siehe vertiefend *Maurer*, Allgemeines Verwaltungsrecht, § 6 Rn. 12 ff. Das BVerfG führt in einer anderen Entscheidung dazu aus: „Wählt der parlamentarische Gesetzgeber für bestimmte öffentliche Aufgaben eine Organisationsform der Selbstverwaltung, muss er institutionelle Vorkehrungen zur Wahrung der Interessen der von ihr erfassten Personen treffen"(BVerfGE 111, 191, 216).

[741] *Schulze-Fielitz*, in: *Dreier*, GG, Rn. 126; siehe hierzu auch die Ausführungen zu den verfassungsrechtlichen Maßgaben der Errichtung der Handwerkskammer im *2. Kapitel I. 1. b)*.

[742] So BVerfGE 33, 125, 158. Diese Maßgabe leitet sich nach dem BVerfG aus dem Prinzip des Rechtsstaates sowie aus dem der Demokratie ab.

[743] So BVerfGE 33, 125, 158.

[744] So BVerfGE 33, 125, 158.

gedanke, die in den gesellschaftlichen Gruppen lebendigen Kräfte in eigener Verantwortung zur Ordnung der sie besonders berührenden Angelegenheiten heranzuziehen und ihren Sachverstand für die Findung ‚richtigen' Rechts zu nutzen, nicht genügend Spielraum fände"[745].

Aus diesen Erwägungen ergibt sich, dass der Gesetzgeber die unterschiedlichen Interessen zum Ausgleich bringen muss und ebenso einem Minderheitenschutz innerhalb des Selbstverwaltungsträgers Beachtung schenken muss[746]. Dieser Aspekt muss vor allem bei der Ausübung der Disziplinierungsfunktion der wirtschaftsständischen Kammern Beachtung finden[747]. Für die Eingriffsmaßnahmen in die Rechtssphäre des Einzelnen lässt sich aus den Aufgabennormen der Handwerkskammer genauso wenig eine Rechtsgrundlage bilden wie aus der allgemeinen Kompetenz zur Disziplinierung[748].Insoweit fordert der Grundsatz des Gesetzesvorbehalts eine Befugnisnorm mit Eingriffsermächtigung.

II. Europarechtliche Anforderungen an die Aufgabendelegation

Abschließend wird ein kurzer Blick auf das Europarecht geworfen. Der wirtschaftlichen Betätigung der Handwerkskammer steht das Europarecht nicht entgegen, insoweit kein Verstoß gegen das Wettbewerbs- und Beihilfenrecht der Art. 101 ff. und Art. 107 ff. AEUV vorliegt[749]. Der Bereich der Aufgabendelegation auf die Handwerkskammer fällt nicht in den Kompetenzbereich der Europäischen Union [750]. Die Organisationsform der Kammern als Träger funktionaler Selbstverwaltung in Gestalt der Körperschaften des öffentlichen Rechts ist europarechtlich nicht disponibel[751]. Die europarechtliche Verein-

745 So BVerfGE 33, 125, 158. Diese notwendige Eigenständigkeit wird durch die Selbstverwaltungsaufgaben der Handwerkskammern verwirklicht; siehe hierzu *2. Kapitel III.*

746 Vgl. *Kluth*, in: *Kluth [Hrsg.]*, Handbuch des Kammerrechts, S. 106 (S. 132, Rn. 98).

747 Zur Disziplinierungsfunktion der Handwerkskammer, siehe *2. Kapitel II. 3. und 3. Kapitel II. 4. d) cc).*

748 *Brohm*, in: Festgabe von Unruh, S. 777 (S. 801 f.).

749 Vertiefend hierzu *Kluth*, in: *Kluth [Hrsg.]*, Handbuch des Kammerrechts, S. 304 (S. 308 ff.); vertiefend zum Art. 106 AUEV bei *Wolff* et al., Verwaltungsrecht II, § 92 Rn. 54 ff, sowie *Hövelberndt*, Die Kammern als Wettbewerber, S. 110 ff., 155 ff.

750 Zu beachten ist dabei, dass es „weder im Verwaltungsraum auf EU-Ebene noch in zahlreichen EU-Mitgliedstaaten einen vergleichbaren Organisationstyp" gibt (*Burgi*, VVDStRL, Bd. 61, 2002, S. 408, sowie S. 424; *Oebbecke*, VVDStRL, Bd. 62, 2003, S. 372).

751 *Burgi*, VVDStRL, Bd. 61, 2002, S. 439; dieser Ansicht folgend *Kormann/Wittmann*,

barkeit der Pflichtmitgliedschaft in den Institutionen der wirtschaftlichen Selbstverwaltung wurde mehrfach bejaht und wird hier nicht vertieft[752].

Festzustellen ist, dass das Europarecht auch die Träger der mittelbaren Selbstverwaltung bindet, da für die Mitgliedstaaten eine Pflicht zum effektiven Vollzug des Unionsrecht besteht, der sog. „effet utile"[753]. Bei der Anwendung des „effet utile" kommt es gerade nicht auf die zum Teil höchst unterschiedlichen Organisationsstrukturen in den einzelnen Mitgliedstaaten an – vielmehr erfolgt eine europarechtskonforme Auslegung[754] der maßgeblichen Begrifflichkeiten. Der EuGH stellte in einer Entscheidung[755] klar, dass die Gebührenordnung eines Berufsverbandes – im vorliegenden Fall die italienische Rechtsanwaltsgebührenordnung – nicht allein deshalb den Charakter einer staatlichen Regelungen verliere, weil der Berufsverband mit der Ausarbeitung der Gebührenverordnung betraut. Maßgeblich sei lediglich, dass die Berufsverbände[756] „als von den betroffenen Wirtschaftsteilnehmern unabhängige Sachverständige angesehen werden können, die gesetzlich verpflichtet sind, bei der Gebührenfestsetzung nicht nur die Interessen der Unternehmen oder der Unternehmensvereinigungen des Sektors, den sie vertreten, sondern auch das Interesse der Allgemeinheit und das Interesse der Unternehmen anderer Sektoren oder derjenigen, die die betreffenden Dienstleistungen in Anspruch nehmen, zu berücksichtigen"[757]. Die Tätigkeiten der Handwerkskammer sind mit diesem Fall vergleichbar. Sie erlassen Beitragsordnungen nach § 113 Abs. 1, 2 und 3 HandwO i.V.m. § 106 Abs. 1 Nr. 5 HandwO und müssen daher den Anforderungen des EuGH ebenso gerecht werden.

Neue hoheitliche Aufgaben, S. 43.

752 So auch aktuell wieder bestätigt vom VG Ansbach 4. Kammer, Urt. v. 04.02.2010 – Az. AN 4 K 09.00157 bzgl. der Pflichtzugehörigkeit zur IHK; auch das BVerfG erachtet in ständiger Rechtsprechung die Pflichtmitgliedschaft in der Industrie- und Handelskammer als verfassungskonform; vgl. BVerwGE 107, 169; BVerwGE 122, 344 ff.; vgl. auch OVG Rheinland-Pfalz, Beschluss vom 17.7.2007, Az. 6 A 11414/06; VGH Baden-Württemberg, Beschluss vom 15.5.2000, Az. 14 S 353/00; VG Meiningen, Urt. v. 1.7.2009, Az. 2 K 650/06 Me; VG Hannover, Urt. v. 8.10.2008, Az. 11 A 3467/07. Zur Europarechtskonformität der Pflichtmitgliedschaft: EuGH, Urt. v. 11.12.2003, Rs. C-215/01 - Bruno Schnitzer; Urt. v. 03.10.2000, Rs. C-58/98 - Corsten Rn. 45.

753 Hierzu vertiefend: *Bieber/Epiney/Haag*, Die Europäische Union, § 8 Rn. 2, 12 ff.; *Streinz*, Europarecht, Rn. 169 f.; *Wolff* et al., Verwaltungsrecht II, § 88 Rn. 48 sowie *Oppermann/Classen/Nettesheimer*, Europarecht, § 13 Rn. 40.

754 Grundlegende Entscheidung hierzu: EuGH, Rs.66/85 v. 3.7.1986 – Lawrie-Blum; vgl. zur verfassungskonformen Auslegung *Streinz*, Europarecht, Rn. 206; *Bieber/Epiney/Haag*, Die Europäische Union, § 8 Rn. 14.

755 Rs C-35/99 – Slg. 2002, I 1561 – Arduino.

756 Das Gericht spricht allerdings von den „Mitgliedern des Berufsverbandes", EuGH, Rs. 35/99 – Urteil vom 19.2.2002, Rn. 37 – Arduino.

757 So EuGH, Rs. 35/99 – Urteil vom 19.02.2002, Rn. 37 – Arduino.

Deutschland hat bei der Übertragung von Rechtsetzungsbefugnissen an die Handwerkskammer Kriterien der Allgemeinheit zu beachten, wesentliche Grundsätze der Satzungsgebung festzuschreiben und zugleich eine staatliche Kontrollinstanz einzusetzen[758]. Der Satzungsinhalt wird durch einen gewissen Rahmen von den staatlichen obersten Landesbehörden vorgegeben und kontrolliert[759]. Auch ist die Tätigkeit der Kammern am Interesse der Allgemeinheit orientiert. Das Allgemeininteresse der Kammern wird gerade durch die Wahrnehmung von öffentlichen Aufgaben und die Rechtsform der Handwerkskammer begründet[760].

Festzuhalten ist, dass für die Übertragung staatlicher Aufgaben auf die Handwerkskammer keine europarechtlichen Hindernisse bestehen, da die europarechtlichen Vorgaben hinsichtlich der Aufgabenerledigung gleich bleiben – unabhängig davon, ob der Mitgliedstaat sie durch Organe der unmittelbaren Staatsverwaltung erfüllt oder durch Selbstverwaltung (mittelbare Staatsverwaltung).

758 Vgl. hierzu ausführlich *Kormann/Wittmann*, Neue hoheitliche Aufgaben, S. 41 ff.

759 Siehe *2. Kapitel V. 5.*

760 Sieh hierzu die Ausführungen zum Aufgabenbereich der Handwerkskammer im *2. Kapitel III.*

5. Kapitel Erweiterungen des Aufgabenbereichs der Handwerkskammer an Beispielen

Im folgenden Kapitel werden einige aktuell erfolgte oder während der letzten Jahre als umsetzbar in Betracht gezogene Aufgabendelegationen auf die Handwerkskammer diskutiert. Maßgeblicher Aspekt der Betrachtung wird zum einen die Perspektive einer wirkungsorientierten Verwaltungsführung und zum anderen die Darstellung und Erörterung der rechtlichen Umsetzbarkeit der Aufgabendelegation sein. Dieser Begutachtung wird eine kurze Gesamtschau der Modalitäten der Aufgabendelegation vorangestellt, die die rechtlichen Anforderungen, Möglichkeiten, aber auch Grenzen der Erweiterung des Aufgabenbereichs vor dem Hintergrund der Handwerkskammer als funktionaler Selbstverwaltungsträger noch einmal verdeutlicht.

I. Modalitäten der Erweiterung des Aufgabenbereichs

Das Leitbild der Selbstverwaltung ist durch freiwillige Selbstverwaltungsaufgaben geprägt, bei denen der Selbstverwaltungsträger sowohl über das „Ob" als auch über das „Wie" der Aufgabenwahrnehmung eigenverantwortlich entscheidet. Lenkt man den Blick auf die rechtliche Praxis, so ist diese jedoch durch die Zunahme pflichtiger Selbstverwaltungsaufgaben und Auftragsangelegenheiten bestimmt. Es ist jedoch kein Widerspruch zum Selbstverwaltungsgedanken, wenn zahlreiche Kernaufgaben der Kammer als pflichtige Selbstverwaltungsaufgaben ausgestaltet sind, denn die Kammer ist ausdrücklich zur Wahrnehmung bestimmter Selbstverwaltungsaufgaben errichtet worden.

Wie tief die gesetzliche Aufgabenzuweisung auf das Selbstverwaltungsrecht einwirkt und einwirken darf, hängt zunächst von der genauen Untersuchung der zu delegierenden Aufgabe ab. Die Regelung, die die zusätzliche Aufgabe übertragen soll, muss analysiert werden. Dies erfolgt durch das klassische Instrument der Auslegung, durch das untersucht wird, „ob durch die Übertragung weiterer Aufgabe nur die Verbandskompetenz des § 90 Abs. 1 HandwO konkretisiert, die Verbandskompetenz erweitert oder ob – ohne Statusänderung – nur die Zuständigkeit der Kammer begründet werden soll"[761]. Im Rahmen der Auslegung ist zunächst zu prüfen, ob sich die neu zu

[761] So *Kormann/Wittmann*, Neue hoheitliche Aufgaben, S. 29, die diese Auslegungsme-

übertragende Aufgabe noch innerhalb der in § 90 I HandwO beschriebenen Verbandskompetenz hält. Die Verbandskompetenz kann als Wirkungskreis (Aufgabenkreis) des Selbstverwaltungsträgers definiert werden und setzt sich aus verschiedenen Komponenten zusammen[762]. Ergibt die Auslegung, dass es sich um eine Erweiterung der Kompetenz der Handwerkskammer handelt, ist zu prüfen, ob es sich um eine statusändernde Kompetenzzuweisung handelt. Eine solche würde einen nicht zu rechtfertigenden Eingriff in die Freiheitssphäre der Kammermitglieder darstellen und wäre unzulässig. Die Handwerkskammer muss immer ihrer Funktion als funktionaler Selbstverwaltungsträger gerecht werden, gerade im Hinblick auf die verfassungsrechtlich zu rechtfertigende Pflichtmitgliedschaft der Kammermitglieder[763].

Fest steht, dass es dem Staat angesichts des offenen Aufgabenkatalogs unbenommen bleibt, den Körperschaften weitere im Zusammenhang mit der Verbandskompetenz stehende Aufgaben zu übertragen. Soweit die verfassungsrechtlichen Delegationsanforderungen, die im *4. Kapitel* erläuterte wurden, eingehalten werden, können einzelne Aufgabenbereiche innerhalb der Verbandskompetenz inhaltlich präzisiert oder thematisch erweitert werden[764]. Anzumerken ist, dass eine neue Aufgabe den Handwerkskammern entweder als Selbstverwaltungsaufgabe oder als Auftragsangelegenheit übertragen werden kann. Die Übertragung staatlicher Aufgaben geschieht im Wege der Auftragsverwaltung[765]. Hingegen erfolgt die Übertragung öffentlicher Aufgaben als Selbstverwaltungsaufgaben. Bei beiden Aufgabenbereichen kommt es entscheidend darauf an, dass es sich um legitime öffentliche Aufgaben handelt[766]. Zudem ist in diesem Zusammenhang maßgeblich, dass die Handwerkskammer „nicht durch völlige Überbürdung, finanzielle Erschöpfung oder sachliche Denaturierung mittels Übertragung wesensferner Aufgaben faktisch erstickt wird“[767]. Ob die Aufgabe in Gestalt der Selbst- oder Auftragsverwaltung auf die Handwerkskammer übertragen wird, hängt von der Qualifizierung der Aufgabe als öffentliche oder staatliche Aufgabe ab[768].

---

thode und Abstufung vornehmen.

762 Siehe zur Verbandskompetenz die ausführliche Darstellung im *2. Kapitel V. 1.*

763 Siehe hierzu *2. Kapitel I. und II.*

764 *Kluth*, in: *Kluth [Hrsg.]*, Handbuch des Kammerrechts, S. 106 (S. 147, Rn. 170).

765 Siehe zu den staatlichen Aufgaben die Ausführungen im *4.Kapitel I.*

766 Siehe zu den Voraussetzungen einer legitimen öffentlichen Aufgabe das *4. Kapitel I. 2. a).*

767 So *Kormann/Wittmann*, Neue hoheitliche Aufgaben, S. 59, die sogleich – zutreffenderweise – anfügen, dass dies eine eher hypothetische Konstruktion sei. Diese angeführten Kriterien sind mit den Formen der eigenen wirtschaftlichen Tätigkeit der Handwerkskammern vergleichbar; siehe hierzu *3. Kapitel IV. 3. b).*

768 Bezüglich der Abgrenzung und Qualifizierung einer Aufgabe als öffentliche oder staatliche Aufgabe kann auf die Ausführungen im *4. Kapitel I. 2.* verwiesen werden.

1. Vorliegen einer legitimen öffentlichen Aufgabe

In den folgenden Einzelbetrachtungen wird untersucht, ob die Übertragung entsprechender neuer Aufgaben auf die Handwerkskammer den im *4. Kapitel* dargestellten rechtlichen Anforderungen der Aufgabendelegation genügt. Die Zulässigkeit der Aufgabendelegation bestimmt sich nach den verfassungsrechtlichen Anforderungen an die Legitimation der Handwerkskammer als funktionaler Selbstverwaltungsträger. Hinsichtlich der Aufgabe muss die Pflichtmitgliedschaft verfassungsrechtlich unbedenklich begründet werden können. Dies ist der Fall, wenn es sich um eine legitime öffentliche Aufgabe handelt. Die Untersuchung, ob eine konkrete Aufgabe innerhalb des zulässigen Aufgabenbereichs der Handwerkskammer liegt, kann daher mittels einer Zwei-Stufen-Prüfung, angelehnt an die Bestimmung des Begriffs der legitimen öffentlichen Aufgabe, erfolgen[769].

Grundvoraussetzung ist, dass eine öffentliche Aufgabe vorliegt (1. Stufe). Zum einen muss ein gesteigertes Interesse der Gemeinschaft hinsichtlich der Erfüllung der öffentlichen Aufgabe vorliegen, zum anderen darf es sich um keine Aufgabe handeln, die unmittelbar vom Staat selbst wahrgenommen werden muss[770]. Sind diese Voraussetzungen erfüllt und liegt daher eine öffentliche Aufgabe vor, so erfolgt auf der zweiten Stufe die Prüfung, ob es legitim ist, diese Aufgabe auf die Handwerkskammer als Träger der funktionalen Selbstverwaltung zu übertragen (2. Stufe). Legitimerweise ist eine öffentliche Aufgabe einer Körperschaft des öffentlichen Rechts dann zugewiesen, wenn diese Aufgabendelegation nach den Wertungen des Grundgesetzes der Stellung einer öffentlich-rechtlichen Körperschaft mit Pflichtmitgliedschaft entspricht[771]. Hinsichtlich dieses Merkmals ist der im *4. Kapitel* herausgearbeitete Aspekt hervorzuheben, dass der Handwerkskammer als funktionaler Selbstverwaltungsträger nur solche Aufgaben übertragen werden dürfen, die durch die Verbandskompetenz als notwendig legitimiert sind und einer sachgerechten Funktionswahrnehmung entsprechen.

---

769 Vgl. zu diesem Prüfungsaufbau die Prüfungsreihenfolge im *4. Kapitel I. 2. a).*, sowie das Vorgehen von *Kluth*, DVBl. 1986, S. 716 (S. 720) und *Brohm*, in: Festgabe von Unruh, S. 777 (S. 777, 791).

770 Welche Aufgaben originär staatliche Aufgaben und daher von einer möglichen Delegation auf die mittelbare Staatsverwaltung ausgeschlossen sind, wurde bereits zu Beginn des *4. Kapitels IV. 3.* herausgearbeitet.

771 Vgl. hierzu *4. Kapitel I. 2. a) cc).*

2. Positive Indikatoren der Delegierbarkeit

Es gibt eine Reihe von Gesichtspunkten, die eine Aufgabendelegation an einen funktionalen Selbstverwaltungsträger nahelegen. Sie können positive Indikatoren genannt werden[772]. Die wichtigsten Anhaltspunkte, die eine Delegation positiv beeinflussen, werden im Folgenden angeführt und kurz erläutert.

Das grundsätzliche – bereits schon mehrfach erläuterte – Bedürfnis nach Dezentralisierung[773] sowie die Möglichkeit der Betroffenenpartizipation[774] sind positive Indikatoren der Aufgabendelegation. Die einzelnen Handwerkszweige (Gewerke) sind in der Handwerkskammer vereint und bringen die Gesamtinteressen des Handwerks zum Ausdruck. Herauszustellen ist, dass gerade in der Zuweisung von legitimen öffentlichen Aufgaben an die Selbstverwaltung der betroffene Gruppe eine Rechtfertigung der Pflichtmitgliedschaft liegt[775]. Zudem wird durch die Aufgabendelegation an die Handwerkskammer der Gesetzgeber entlastet[776]. Dem Gesetzgeber kann die Beschäftigung mit den regionalen Besonderheiten und Interessen nicht zugemutet werden. Hiermit einher, geht auch die „Wesentlichkeitstheorie“[777]. Denn „das Parlament soll die wesentlichen Entscheidungen treffen, doch um dazu in der Lage zu sein, muss es von den unwesentlichen befreit werden“[778]. Ebenso kann auch der dem funktionalen Selbstverwaltungsträger innewohnende Sachverstand Indikator sein[779]. Die staatlichen Behörden können in diesem Bereich nur Entscheidungen nach Einholung der Meinung Sachverständiger treffen[780], sodass eine Delegation nahe liegt. Zudem beschleunigt und vereinfacht die unmittelbare Erledigung durch die Kammern das Verwaltungsverfahren[781].

Bei der Betrachtung dieser positiven Indikatoren finden sich somit die bereits im *3. Kapitel* dargelegten Strukturen wieder, die die Funktion der Selbstverwaltung in der freiheitlichen Demokratie charakterisieren.

---

[772] Vgl. hierzu die Indikatoren der Delegierbarkeit von Rechtsetzungsmacht bei *Kluth*, in: *Kluth [Hrsg.]*, Handbuch des Kammerrechts, S. 106 (S. 134, Rn. 108 ff.).

[773] Siehe hierzu nur die Ausführungen im *3. Kapitel III. 1.*

[774] Siehe hierzu ausführlich *3. Kapitel II. 4. d. dd).*

[775] Sieh hierzu die verfassungsrechtlichen Maßgaben der Errichtung im *2. Kapitel I. 1.*

[776] *Kluth*, in: *Kluth [Hrsg.]*, Handbuch des Kammerrechts, S. 106 (S. 134, Rn. 111). Diese Deregulierungsbestrebungen und die Möglichkeit der Steigerung der Effektivität wurden bereits ausführlich im *3. Kapitel III. 2.* betrachtet.

[777] Siehe vertiefend *Maurer*, Allgemeines Verwaltungsrecht, § 6 Rn. 12 ff.

[778] So deutlich *Kluth*, in: *Kluth [Hrsg.]*, Handbuch des Kammerrechts, S. 106 (S. 134, Rn. 111).

[779] Zugleich ein Beitrag zur Staatsentlastung siehe *3. Kapitel II. 4. d) ff).*

[780] Vgl. BVerfGE 15, 235, 242.

[781] Siehe die Darstellung *3. Kapitel III. 2.*; vgl. auch BVerfGE 15, 235, 242.

Dies verdeutlicht, dass die Handwerkskammer als funktionaler Selbstverwaltungsträger über die notwendigen Voraussetzungen für ein wirkungsorientiertes Verwaltungshandeln verfügt.

II. Das Modell der One-Stop-Agency

Das Konzept der One-Stop-Agency zielt darauf ab, dass sämtliche Dienstleistungen eines Gemeinwesens an einem einzigen (geografischen) Ort angeboten werden[782]. Mit dem New Public Management der Bürger als Kunde der öffentlichen Verwaltung als wichtiger Aspekt der Qualitäts- und Leistungssicherung in den Vordergrund getreten[783]. Hierzu muss die betroffene Verwaltung eine Schnittstelle zu den Bürgern schaffen, die dort zu suchen ist, wo bereits Sach- und Verwaltungskompetenzen vorhanden sind[784].

Jedoch entspricht dieses Modell nicht den in der Verwaltung vorzufindenden Strukturen. Die traditionelle Organisation der öffentlichen Verwaltung ist weder serviceorientiert noch bürgernah. Die Motivation, die hinter den heute noch vorherrschenden Strukturen steht, ist eine klare Zuordnung von Verantwortungen innerhalb der Verwaltung und die entsprechende Kontrolle der Tätigkeiten[785]. Bei der Umsetzung des Modells der One-Stop-Agency rücken hingegen die Ablaufstrukturen in der Organisation[786] und die Kundenorientierung der Organisation[787] in den Vordergrund. Das Modell des One-Stop-Shops führt zu einer Verkürzung der Kommunikationsabläufe, zu einer rascheren Erledigung der einzelnen Verfahrens- und Ablaufschritte und somit zu einer Optimierung von Verwaltungsaufgaben. Das Ziel ist das Erreichen einer möglichst hohen Dienstleistungs- und Betreuungsqualität[788].

---

782 Vgl. zu den Ursprüngen dieses Konzepts, *Schedler/Proeller*, NPM, S. 123.

783 *Schedler/Proeller*, NPM, S. 124; *Mehde*, Neues Steuerungsmodell und Demokratieprinzip, S. 104 f.

784 So deutlich *Schedler/Proeller*, NPM, S. 124. Organisatorisch lässt sich diese Neuausrichtung nur mithilfe einer intelligenten Datenverarbeitung lösen, die den Kundenberatenden den Zugriff auf die wichtigsten Grundlagen und Daten ermöglicht. Das One-Stop-Konzept wird auch im Rahmen des Electronic Government als „Single Window Access" bezeichnet; vgl. *Schedler/Proeller*, NPM, S. 124.

785 *Schedler/Proeller*, NPM, S. 121.

786 *Schedler/Proeller*, NPM, S. 121.

787 Vgl. hierzu die ausführliche Darstellung der Bürger- bzw. Kundenorientierung bei *Mehde*, Neues Steuerungsmodell und Demokratieprinzip, S. 104 f.; *Hill*, in: *Schmidt-Aßmann/Hoffmann-Riem [Hrsg.]*, Verwaltungsorganisationsrecht als Steuerungsressource, S. 65 (S. 80 f.).

788 *Schedler/Proeller*, NPM, S. 121 f.

Verwirklicht wurde dieses organisatorische Modell der One-Stop-Agency bei der Einrichtung von sogenannten One-Stop-Shops bei der Handwerkskammer, auf die sich die Betrachtung richtet.

1. One-Stop-Shop der Handwerkskammern

In Rheinland-Pfalz gibt es 28 IHK-/HWK-Starterzentren, sogenannte One-Stop-Shops, die Existenzgründern einen internetgestützten Service zur Erleichterung der Gründungsformalitäten bieten[789]. Diese Starterzentren befinden sich unter der Trägerschaft der Wirtschaftskammern in Rheinland-Pfalz. Mit dem One-Stop-Shop können neben der Vorbereitung der Gewerbeanmeldung auch weitere Stellen wie die Finanzbehörde über die Aufnahme der gewerblichen Tätigkeit informiert werden, jedoch erfolgt die rechtsverbindliche Freigabe der Gewerbeanmeldung im Rahmen einer prüfenden Beratung in dem Starterzentrum vor Ort[790]. Welche besondere rechtliche Konstruktion in Rheinland-Pfalz gewählt wurde, um der Handwerkskammer die Kompetenz der Annahme der Gewerbeanzeige nach § 14 GewO zu übertragen, wird im Folgenden dargestellt. Anschließend erfolgt eine rechtliche Bewertung der Aufgabenübertragung sowie eine Analyse unter dem Blickwinkel einer wirkungsorientierten Verwaltungsführung.

2. Das rheinland-pfälzische Landesgesetz über die Beleihung der Handwerkskammern mit Aufgaben nach der Gewerbeordnung

Um den Handwerkskammern in Rheinland-Pfalz[791] im Rahmen des One-Stop-Shop-Konzepts die Entgegennahme der Anzeigepflicht nach § 14 GewO zu ermöglichen, wurde das „Landesgesetz über die Beleihung der Handwerkskammern mit Aufgaben nach der Gewerbeordnung v. 5.10.2007“ erlassen. Nach § 1 HwkBeleihV RP wird die für das Gewerberecht zuständige oberste Landesbehörde ermächtigt, die rheinland-pfälzischen Handwerkskammern mit deren Einverständnis durch Verwaltungsakt mit der Durchführung des § 14 mit Ausnahme des Absatzes 1 Satz 3 und der Absätze 3 und 5,

---

[789] Vgl. https://ihkhwk.oss-rlp.de/m_149/pc_1/start.html (Stand: 24.11.2013) eine Übersicht über die in Deutschland vorhandenen One-Stop-Shops findet sich auf der Homepage des Instituts für Mittelstandsforschung Bonn unter: http://http://www.ifm-bonn.org//uploads/tx_ifmstudies/workingpaper_05_09.pdf (Stand: 24.11.2013)

[790] Vgl. https://ihkhwk.oss-rlp.de/m_149/pc_1/start.html (Stand: 24.11.2013)

[791] In Rheinland-Pfalz gibt es vier Handwerkskammern (Pfalz, Koblenz, Rheinhessen und Trier).

des § 15 Abs. 1 und des § 55 c der Gewerbeordnung zu beleihen. Hierdurch wird neben der Eintragung in die Handwerksrolle die ebenfalls notwendige Gewerbeanzeige nach § 14 GewO bei der Handwerkskammer ermöglicht. Dem Betriebsinhaber wird somit ein Behördengang erspart, denn nach § 1 Abs. 1 Satz 1 Nr. 1 GewRZustV RP ist die „Gemeindeverwaltung der verbandsfreien Gemeinde, die Verbandsgemeindeverwaltung sowie in kreisfreien und großen kreisangehörigen Städten die Stadtverwaltung“ für die Durchführung des Titels II der Gewerbeordnung und somit für die Durchführung des § 14 GewO zuständig[792]. Daher wurde die HwkBeleihV RP geschaffen, um dem Betriebsinhaber die Gewerbeanzeige nach § 14 GewO bei der Handwerkskammer zu ermöglichen. Der Betriebsinhaber muss somit für die Gewerbeanzeige nicht zusätzlich zu den in § 1 GewRZustV RP genannten Behörden.

Ob das vom rheinland-pfälzischen Gesetzgeber gewählte Rechtsinstitut der Beleihung zur Übertragung der hoheitlichen Aufgabe des § 14 GewO hinreichend ist, wird nachfolgend einer eingehenden Begutachtung unterzogen. Die Regelung im Landesgesetz sieht die Beleihung der Handwerkskammer durch die zuständige oberste Landesbehörde vor. Insbesondere stellt sich das Problem, dass der Landesgesetzgeber eine Körperschaft des öffentlichen Rechts beliehen hat, obwohl das Rechtsinstitut der Beleihung für die Übertragung hoheitlicher Rechte auf Private vorgesehen ist.

a) Rechtliche Grundlage des Rechtsinstituts der Beleihung

Zunächst wird ein Überblick zur Rechtsfigur der Beleihung gegeben, um die Konturen und gesetzlichen Voraussetzungen der Beleihung zu verstehen, damit abschließend bewertet werden kann, ob die Wahl diese Rechtsinstituts vertretbar war.

Die Beleihung ist dadurch gekennzeichnet, dass staatliche Verwaltungsaufgaben auf Private zur selbstständigen Erfüllung in hoheitlicher Form übertragen werden[793]. Die Beleihung führt dazu, dass Private Verwaltungsaufgaben selbstständig wahrnehmen[794]. Soweit der Beliehene hoheitliche Befugnisse

[792] Auch die Industrie- und Handelskammern sind nach § 1 Abs. 2 GewRZustV RP eine für die Durchführung des § 14 GewO zuständige Behörde, jedoch nicht die Handwerkskammer.

[793] Das Institut der Beleihung geht zurück auf die Theorie von *Otto Mayer* zur Verleihung öffentlicher Unternehmungen; sie definierte die Beleihung als „die Einräumung rechtlicher Macht über ein Stück öffentlicher Verwaltung auf eine Privatperson zur Ausübung eigener Namen“, so *Mayer*, Deutsches Verwaltungsrechtswissenschaft II, S. 243.

[794] Anzumerken ist, dass es sich hierbei um eine Ausnahme von dem Grundsatz handelt,

wahrnimmt, ist er in die mittelbare Staatsverwaltung einbezogen[795]. Das Institut der Beleihung ist auf Grund der Delegation hoheitlicher Aufgaben nur durch oder auf Grund eines Gesetzes möglich[796], da alle hoheitliche Gewalt anderer Rechtssubjekte des öffentlichen wie des privaten Rechts vom Staat abgeleitete Gewalt darstellt[797]. Diese rechtliche Grundlage kann entweder unmittelbar in einem Gesetz oder in einer Rechtsverordnung verankert werden (gesetzliche Delegation) oder durch einen Verwaltungsakt, der auf eine entsprechende gesetzliche Ermächtigung gestützt ist, geschaffen werden (administrative Delegation)[798].

Anzumerken ist, dass die hoheitlichen Befugnisse des Delegationsempfängers auch nach Maßgabe dieser Delegation begrenzt sind. Im Fall des § 1 HwK-BeleihV RP handelt es sich um eine administrative Delegation, da die zuständige oberste Landesbehörde ermächtigt wird, „die rheinland-pfälzischen Handwerkskammern mit deren Einverständnis durch Verwaltungsakt mit der Durchführung des § 14 mit Ausnahme des Absatzes 1 Satz 3 und der Absätze 3 und 5, des § 15 Absatz 1 und des § 55 c der Gewerbeordnung [...] zu beleihen“.

Maßgeblich ist das Kriterium, dass der Beliehene als „ein Rechtssubjekt des Privatrechts (ein Einzelner, eine Gesellschaft oder eine Vereinigung)“[799] zu qualifizieren ist. Der Staat bedient sich somit einer privaten Organisationseinheit[800], sodass der Adressat einer Beleihung daher ausschließlich ein Pri-

dass nur Beamte und Angestellte der öffentlichen Verwaltung hoheitliche Befugnisse ausüben können. Solange das in Art. 33 Abs. 4 GG vorgesehene Regel- Ausnahme Verhältnis gewahrt bleibt, ist die Übertragung hoheitlicher Befugnisse auf private Träger zulässig *Kiefer*, LKRZ 2009, S. 441 (S. 442).

795 *Kiefer*, LKRZ 2009, S. 441 (S. 443).

796 Analog Art. 87 Abs. 3, 89 Abs. 2 S. 2 GG lässt sich folgern, dass Maßnahmen bei der Ausübung von Organisationsgewalt, die Außenwirkung entfalten, einer gesetzlichen Grundlage bedürfen; hierzu zählt auch die Beleihung; *Schulze-Fielitz*, in: *Dreier*, GG, S. 235 Rn 125; *Schliesky*, Öffentliches Wirtschaftsrecht, S. 152; *Heimburg*, Verwaltungsaufgaben und Private, S. 36; *Huber*, Wirtschaftsverwaltungsrecht I, S. 537; *Terrahe*, Die Beleihung als Rechtsinstitut der Staatsorganisation, S. 69.

797 Denn das staatliche Gewaltmonopol behält grundsätzlich nur dem Staat die Ausübung hoheitlicher Befugnisse vor; *Heimburg* benennt diese Zuständigkeit als originär staatlich *Heimburg*, Verwaltungsaufgaben und Private, S. 34. Es bedarf einer „rechtlichen Grundlage in einem staatlichen Übertragungsakt“, so deutlich *Huber*, Wirtschaftsverwaltungsrecht I, S. 534.

798 *Huber*, Wirtschaftsverwaltungsrecht I, S. 537.

799 So *Huber*, Wirtschaftsverwaltungsrecht I, S. 533.

800 *Burgi*, Funktionale Privatisierung und Verwaltungshilfe, S. 79; *Maurer*, Allgemeines Verwaltungsrecht, § 23 Rn. 56; *Rengeling*, Erfüllung staatlicher Aufgaben durch Private, S. 26; *Ipsen*, Allgemeines Verwaltungsrecht, Rn. 329; *Wolff* et al., Verwaltungsrecht II, § 90 Rn. 1. Nach *Ehlers* liegt somit „unzweifelhaft eine Erscheinungsform der Priva-

vatrechtssubjekt sein kann[801]. Die Einordnung als Privatrechtssubjekt folgt daraus, dass es sich entweder um eine natürliche Person oder um eine Organisation in Rechtsform des Privatrechts handelt. Das Merkmal des Privatrechtssubjekts bedarf einer eingehenden Betrachtung, da fraglich ist, ob die Handwerkskammer trotz ihrer öffentlich-rechtlichen Rechtsform als potenzieller Beleihungsadressat eingestuft werden kann.

aa) Juristische Personen des öffentlichen Rechts als potenzielle Beleihungsadressaten

Die Handwerkskammer ist kein Rechtssubjekt des Privatrechts, sondern als Körperschaft des öffentlichen Rechts ein Rechtssubjekt des öffentlichen Rechts[802]. Somit greift der Einwand, dass die Beleihung eines Rechtssubjekts des öffentlichen Rechts schon begrifflich ausgeschlossen ist. Vereinzelt wird jedoch inzwischen gefordert, die juristischen Personen des öffentlichen Rechts in den Kreis potenzieller Beleihungsadressaten aufzunehmen[803]. Eine Erweiterung des Kreises potenzieller Beleihungsadressaten sei deshalb angezeigt, weil es Fälle geben könne, bei denen ihnen Aufgaben übertragen würden, die zu ihrem eigentlichen Aufgabenbereich hinzukämen und damit einem Sonderrecht im Verhältnis zum Staat unterlägen[804]. Gewichtige Gründe des modernen Verwaltungsstaates sprächen für die Einbeziehung juristischer Personen des öffentlichen Rechts in den Anwendungsbereich des

tisierung“ vor *Ehlers*, Aushöhlung der Staatlichkeit, S. 58; so auch schon *Kux*, Ansätze zur Privatisierung öffentlicher Aufgaben, S. 230, der feststellt, dass bei der Wahrnehmung öffentlicher Aufgaben der Wirtschaftsverwaltung durch die Handwerkskammer in gewissem Sinne Privatisierung vorläge.

801 *Burgi*, Funktionale Privatisierung und Verwaltungshilfe, S. 80; wohl auch schon *Steiner*, Öffentliche Verwaltung durch Private, S. 208 ff., und *Fröhler/Oberndorfer*, Körperschaften, S.27, die feststellen, dass private Interessenvereinigungen gesetzlich „beliehen“ werden können; ebenso *Maurer*, Allgemeines Verwaltungsrecht, § 23 Rn. 56; *Rengeling*, Erfüllung staatlicher Aufgaben durch Private, S. 26. *Stober* bemerkt mit Verweis auf den Aufsatz von *Schmidt am Busch* –auf den später noch eingegangen wird – dass neuerdings „über das klassische Begriffsverständnis hinaus auch juristische Personen des öffentlichen Rechts mit Verwaltungsaufgaben beliehen werden“(*Wolff* et al., Verwaltungsrecht II, § 90 Rn. 4, 4). Eine Stellungnahme oder Bewertung dieses Vorgangs bleibt leider aus.

802 Siehe hierzu die ausführliche Darstellung im *2. Kapitel I.*

803 *Schmidt*, ZG 2002, S. 353 (S. 357) und diesem Ansatz folgend *Schmidt am Busch*, DÖV 2007, S. 533 (S. 537), ebenso *Dürr*, der feststellt, dass Funktionen der Handwerkskammer zunehmend dazu genutzt werden, „weitere staatliche Aufgaben, z.B. im Wege der Beleihung, auf derartige Körperschaften zu übertragen“, *Dürr*, DVBl. 2008, S. 1356.

804 *Backherms*, Das DIN als Beliehener, S. 28.

Beleihungsrechts. Dies ist vor allem der Standpunkt von *Schmidt am Busch*, die eine Beleihung von Selbstverwaltungskörperschaften befürwortet[805]. Der Staat sei in den vergangenen Jahren „zunehmend dazu übergegangen, staatliche Aufgaben zur Staatsentlastung auf Selbstverwaltungskörperschaften zu übertragen“[806]. Da Deregulierung und Ökonomisierung der Aufgabenerfüllung entscheidende motivierende Faktoren hinsichtlich der Beleihung seien[807], müsse über die großzügigere Handhabung des Rechtsinstituts vor dem Hintergrund der Steuerungsdebatte nachgedacht werden. Der Staat übernehme nicht selbst die Erfüllung der Aufgabe, aber auf Grund der Übertragung von Hoheitsbefugnissen verbliebe ihm ein erhebliches Steuerungspotenzial[808]. Durch diesen qualitativen Wandel des Rechtsinstituts der Beleihung[809] erlebe das verwaltungsrechtliche Institut daher derzeit eine „Renaissance“[810]. Durch die Beleihung mache sich der Staat die Sachkunde und die technischen und betrieblichen Mittel der Beliehenen im Rahmen hoheitlichen Handelns zunutze[811].

Bei der Übertragung staatlicher Aufgaben sei – so die weitere Argumentation von *Schmidt am Busch* – das rechtliche Können in erster Linie quantitativ erweitert, teilweise sogar qualitativ, wodurch dem Handeln der Körperschaft des öffentlichen Rechts eine Rechtswirkung zugeschrieben werde, die diese vorher noch nicht hatte[812]. Hervorzuheben sei vor allem der Aspekt, dass infolge der Übertragung auch Maßnahmen mit Rechtswirkung gegenüber Nichtmitgliedern getroffen werden könnten[813]. Auch betont *Schmidt am Busch*, dass die Übertragung staatlicher Aufgaben durch das Rechtsinstitut der Beleihung zu mehr Rechtssicherheit führe[814].

---

805 So deutlich *Schmidt am Busch*, DÖV 2007, S. 533 (S. 537).

806 So zutreffend *Schmidt am Busch*, DÖV 2007, S. 533 (S. 537) mit dem Verweis der Übertragung von Aufgaben an die Handwerkskammer, belegt mit *Kormann/Wittmann*, Neue hoheitliche Aufgaben, S. 15 ff.

807 *Rengeling*, Erfüllung staatlicher Aufgaben durch Private, S. 26/27.

808 *Schmidt am Busch*, DÖV 2007, S. 533 (S. 534), so auch schon die Feststellung von *Huber*, der daher das Rechtsinstitut der Beleihung als eine „interventionistische Lenkungsmaßnahme hoheitlicher Art“ bezeichnet *Huber*, Wirtschaftsverwaltungsrecht I, S. 535.

809 *Schmidt am Busch*, DÖV 2007, S. 533 (S.533).

810 So *Heintzen*, VVDStRL, Bd. 62, 2003, 241. Dieser Ansicht schließt sich *Stober* an *Wolff* et al., Verwaltungsrecht II, § 90 Rn. 2, der betont, dass das Rechtsinstitut der Beleihung an Bedeutung gewinnt.

811 *Ehlers*, Aushöhlung der Staatlichkeit, S. 53; *Schmidt am Busch*, DÖV 2007, S. 533 (S. 534); *Ossenbühl*, VVDStRL, Bd. 29, 1971, S.79.

812 *Schmidt am Busch*, DÖV 2007, S. 533 (S. 537).

813 *Schmidt*, ZG 2002, S. 353 (S. 357), ihm folgend *Schmidt am Busch*, DÖV 2007, S. 533 (S. 538).

814 *Schmidt am Busch*, DÖV 2007, S. 533 (S. 538); jedoch wird keine Begründung ange-

Diese Auffassung erscheint in mehrfacher Hinsicht problematisch. Das Argument, dass mit der Übertragung auch Maßnahmen mit Rechtswirkung gegenüber Nichtmitgliedern getroffen werden könnten, wird schon durch einen Blick in die Handwerksordnung entkräftet. Nach § 91 Abs. 1a Satz 3 HandwO „kann das Gesetz vorsehen, dass die Handwerkskammer auch für nicht Kammerzugehörige tätig wird". Somit bedarf es nicht des Rechtsinstituts der Beleihung, um diese Rechtswirkung zu erreichen. Auch die Argumentation, dass die Rechtssicherheit durch die Übertragung staatlicher Aufgaben durch das Rechtsinstitut der Beleihung gesteigert werde, vermag nicht zu überzeugen; denn schaut man sich die Alternative an, nämlich eine gesetzliche Regelung in der Handwerksordnung, scheint doch sehr fragwürdig, inwiefern das Rechtsinstitut der Beleihung eine größere Rechtssicherheit herbeiführen sollte. Gerade die Festsetzung der Aufgaben im Katalog des § 91 HandwO führt zu einer einsichtigen Gesamtschau des Aufgabenbereiches. Letztlich ist die Forderung, juristische Personen des öffentlichen Rechts in den Kreis der potenziellen Beleihungsadressaten aufzunehmen, dogmatisch nicht haltbar, da es sich bei der Übertragung von Aufgaben auf die juristischen Personen des öffentlichen Rechts nicht um die Begründung von Rechtsmacht handelt, sondern um eine Kompetenzerweiterung[815]. Hier dürfen die Grenzen nicht verwischt werden. Eine Aufgabendelegation muss durch eine klare Kompetenzerweiterung vorgenommen werden. Nicht zutreffend ist zudem das Argument von *Schmidt am Busch,* dass das rechtliche Können der Handwerkskammer qualitativ und quantitativ durch den Einsatz der Rechtsfigur der Beleihung erweitert werde. Die Übertragung hoheitlicher Aufgaben auf die Handwerkskammer erfolgt durch die Übertragung der Aufgabe im Wege der Auftragsangelegenheit[816].

Folgt man trotz der gewichtigen Gegenargumente der Ansicht, dass der Kreis der potenziellen Beleihungsadressaten um die juristischen Personen des öffentlichen Rechts, insbesondere die Selbstverwaltungskörperschaften, erweitert werden kann, so drängt sich doch die Frage auf, ob sich nicht ein dogmatischer Widerspruch zwischen der Eigenschaft als Selbstverwaltungsträger und der Stellung als Beliehener ergibt. Eine strukturelle Vergleichbarkeit würde hingegen die Erweiterung des Anwendungsbereiches der Beleihung bekräftigen.

---

führt.

815 *Stadler*, Die Beleihung, S. 16; *Terrahe*, Die Beleihung als Rechtsinstitut der Staatsorganisation, S. 6.

816 Die Auftragsverwaltung ist die dem Status des Beliehenen vergleichbare Verwaltungsform, *Huber*, Wirtschaftsverwaltungsrecht I, S. 535.

bb) Rechtsstellung des Beliehenen

Zunächst ist herauszuarbeiten, welche rechtliche Stellung dem Beliehenen zukommt, um anschließend prüfen zu können, ob sich Widersprüche ergeben, wenn die Körperschaft des öffentlichen Rechts gleichzeitig funktionaler Selbstverwaltungsträger und Beliehener ist. Eine klare dogmatische Linie ist bei dem Rechtsinstitut der Beleihung nicht ersichtlich[817]. Grundlegender Überlegungsbedarf besteht im Wesentlichen im Hinblick auf die Frage, ob Beliehener jedes Privatrechtssubjekt ist, dem „die Befugnis verliehen ist, Verwaltungsaufgaben selbständig und in den Handlungsformen des öffentlichen Rechts wahrzunehmen“[818], oder ob stattdessen lediglich darauf abzustellen ist, dass einem Privaten Staatsaufgaben zur selbständigen Aufgabenerledigung übertragen wurden[819].

Die Aufgabennorm überantwortet dem Beliehenen die Kompetenz zur Wahrnehmung der Aufgabe, verpflichtet und begrenzt aber gleichzeitig den Tätigkeitsbereich darauf[820]. Die „Aufgabentheorie“ sieht daher in der Beleihung die Weitergabe von Staatsaufgaben[821]. Diese Theorie hält die Staats- und Verwaltungsaufgaben für materiell bestimmbar, denn dem Staat ist ein Aufgabenbereich vorbehalten, von dem jeder Private von vornherein ausgeschlossen ist, sofern er nicht ausnahmsweise durch Beleihung zugelassen wird[822]. Das Vorliegen eines Beleihungstatbestandes wird nach dieser Theorie an der Wahrnehmung einer Staatsaufgabe festgemacht[823].

Hingegen wird die Beleihung von der „Rechtsstellungstheorie“ als Partizipation an der staatlichen Sonderrechtsordnung eingeordnet. Die Unterscheidung privater und staatlicher Tätigkeiten nach der Aufgabenart wird aufgegeben, denn feststellbar seien allein die unterschiedlichen Rechtswirkungen, wobei das exklusiv Staatliche im hoheitlichen Handeln liege. Unter Beleihung versteht diese Theorie folglich die Übertragung hoheitlicher Befugnisse, die der Beliehene im eigenen Namen selbstständig ausübt, sodass er nicht

[817] „Trotz oder gerade wegen dieses Befundes besteht die Neigung des Gesetzgebers, immer wieder zur Beleihung zu greifen“, so kritisch *Kiefer*, LKRZ 2009, S. 441 (S. 442).

[818] So *Krebs*, in: *Isensee/ Kirchhof [Hrsg.]*, HdbStR, Bd III, S. 567 (Rn. 39).

[819] So *Steiner*, Öffentliche Verwaltung durch Private, S. 46.

[820] Ein Kompetenzträger ist in der Wahl seiner Aufgaben nicht frei, sondern an die Einhaltung der Kompetenz gebunden; *Brohm*, in: *Mestmäcker [Hrsg.]*, Kommunikation ohne Monopole II, S. 253 (S. 272).

[821] *Bachof*, AöR, Bd. 83, 1958, S. 234, 242.

[822] *Krautzberger*, Die Erfüllung öffentlicher Aufgaben durch Private, S. 53; vgl. auch BVerwG, DVBl. 1970, 736, 737; NJW 1981, 2482; hierzu kritisch: *Burgi*, Funktionale Privatisierung und Verwaltungshilfe, S. 81, der diese Theorie schon auf Grund ihrer formalen Deutung des Staatsaufgabenbegriffs für nicht haltbar hält.

[823] *Di Fabio*, VVDStRL, Bd. 56, 1997, S. 272 f.

nur mit der Durchführung der Aufgabe beauftragt ist, sondern selbst Träger der Aufgabe wird[824]. Ausschlaggebendes Kriterium für die Zurechnung des Tätigwerdens zum Staat ist die Berechtigung zum Einsatz des öffentlichen Instrumentariums[825]. Da das öffentlich-rechtliche Instrumentarium von Rechts wegen ausschließlich dem Staat vorbehalten ist, kann „relativ zuverlässig von der Rechtsform auf das Vorliegen einer Staatsaufgabe rückgeschlossen werden“[826]. Es ist naheliegend, gegen die Rechtsstellungstheorie einzuwenden, dass der Staatsaufgabenbegriff durch eine zu enge, formale Betrachtung der staatlichen Wirkungsweise ersetzt wird. Andererseits liegt der Wert der Rechtsstellungstheorie gerade darin, den Staatsbegriff von der Feststellung spezifischer Aufgaben gelöst zu haben. Leugnet man die Existenz eines staatlichen Kernbereichs, so würde eine Materie erst durch staatliche Befassung staatlich[827].

Beide Ansätze stimmen jedoch darin überein, dass kennzeichnend für eine Beleihung „die Betrauung eines Privatrechtssubjekts mit der selbständigen Wahrnehmung einer staatlichen Zuständigkeit“[828] ist. In der Diskussion besteht lediglich eine Differenz hinsichtlich der Frage, ob als Beliehener ausschließlich derjenige bezeichnet werden soll, der zur Wahrnehmung der ihm überlassenen staatlichen Zuständigkeiten auch öffentlich-rechtliche Handlungsbefugnisse erhält[829]. Es sei nicht ersichtlich, so *Remmert*, weshalb im übrigen Verwaltungsrecht die Differenzierung zwischen öffentlich-rechtlichen und privatrechtlichen Handlungsformen zunehmend als bedeutungslos erachtet werde, ihr aber im Zusammenhang mit der Beleihung eine maßgebliche Funktion zukommen solle[830]. Es spräche nach *Remmert* viel dafür, jedes Privatrechtssubjekt unabhängig von den ihm zur Verfügung stehenden Handlungsformen als Beliehenen zu bezeichnen[831]. Dieser Ansicht ist nicht zu folgen, da bereits die Annahme, dass die Differenzierung zwischen privaten und öffentlich-rechtlichen Handlungsformen an Bedeutung verliere, nicht zutreffend ist. Hierbei wird völlig verkannt, dass an öffentlich-

---

824 *Terrahe*, Die Beleihung als Rechtsinstitut der Staatsorganisation, S. 83, *Ehlers*, Aushöhlung der Staatlichkeit, S. 237.

825 *Burgi*, Funktionale Privatisierung und Verwaltungshilfe, S. 80; so auch *Terrahe*, Die Beleihung als Rechtsinstitut der Staatsorganisation, S. 63, der betont, dass die Anwendung hoheitlicher Rechtsformen durch Privatrechtssubjekte ihren Ausdruck in einseitigen, obrigkeitlichen Rechtsmaßnahmen gegenüber Dritten finde.

826 So *Burgi*, Funktionale Privatisierung und Verwaltungshilfe, S. 81.

827 „Öffentliche Aufgaben werden dadurch zu Staatsaufgaben, daß er [der Staat] sie wahrnimmt“, so *Burgi*, Funktionale Privatisierung und Verwaltungshilfe, S. 81.

828 So *Remmert*, Private Dienstleistungen in staatlichen Verwaltungsverfahren, S. 255.

829 *Remmert*, Private Dienstleistungen in staatlichen Verwaltungsverfahren, S. 25.

830 *Remmert*, Private Dienstleistungen in staatlichen Verwaltungsverfahren, S. 257.

831 *Remmert*, Private Dienstleistungen in staatlichen Verwaltungsverfahren, S. 257.

rechtliche Handlungsformen andere rechtliche Anforderungen gestellt werden. Will man der Beleihung als Rechtsfigur jedoch feste Konturen verleihen, ist diese Ansicht kontraproduktiv. Eine im Wesentlichen gleichartige Struktur kann durch eine Beschränkung der Beleihung auf Fälle der Übertragung von Hoheitsgewalt erreicht werden. „Dann wird den Privaten etwas übertragen, was ihnen bislang vorenthalten und an sich ausschließlich dem Staat vorbehalten ist“[832].

Unabhängig davon, ob man der hier vertretenen Ansicht der Aufgabentheorie folgt, besteht im Ergebnis kein Streit darüber, dass dem Beliehenen die Handlungsmacht verliehen wird und er die ihm anvertrauten staatlichen Zuständigkeiten im eigenen Namen ausübt[833]. Der Beliehene wird nicht als Behörde des beleihenden Verwaltungsträgers angesehen, sondern als selbstständiger Aufgabenträger, der zum einen im Außenverhältnis zu den Adressaten des Verwaltungshandelns und zum anderen im Innenverhältnis zum beleihenden Verwaltungsträger in Eigenverantwortlichkeit agiert[834]. Eingehender wird daher zunächst das Innenverhältnis betrachtet, das durch die Regelung des finanziellen Ausgleichs gekennzeichnet ist. Der Beliehene wird zur Erfüllung der übertragenen Aufgabe verpflichtet; ihn treffen folglich die laufenden Kosten für die staatliche Aufgabenwahrnehmung[835]. Der finanzielle Ausgleich wird entweder durch Schaffung einer gesetzlichen Anspruchsgrundlage gegenüber dem Staat oder einer individuell vereinbarten Aufwandsentschädigung vorgenommen, wobei der Staat sich seinerseits durch die Erhebung von Gebühren gegenüber dem Aufgabenbetroffenen refinanziert[836]. Von Verfassungs wegen unterliegt der Beliehene staatlicher Aufsicht, denn sowohl aus dem Rechtsstaatsprinzip als auch aus dem Demokratieprinzip ergibt sich die Verpflichtung des beleihenden Verwaltungsträgers, die ordnungsgemäße Aufga-

---

[832] So deutlich *Frenz*, Selbstverpflichtung der Wirtschaft, S. 82; vgl. auch *Burgi*, Funktionale Privatisierung und Verwaltungshilfe, S. 80.

[833] *Remmert*, Private Dienstleistungen in staatlichen Verwaltungsverfahren, S. 258.

[834] *Schmidt am Busch*, DÖV 2007, S. 533 (S. 539); soweit die Beliehenen hoheitlich handeln, sind sie Teil der mittelbaren Staatsverwaltung; *Huber*, Wirtschaftsverwaltungsrecht I, S. 535; kennzeichnend für die Beleihung ist somit die Wahrnehmung staatlicher Verwaltungsfunktionen außerhalb der unmittelbaren Staatsverwaltung; *Krautzberger*, Die Erfüllung öffentlicher Aufgaben durch Private, S. 17. *Schuppert* bezeichnet die Beliehenen daher als „Außenstelle des Staates“ (*Schuppert*, Die Erfüllung öffentlicher Aufgaben, S. 139).

[835] *Schmidt am Busch*, DÖV 2007, S. 533 (S. 539). Der Beliehene stellt dafür seine eigene Arbeitsleistung zur Verfügung und muss die erforderlichen Sach- und Personalmittel bereithalten.

[836] Bei neueren Beleihungsformen wird dazu tendiert, dass der Beliehene neben der Übertragung der Aufgabe auch zur Erhebung von Gebühren ermächtigt wird (*Schmidt am Busch*, DÖV 2007, S. 533 (S. 539)).

benerfüllung durch den Beliehenen zu gewährleisten[837]. Auch hier hat sich ein Wandel hinsichtlich des Umfangs der staatlichen Aufsicht vollzogen; denn inzwischen ist die Möglichkeit anerkannt, dass die Aufsicht durch Gesetz auf eine Rechtsaufsicht beschränkt werden kann[838].

Diese Darlegung zeigt, dass strukturelle Parallelen zur funktionalen Selbstverwaltung gezogen werden können, denn den Körperschaften des öffentlichen Rechts kommt auch lediglich abgeleitete hoheitliche Gewalt zu. Sie sind keine Träger ursprünglicher hoheitlicher Gewalt, sondern ihnen muss – wie auch den Beliehenen – zunächst hoheitliche Befugnisse übertragen werden . Auch hinsichtlich des Innenverhältnisses der Beleihung können durchaus Parallelen zur funktionalen Selbstverwaltung gezogen werden; denn der Aspekt des finanziellen Ausgleichs bei der Wahrnehmung hoheitlicher Aufgaben findet sich bei der Handwerkskammer im Bereich der Auftragsverwaltung wieder, ebenso wie die Notwendigkeit der staatlichen Aufsicht. Jedoch ist die Errichtung einer öffentlich-rechtlichen Körperschaft viel umfassender und erfasst nicht nur eine einzelne, ganz bestimmte Aufgabe. Der Handwerkskammer werden zudem Selbstverwaltungsaufgaben zuteil, die mit einem gewissen Grad an Selbstständigkeit und Eigenverantwortlichkeit verbunden sind[839]. Die funktionale Selbstverwaltung bildet – als Teil der öffentlicher Verwaltung – einen Teil des Staates. Innerhalb des staatlichen Organisationsgefüges erfolgt keine Aufgabenübertragung im Wege der Beleihung. Es wäre widersprüchlich, wenn zum einen an die Handwerkskammer auf gesetzlichem Wege und zudem im Wege der Beleihung Aufgaben delegiert werden könnten. Daher ist auch im Ergebnis eine Erweiterung des Anwendungsbereichs der Beleihung auf juristische Personen des öffentlichen Rechts nicht indiziert. Das Rechtsinstitut der Beleihung wurde gewählt, obwohl kein Privatrechtssubjekt vorliegt, sondern eine Körperschaft des öffentlichen Rechts. Die Rechtsfigur der Beleihung wurde somit rechtsmissbräuchlich verwendet. Welche Folgen die Wahl des falschen Rechtsinstituts hat, wird im folgenden Abschnitt herausgearbeitet werden.

---

[837] *Burgi*, Funktionale Privatisierung und Verwaltungshilfe, S. 592; *Stadler*, Die Beleihung, S. 192 f.; *Maurer*, Allgemeines Verwaltungsrecht, § 23 Rn. 58.

[838] Der Beliehene sei wegen seiner größeren Sachkompetenz und Situationsnähe im Einzelfall besser als der beleihende Verwaltungsträger in der Lage, die zweckmäßige Entscheidung zu treffen, denn der Private wird gerade auf Grund seines spezifischen Fachwissens als Beliehener eingesetzt. Dem Staat fehlt es mithin am notwendigen Wissen, denn er selbst hält für diese Aufgabe keine technischen und personellen Mittel zu Verfügung, da letztendlich nur so eine wirkliche Entlastung des Staates eintrete. Mit dieser Argumentation wird der Verzicht auf die Fachaufsicht gerechtfertigt (*Schmidt am Busch*, DÖV 2007, S. 533 (S. 540)).

[839] Siehe *2. Kapitel III.* und *2. Kapitel IV.*

b) Rechtsfolgen der Wahl des falschen Rechtsinstituts

Welche Konsequenzen ergeben sich nun aus der Wahl des falschen Rechtsinstituts? Das rheinland-pfälzische Landesgesetz über die Beleihung der Handwerkskammern mit Aufgaben nach der Gewerbeordnung könnte nichtig sein. Zu prüfen ist, aus welchem Verstoß sich diese Rechtsfolge ergeben könnte.

aa) Formenmissbrauch durch die Wahl des Rechtsinstituts

Die rechtsmissbräuchliche Verwendung der Rechtsfigur der Beleihung könnte einen Formenmissbrauch des Gesetzgebers darstellen. Zunächst ist zu erläutern, was unter einem „Formenmissbrauch" zu verstehen ist. Die vorliegende Untersuchung geht davon aus, dass der Formenmissbrauch einen Missbrauch rechtlicher Gestaltungsmöglichkeiten darstellt – somit einen Rechtsmissbrauch[840]. Der Staat setzte eine äußere Erscheinung des Rechts (eine Form)[841] fälschlich ein[842]. Die Feststellung, dass ein Recht missbraucht wird, besagt, dass dem Staat diese Handlungs- oder Organisationsform nicht zusteht[843]. Kennzeichnend für den Formenmissbrauch ist der Verstoß auf funktioneller Ebene. Denn der Formenmissbrauch beruht auf einem fehlerhaften Kompetenzverständnis[844].

Vorliegend hat der Landesgesetzgeber die Form der Beleihung fälschlich eingesetzt. Zwar löst die Beleihung die beanspruchte Rechtsfolge aus, nämlich die Wahrnehmung der staatlichen Aufgabe des § 14 GewO durch die Handwerkskammer, jedoch liegen die Voraussetzungen der Beleihung nicht vor. Wie schon bereits erläutert, kann nur eine Person des Privatrechts Beleihungsadressat sein. Die richtige Form der Aufgabendelegation wäre die Übertragung im Wege der Auftragsverwaltung gewesen.

Es stellt sich die Frage, ob die Wahl des falschen Rechtsinstituts unter den Begriff der Organisationsform zu fassen ist. Dieser erfasst institutionalisier-

---

840 *Pestalozza*, Formenmißbrauch des Staates, S. 1, 61.

841 Unter der Form sind „alle Organisations- und Handlungsformen des Staates", so (*Pestalozza*, Formenmißbrauch des Staates, S. 25) zu verstehen.

842 *Pestalozza*, Formenmißbrauch des Staates, S. 127. „Die Form wird hier, da mißbrauchbar, offenbar als Schutzwürdiges begriffen", so *Pestalozza*, Formenmißbrauch des Staates, S. 1.

843 *Pestalozza*, Formenmißbrauch des Staates, S. 63.

844 So die Ausführungen von *Goerlich*, Formenmissbrauch und Kompetenzverständnis, S. 109. Der Staat setzt die falsche Handlungsform ein, so *Pestalozza*, Formenmißbrauch des Staates, S. 24; „Der Kundige neigt eher zu einer Strapazierung des Rechts" , und daher liegt es wohl auch in der Eigenheit des staatlichen Formenmissbrauchs, dass der Staat den Subsumtionsversuch meist mit einer „wissentlichen Trübung der Optik" begehe, so wohl sehr treffend *Pestalozza*, Formenmißbrauch des Staates, S. 125.

te und organisatorisch verfestigte Rechtsverhältnisse[845]. Das Rechtsinstitut der Beleihung stellt keine organisatorisch verfestigtes Rechtsverhältnis dar, denn es ist im gewissem Maße ein entwicklungsoffenes Verwaltungsrechtsinstitut[846]. Somit stellt die rechtsmissbräuchliche Verwendung der Rechtsfigur der Beleihung keinen Formenmissbrauch dar.

bb) Nichtigkeit wegen Verstoßes gegen die Gesetzgebungskompetenz

Die Übertragung der Aufgabe des § 14 GewO auf die Handwerkskammer könnte im Widerspruch zu der Regelung des § 124b S. 1 HandwO stehen. Aus der Formulierung des § 124b S. 1 HandwO, die besagt, dass die Landesregierung ermächtigt wird, die „Zuständigkeiten nach den §§ 7a, 7b, 8, 9, 22b, 23, 24, 42q auf andere Behörden oder auf Handwerkskammern zu übertragen", könnte bereits gefolgert werden, dass die Handwerkskammer im übrigen Kontext der Handwerksordnung kein Delegationsempfänger von Auftragsangelegenheiten sein kann. Jedoch gibt es keinen Anhaltspunkt, dass § 124b S. 1 HandwO eine Übertragung außerhalb der §§ 7a, 7b, 8, 9, 22b, 23, 24, 42q HandwO ausschließen sollte oder dass die Handwerksordnung den Behördenbegriff in einem vom § 1 VwVfG abweichenden Sinn auf Staatsorgane reduzieren würde. *Kormann* und *Wittmann* führen dazu aus, dass § 124b Satz 1 HandwO deklaratorisch klarstellt, dass auch die Kammern im Sinne des § 1 Abs. 4 VwVfG zu den Stellen gehören, die Aufgaben der öffentlichen Verwaltung wahrnehmen[847]. Eine Übertragung auf die Kammern sei also statthaft, sofern das Land diese Aufgabe nicht staatlichen Behörden vorbehalten will. Ein solcher Vorbehalt ist hier nicht ersichtlich.

Diese Auffassung ist jedoch nicht unproblematisch, denn gerade bei der Übertragung weiterer staatlicher Aufgaben auf die Selbstverwaltungsorgane ergeben sich neue Rechtsprobleme. Der § 124b HandwO regelt die Übertragung

845 *Pestalozza*, Formenmißbrauch des Staates, S. 163.

846 So auch bereits der Aufsatz von *Schmidt am Busch*, Die Beleihung im Wandel, der zutreffend feststellt, dass das Rechtsinstitut „dank einer dogmatischen Fortentwicklung, die auf eine flexible Erweiterung des Begriffsverständnisses zielt, [auf] die Einsatzmöglichkeit der Beleihung ausgedehnt" wurde, *Schmidt am Busch*, DÖV 2007, S. 533 (S. 534). Diskutiert wurden im Rahmen dieser Konstellation lediglich die Fälle, in denen die Tatbestandsvoraussetzungen der betreffenden Organisationsform erfüllt sind, jedoch der Sachverhalt gegen den Zweck der betreffenden Institution oder anderer einschlägiger Normen verstößt (*Pestalozza*, Formenmißbrauch des Staates, S. 163). Es fehlt jedoch bereits schon an dem Vorliegen eines Privatrechtssubjektes, sodass nicht einmal die „Tatbestandsvoraussetzungen" der Beleihung erfüllt sind.

847 *Kormann/Wittmann*, Neue hoheitliche Aufgaben, S. 77.

weiterer staatlicher Aufgaben der Handwerksordnung als Auftragsangelegenheiten auf die Handwerkskammer abschließend[848]. Somit können staatliche Aufgaben, die in der Handwerksordnung normiert und anderen Verwaltungsträgern zugeteilt sind, nicht auf die Handwerkskammer übertragen werden. Vorliegend geht es jedoch nicht um Aufgaben nach der Handwerksordnung, sondern nach der Gewerbeordnung. Nach § 155 Abs. 2 GewO bestimmen die Landesregierung oder die von ihr bestimmten Stellen die für die Ausführung dieses Gesetzes und der nach diesem Gesetz ergangenen Rechtsverordnungen zuständigen Behörden, soweit in der GewO nichts anderes bestimmt ist. Folglich ist „die Landesregierung" als zuständige Behörde bestimmt, wobei unter „Landesregierung" die obersten Organe der vollziehenden Gewalt zu verstehen sind[849]. In welcher Rechtsform die Zuständigkeits- und Delegationsregeln zu erlassen sind, bestimmt sich nach dem Landesverfassungs- und -organisationsrecht[850]. Im vorliegenden Fall hat jedoch der Landesgesetzgeber gehandelt. Somit hat fälschlicherweise nicht die Exekutive gehandelt, wie in § 155 Abs. 2 GewO vorgeschrieben, sondern die Legislative.

Vergleicht man zudem die Regelung mit der Landesverordnung über Zuständigkeiten im Gewerberecht[851], so wird das Resultat der Unzulässigkeit der Konstruktion einer Beleihung der Handwerkskammer deutlich. Nach § 1 Abs. 2 GewRZustV RP ist auch die Industrie- und Handelskammer die „für die Durchführung des § 14 mit Ausnahme des Absatzes 1 Satz 5 und der Absätze 1a und 3, des § 15 I und des § 55c der Gewerbeordnung" zuständige Behörde. Weiterhin schreibt § 1 Abs. 2 in den Sätzen 2 und 3 vor, dass die Industrie- und Handelskammer die Aufgabe als Auftragsangelegenheit wahrnimmt und die Aufsicht durch das Ministerium für Wirtschaft, Verkehr, Landwirtschaft und Weinbau ausgeübt wird. Die Landesregierung hat mit der Norm die Möglichkeit geschaffen, dass die IHK auch Gewerbeanzeigen entgegennehmen kann[852]. Beim Erlass der GewRZustV hat die zuständige Exekutive agiert.

Diese landesrechtliche Regelung beruht auf der gesetzlichen Ermächtigung des § 155 II GewO. Die Besonderheit dieser Norm ist, dass die IHK die Auf-

---

848 Dieser Ansicht wohl folgend *Ruthig/Storr*, Öffentliches Wirtschaftsrecht, Rn 135, die jedoch die bloße Entgegennahme von Anzeigen als unproblematisch mit Verweis auf den § 1 Abs. 2 RP-ZUVO Gewerberecht bezeichnen. In dieser Norm ist jedoch lediglich die Industrie- und Handelskammer als zuständige Behörde genannt.

849 *Schönleiter*, in: *Landmann/Rohmer*, GewO (I), § 155 Rn. 12.

850 *Schönleiter*, in: *Landmann/Rohmer*, GewO (I), § 155 Rn. 11;ebenso *Ennuschat*, in: *Tettinger/Wank/Ennuschat*, GewO, § 155 Rn. 3.

851 Vom 30. Januar 2001, GVBl. S. 43.

852 „Zuständige Behörde [...] sind auch die Industrie- und Handelskammern" nach § 1 II GewRZustV RP.

gaben als Auftragsangelegenheit wahrnehmen. Diese Konstruktion wäre auch bei der Übertragung der Anzeigepflicht des § 14 GewO auf die Handwerkskammer notwendig.

Jedoch sieht § 2 Abs. 1 der GewRZustV des Landes Rheinland-Pfalz lediglich die Übertragung des § 14 GewO auf die Industrie- und Handelskammern vor. Die gesetzliche Ermächtigung für die GewRZustV normiert jedoch lediglich, dass „die Landesregierungen oder die von ihnen bestimmten Stellen [...] die für die Ausführung dieses Gesetzes und der nach diesem Gesetz ergangenen Rechtsverordnungen zuständigen Behörden" bestimmen. Eine Beschränkung auf die Industrie- und Handelskammern sieht der Wortlaut der Norm nicht vor. Somit könnte die Landesregierung in einer Verordnung die Aufgabe des § 14 GewO an die Handwerkskammer als Auftragsverwaltung delegieren.

cc) Nichtigkeit wegen Verstoßes gegen das Rechtsstaatsprinzip

Ausfluss des Rechtsstaates ist es, dass staatliche Rechtsetzung nur durch die dazu besonders berufenen Organe des Staates erfolgen darf[853]. Beim Erlass der HwKBeleihV hat die unzuständige Exekutive gehandelt. Die Klarheit der Kompetenzordnung ist ein Gebot des Rechtsstaates[854] und verlangt zudem „eine rationale Zuordnung von Aufgaben und Kompetenzen"[855]. „Aus Sicht des Bürgers bedeutet rechtsstaatliche Verwaltungsorganisation ebenfalls zuallererst Klarheit der Kompetenzordnung; denn nur so wird die Verwaltung in ihren Zuständigkeiten und Verantwortlichkeiten für den einzelnen ‚greifbar'"[856]. *Richter* hat schon 1936 hingewiesen, dass „die Garantie des geordneten Instanzenzuges, die gesetzliche Zuständigkeitsordnung und die Erzeugung des Organwillens in festgelegter Form [...] als die Bürgerschaften des Rechtsstaates"[857] gelten. Die öffentliche Gewalt muss in allen ihren Äußerungen durch klare Kompetenzordnung und Funktionentrennung rechtlich so gebunden werden, dass Machtmißbrauch verhütet wird[858].

Nach § 155 Abs. 2 GewO bestimmen die Landesregierungen oder die von ihnen bestimmten Stellen die für die Ausführung dieses Gesetzes und der nach diesem Gesetz ergangenen Rechtsverordnungen zuständigen Behörden. Unter

---

853 *Maunz*, in: *Maunz/Dürig*, GG, Art. 80 Rn. 1.
854 Vgl. BVerfGE 33, 125, 158; *Degenhart*, Staatsrecht I, Rn. 516; *Krebs*, in: *Isensee/Kirchhof [Hrsg.]*, HdbStR, Bd V, S. 457 (Rn. 90).
855 So deutlich *Krebs*, in: *Isensee/Kirchhof [Hrsg.]*, HdbStR, Bd V, S. 457 (Rn. 90).
856 So BVerfG, Urt. v. 20.12.2007 – 2 BvR 2433/04, 2 BvR 2434/04, Rn. 157 – Arbeitslosengeld II, Hartz IV-Arbeitsgemeinschaft; vgl. auch BVerfGE 38, 125, 158.
857 So *Richter*, Die Organisationsgewalt, S. 17.
858 Vgl. BVerfGE 33, 158 ff.; *Maunz*, in: *Maunz/Dürig*, GG, Art. 80 Rn. 53.

Landesregierung sind – im Unterschied zur Landesgesetzgebung – die obersten Organe der vollziehenden Gewalt zu verstehen. Dies kann die Landesregierung als solche oder auch ein einzelnes Fachministerium sein[859]. Der Begriff Rechtsverordnungen umfasst alle Rechtsnormen, welche von den nach der Landesverfassung oder den Landesgesetzen dazu befugten Organen rechtsgültig erlassen wurden[860]. Jedoch wurde keine Rechtsverordnung von der Landesregierung zur Kompetenzübertragung erlassen, sondern ein Landesgesetz über die Beleihung der Handwerkskammer mit Aufgaben nach der Gewerbeordnung. Zwar hat der für eine Beleihung zuständige Landesgesetzgeber gehandelt, jedoch unter Umgehung des § 155 Abs. 2 GewO. Hierin ist ein Verstoß gegen den Grundsatz der Klarheit der Kompetenzordnung zu sehen.

3. Bewertung der Übertragung des § 14 GewO auf die Handwerkskammer

Abschließend ist festzuhalten, dass der Landesgesetzgeber den rechtlich unzulässigen Weg der Beleihung der Handwerkskammer gewählt hat. Die Handwerkskammer als eine Körperschaft des öffentlichen Rechts ist kein tauglicher Beleihungsadressat. Daher scheidet die Beleihung als Rechtsinstitut zur Übertragung der hoheitlichen Aufgabe des § 14 GewO aus. Der Landesgesetzgeber hat gegen den Grundsatz der Klarheit der Kompetenzordnung verstoßen. Der vom rheinland-pfälzischen Landesgesetzgeber gewählte Weg der Einbindung der Handwerkskammer ist unzulässig. Jedoch wurde ein möglicher Weg der Aufgabendelegation bereits aufgezeigt[861].

Fraglich ist, ob die Anzeigepflicht des § 14 GewO eine legitime öffentliche Aufgabe darstellt. Mittels der Zwei-Stufen-Prüfung wird dies geklärt. Auf der ersten Stufe muss untersucht werden, ob eine öffentliche Aufgabe vorliegt, an der ein gesteigertes Interesse der Gemeinschaft hinsichtlich der Erfüllung besteht. Ist dies zu bejahen, stellt sich in einem nächsten Schritt die Frage, ob die Aufgabe nach den Wertungen des Grundgesetzes der Stellung der Handwerkskammer und deren Verbandszweck entspricht und somit auch legitimerweise diesen zugewiesen werden kann.

An der Annahme der Gewerbeanzeige besteht ein gesteigertes Interesse der

---

[859] Eine andere Ansicht vertritt *Ennuschat*, der auch das Parlament als generell zuständiges Gesetzgebungsorgan für zuständig erachtet *Ennuschat*, in: *Tettinger/Wank/Ennuschat*, GewO, § 155 Rn. 3.

[860] *Schönleiter*, in: *Landmann/Rohmer*, GewO (I), § 155 Rn. 6.

[861] Vgl. *5. Kapitel II. 2. b)*.

Gemeinschaft, denn die Vorschrift verfolgt primär den Zweck, der zuständigen Behörde Aufschluss über die Zahl und Art der in ihrem Bezirk vorhandenen Gewerbebetriebe zu geben. Die Aufgabe des § 14 GewO ist nicht eine öffentliche Aufgabe, sondern eine staatliche Aufgabe. Zuständige Behörde ist nach §§ 14, 155 Abs. 2 GewO iVm. § 1 Abs. 1 Nr. 1 GewRZustV RP „die Gemeindeverwaltung der verbandsfreien Gemeinden, die Verbandsgemeindeverwaltung sowie in kreisfreien und großen kreisangehörigen Städten die Stadtverwaltung". Die zuständige Behörde nimmt die Aufgabe nach § 1 Abs. 1 S. 2 GewRZustV RP als Auftragsangelegenheit wahr. Die Delegation einer staatlichen Aufgabe der Gewerbeordnung kann nur im Rahmen des § 155 Abs. 2 GewO erfolgen. Die Aufgabe müsste daher der Handwerkskammer als Auftragsangelegenheit übertragen werden, angelehnt an die Übertragung der Durchführung des § 14 GewO an die Industrie- und Handelskammern nach § 1 Abs. 2 GewRZustV RP. Dies setzt jedoch voraus, dass die Aufgabe des § 14 GewO eine legitime öffentliche Aufgabe ist.

a) Legitime öffentliche Aufgabe

Legitimerweise ist eine öffentliche Aufgabe einer Körperschaft des öffentlichen Rechts zugewiesen, wenn die Aufgabendelegation nach den Wertungen des Grundgesetzes der Stellung der Handwerkskammer als funktionaler Selbstverwaltungsträger entspricht. Der Handwerkskammer dürfen nur solche Aufgaben übertragen werden, die durch den Verbandszweck als notwendig legitimiert sind. Insbesondere muss die Aufgabe durch den Rechtsgedanken der sachgerechten Funktionswahrnehmung legitimiert sein.

Zunächst ist im Rahmen der Auslegung zu prüfen, ob sich die Aufgabe des § 14 GewO noch innerhalb des in § 90 Abs. 1 HandwO beschriebenen sachlichen Bereichs der Verbandskompetenz, des Verbandszwecks, hält. Die Aufgabe der Entgegennahme der Gewerbeanzeige müsste zur Vertretung der Interessen des Handwerks geeignet sein. Die Aufgabe der Gewerbeanzeige ist mit dem Verbandszweck vereinbar. Die Delegation der Anzeigepflicht des § 14 GewO auf die Handwerkskammer entspricht somit den Wertungen des Grundgesetzes hinsichtlich der Stellung der Handwerkskammer als Körperschaft des öffentlichen Rechts mit Pflichtmitgliedschaft. Somit liegt eine legitime öffentliche Aufgabe vor und ein Verstoß gegen das relative Delegationsverbot ist nicht ersichtlich. Die Aufgabe kann der Handwerkskammer im Wege der Auftragsverwaltung übertragen werden.

b) Wirkungsorientierte Verwaltungsführung

Daher wird die Bewertung der Aufgabendelegation des § 14 GewO unter dem Gesichtspunkt einer wirkungsorientierten Verwaltungsführung betrachtet. Die Erwägungen, die hinter dem Gesetz stehen, sind durchaus lobenswert, da sie eine effiziente und kundenorientierte Verwaltung vorantreiben. Dem Betriebsinhaber wird ein Behördengang erspart, denn neben der Eintragung in die Handwerksrolle wird ihm die ebenfalls notwendige Gewerbeanzeige nach § 14 GewO bei der Handwerkskammer ermöglicht. Der Betriebsinhaber muss sich nicht zusätzlich zu den in § 1 GewRZustV RP genannten Behörden begeben, sondern kann die Eintragung in die Handwerksrolle und die Gewerbeanzeige bei der Handwerkskammer vornehmen. Unter dem Aspekt einer wirkungsorientierten Verwaltungsführung ist die Möglichkeit, die Gewerbeanzeige bei den Handwerkskammer vorzunehmen, sehr sinnvoll.

III. Die Handwerkskammer als Einheitlicher Ansprechpartner

Ein wesentliches Ziel der EU-Dienstleistungsrichtlinie[862] ist die Verwaltungsvereinfachung[863]. Übermäßig schwerfällige Genehmigungsregelungen, -verfahren und -formalitäten sollen ebenso wie Komplexität, Langwierigkeit und mangelnde Rechtssicherheit der Verwaltungsverfahren beseitigt werden[864]. Das Hauptelement zur Erreichung der angestrebten Verwaltungsvereinfachung ist die Einrichtung von sog. Einheitlichen Ansprechpartnern in den Mitgliedstaaten. Über den Einheitlichen Ansprechpartner können Dienstleister alle dienstleistungsrelevanten Verfahren und Formalitäten abwickeln[865]. Ausdrücklich nennt die DL-Rl auch die Handwerkskammer als geeignete Stelle[866]. Hervorzuheben ist, dass sich an der sachlichen und fachlichen Entscheidungskompetenz durch die Errichtung des Einheitlichen An-

[862] Richtlinie 2006/123/EG des Europäischen Parlamentes und des Rates über Dienstleistungen im Binnenmarkt vom 12.12.2006, ABlEG Nr. L 376, S. 36.

[863] *Palige*, GewArch 2007, S. 273 (S. 273).

[864] Erwägungsgründe 42 und 43 DL-RL.

[865] „Die beiden EAP geben umfassende Auskünfte zu allen Fragestellungen im Zusammenhang mit der Aufnahme und Ausübung einer Dienstleistungstätigkeit in Rheinland-Pfalz. Außerdem können die dazu erforderlichen Anzeige-, Erlaubnis- und Genehmigungsverfahren aus einer Hand über den jeweiligen EAP abgewickelt werden. Damit kann auf zahlreiche Behördengänge verzichtet werden“, so http://www.ism.rlp.de/moderne-verwaltung/eu-dienstleistungsrichtlinie (Stand: 09.02.2011)

[866] Erwägungsgrund 48 DL-RL.

sprechpartners nichts ändert (vgl. Art. 6 II der Richtlinie)[867]. Die Funktion des Einheitlichen Ansprechpartners konzentriert sich daher auf die Rolle des Verfahrenspartners, somit auf den „Front-Office-Bereich“[868]. Das „Front Office“ bündelt sämtliche Behördenkontakte und wird als Mittler bzw. Bote tätig[869].

Einige gewichtige Gründe sprechen für die Betrauung der Handwerkskammer mit dieser Aufgabe. Die Handwerkskammer ist bereits mit der Führung der Handwerksrolle und des Verzeichnisses der zulassungsfreien Handwerke und handwerksähnlichen Gewerbe nach § 91 Abs. 1 Nr. 3, 4 HandwO betraut. Die 54 Handwerkskammern bieten deutschlandweit ein ausreichend dichtes Netz an Kontaktstellen vor Ort. Auf Grund der bei den Kammern eingerichteten One-Stop-Shops ist die organisatorische Struktur bereits vorhanden und hat sich bereits bewährt[870]. Ein solcher Ansatz der Verortung des Einheitlichen Ansprechpartners bei der Handwerkskammer schließt zudem nicht aus, dass auch andere Stellen als Einheitlicher Ansprechpartner fungieren können. Insbesondere bieten sich verschiedene Formen der Kooperation an. Das Kammermodell ist in zwei Varianten denkbar, einerseits als Allkammermodell und andererseits als Wirtschaftskammermodell[871].

1. Rechtliche Grundlagen

Der Bundesgesetzgeber hat die für die rechtliche Umsetzung erforderlichen Regelungen in die HandwO eingefügt. Nach § 5b Abs. 1 HandwO können „Verwaltungsverfahren nach diesem Gesetz oder nach einer auf Grund dieses Gesetzes erlassenen Rechtsverordnung [...] über eine einheitliche Stelle abgewickelt werden“. In § 91 HandwO wurde der Absatz 1a eingefügt, der folgende Regelung vorsieht: „Die Länder können durch Gesetz der Handwerkskammer die Aufgaben einer einheitlichen Stelle im Sinne des Verwaltungsverfahrensgesetzes übertragen. Das Gesetz regelt, welche Aufgabenbereiche von der Zuweisung erfasst sind. Dabei kann das Gesetz vorsehen, dass die Handwerkskammer auch für nicht Kammerzugehörige tätig wird. Das Gesetz regelt auch

[867] Ausführlich hierzu *Windoffer*, DVBl. 2006, S. 1210 (S. 1211).

[868] So *Palige*, GewArch 2007, S. 273 (S. 275); *Windoffer*, GewArch 2008, S. 97 (S. 98); *Windoffer*, DVBl. 2006, S. 1210 (S. 1213).

[869] *Windoffer*, GewArch 2008, S. 97 (S. 98). Dem Dienstleister bleibt der unmittelbare Kontakt mit der sachbearbeitenden Stelle erspart, dem sog. „Back Office“, so *Windoffer*, GewArch 2008, S. 97 (S. 98).

[870] Dies zeigt auch die große Anzahl von One-Stop-Shops bundesweit; vgl. hierzu http://www.ifm-bonn.org/assets/documents/One-Stop-Shops-in-Deutschland.pdf (Stand: 10.12.2012)

[871] Siehe zu den Modellen *Windoffer*, GewArch 2008, S. 97 (S. 100).

die Aufsicht". Darüber hinaus wurde § 91 Absatz 2a HandwO eingefügt, der Folgendes festlegt: „Die Länder können durch Gesetz der Handwerkskammer ermöglichen, sich an einer Einrichtung zu beteiligen, die Aufgaben einer einheitlichen Stelle im Sinne des Verwaltungsverfahrensgesetzes erfüllt". Aus diesen Regelungen kann gefolgert werden, dass der Gesetzgeber sowohl die vollständige Übertragung der Aufgabe des Einheitlichen Ansprechpartners als auch die Möglichkeit einer Beteiligung der Handwerkskammer an einer einheitlichen Stelle in Betracht gezogen hat. Welche Länder diese Möglichkeiten genutzt haben, wird nachfolgend noch betrachtet.

Durch die Ergänzung des Kataloges des §91 HandwO um den Absatz 1a Satz 1 wurde die Ermächtigung für die Landesgesetzgeber geschaffen, „durch Gesetz der Handwerkskammer die Aufgaben einer einheitlichen Stelle im Sinne des Verwaltungsverfahrensgesetzes" zu übertragen. Darüber hinaus wird bestimmt, dass „das Gesetz regelt, welche Aufgabenbereiche von der Zuweisung erfasst sind" (§91 Abs. 1a Satz 2 HandwO). In diesem Kontext ist anzumerken, dass die Verfahrensmittler- und Informationstätigkeit der einheitlichen Stelle gem. §§71 a ff. VwVfG eine schlicht-hoheitliche Tätigkeit darstellt[872]. Hingegen handelt es sich bei der Entgegennahme der Anzeige oder Genehmigung ebenso wie bei der Mitwirkung beim Anzeige- oder Genehmigungsverfahren um hoheitliche Aufgaben. Folglich ist für die Entgegennahme von Anzeigen und/oder Registeranmeldungen oder gar für die Führung von Registern selbst eine rechtssatzmäßige Festlegung erforderlich. Hinsichtlich der Führung der Handwerksrolle durch die Handwerkskammer ist die gesetzliche Festlegung nach den §§6ff. HandwO und die Aufgabenübertragung im § 91 Abs. 1 Nr. 3 HandwO erfolgt. Die Problematik hinsichtlich der Entgegennahme von Gewerbeanzeigen nach § 14 GewO wurde bereits eingehend betrachtet. Nach *Kormann/Wittmann* ist ein pragmatischer Ausweg für den Landesgesetzgeber „die Vermeidung einer echten Zuständigkeitsregelung zugunsten einer bloßen Boten- und Verteilerfunktion der One-Stop-Agency"[873].

Zu bedenken ist hier die Konstruktion, dass eine Ermächtigungsgrundlage für die Länder geschaffen und auch erst in den Ländergesetzen Näheres über die Aufgabenwahrnehmung geregelt wird. Zuvor wird jedoch die Regelung des §91 Abs. 1a HandwO begutachtet, die normiert, dass das Gesetz vorsehen kann, dass die Handwerkskammer auch für nicht Kammerzugehörige tätig

[872] Bei der zwischen der hoheitlichen Zielsetzung und dem realen Verhalten ein enger innerer und äußerer Zusammenhang besteht, *Jarass*, in: *Jarass/Pieroth*, GG, Art. 34 Rn. 8.

[873] So der Vorschlag von *Kormann/Wittmann*, Neue hoheitliche Aufgaben, S. 87. Jedoch wurde bereits ein Lösungsansatz bei der Prüfung des bestehenden Landesgesetzes aufgezeigt. Die Landesregierung könnte in einer Verordnung die Aufgabe des § 14 GewO an die Handwerkskammer als Auftragsverwaltung delegieren.

wird. Zu prüfen ist, ob es sich hierbei um eine legitime öffentliche Aufgabe handelt.

2. Legitime öffentliche Aufgabe

Die Aufgabe des Einheitlichen Ansprechpartners nach §91 Abs. 1a bzw. §91 Abs. 2a HandwO müsste eine legitime öffentliche Aufgabe darstellen. Zunächst muss untersucht werden, ob die Einrichtung eines Einheitlichen Ansprechpartners eine öffentliche Aufgabe darstellt. Die damit verbundene Verwaltungsvereinfachung hinsichtlich Genehmigungsregelungen, -verfahren und -formalitäten liegt ebenso im Interesse der Allgemeinheit wie die Beschleunigung von Verwaltungsverfahren und eine Steigerung der Kundenorientierung. Mithin handelt es sich auch nicht um eine originär staatliche Aufgabe, die nur unmittelbar vom Staat selbst wahrgenommen werden kann. Daran ändert auch die Tatsache nichts, dass es sich um die Umsetzung einer Richtlinie handelt, da es den Mitgliedstaaten überlassen wird, wie sie die Richtlinie in das nationale Recht umsetzen. Somit liegt eine öffentliche Aufgabe vor.

Es bleibt die Frage zu klären, ob diese Aufgabe auch legitim ist. Legitimerweise ist eine öffentliche Aufgabe einer Körperschaft des öffentlichen Rechts dann zugewiesen, wenn diese Aufgabendelegation nach den Wertungen des Grundgesetzes der Stellung der Handwerkskammer als funktionaler Selbstverwaltungsträger entspricht. Der Handwerkskammer dürfen nur solche Aufgaben übertragen werden, die durch den Verbandszweck als notwendig legitimiert sind.

Im Rahmen der Auslegung ist zunächst zu prüfen, ob sich die Aufgabe des §91 Abs. 1a noch innerhalb der Verbandskompetenz hält. Die Aufgabe als Einheitlicher Ansprechpartner müsste sich im sachlichen und personellen Bereich der Verbandskompetenz der Handwerkskammer bewegen. In sachlicher Hinsicht wird die Verbandskompetenz von der Aufgabenzuweisung des § 90 Abs. 1 HandwO bestimmt[874]. Die Aufgaben des Einheitlichen Ansprechpartners müssten zur Vertretung der Interessen des Handwerks geeignet sein. Diese Aufgaben sind mit dem Verbandszweck vereinbar, insbesondere da die Aufgabe an die informativen und beratenden Tätigkeiten der Handwerkskammer anknüpft. Durch die Registerführung der Handwerksrolle ist auch ein „Kernbereich der funktionellen Selbstverwaltung“[875] – eine pflichtige Selbstverwaltungsaufgabe[876]– betroffen. Auch ist die Beratung von – wenn auch

[874] Vgl. hierzu ausführlich die Darstellung im *2. Kapitel V. 1.*

[875] So deutlich *Kormann/Wittmann*, Neue hoheitliche Aufgaben, S. 87.

nur möglichen – künftigen Mitgliedern der Handwerkskammer für eine wirkungsorientierte Verwaltungsführung förderlich und hält sich im Rahmen der personellen Komponente des Verbandszwecks[877].

Festzuhalten ist somit, dass es sich bei der Aufgabe des Einheitlichen Ansprechpartners nach §§ 91 Abs. 1a, 91 Abs. 2a HandwO um eine legitime öffentliche Aufgabe handelt. Die mit dieser Aufgabe verbundenen Tätigkeiten der Handwerkskammer sind folglich einer landesrechtlichen Delegationsregelung zugänglich[878].

3. Umsetzung und ihre Bewertung

Abschließend ist die Umsetzung der Vorgaben der Richtlinie hinsichtlich des Einheitlichen Ansprechpartners in den Ländern zu begutachten. Es ist der Frage nachzugehen, welche Rolle der Handwerkskammer in den Bundesländern zuteil wird. Grundsätzlich ist die Einbindung der Handwerkskammer in die Aufgabe des Einheitlichen Ansprechpartners in drei verschiedenen Modellen denkbar. In Rheinland-Pfalz hat der Landesgesetzgeber die Aufgabe des Einheitlichen Ansprechpartners auf die beiden Struktur- und Genehmigungsdirektionen des Landes zunächst für drei Jahre übertragen und somit die Handwerkskammer nicht in die Aufgabenwahrnehmung miteinbezogen. Andere Bundesländer haben die Handwerkskammer im Rahmen divergierender Modelle als Einheitlichen Ansprechpartner eingebunden. Die Ansiedlung des Einheitlichen Ansprechpartners ist in den Bundesländern insgesamt sehr heterogen erfolgt[879], wobei in dieser Betrachtung einige Bundesländer exemplarisch dargestellt werden. In Hamburg ist eine Kammergemeinschaft Träger des Einheitlichen Ansprechpartners[880]; in Schleswig-Holstein wurde eine Anstalt des öffentlichen Rechts – Einheitlicher Ansprechpartner Schleswig-Holstein – gegründet, die vom Land Schleswig-Holstein, den Gemeinden und Kreisen des Landes sowie allen im Land Schleswig-Holstein existierenden Handwerkskammern sowie Industrie- und Handelskammern getragen wird. Das Land Hessen hat den Einheitlichen Ansprechpartner bei den drei Regierungspräsidien in Darmstadt, Gießen und Kassel eingerichtet. Im Saarland

[876] Siehe *2. Kapitel III. 1. a)*.

[877] *Dürr* sieht diese Ausdehnung des Kreises der Anzusprechenden „weit über den traditionellen Kreis der Mitglieder einer Kammer“ hinaus sehr kritisch, *Dürr*, GewArch 2008, S. 25 (S. 25).

[878] Vgl. *Kormann/Wittmann*, Neue hoheitliche Aufgaben, S. 87.

[879] *Sicko*, LKRZ 2010, S. 331 (S. 331).

[880] Mitglieder sind neben der Handwerkskammer Hamburg: Handelskammer Hamburg, Hamburgische Architektenkammer, Hamburgische Ingenieurkammer-Bau, Hanseatische Rechtsanwaltskammer Hamburg, Steuerberaterkammer Hamburg.

wurde sowohl ein Einheitlicher Ansprechpartner bei der Handwerkskammer als auch bei der IHK eingerichtet. Auch in Baden-Württemberg griff man auf bereits vorhandene organisatorische Strukturen der One-Stop-Shops zurück und siedelte den Einheitlichen Ansprechpartner als zentralen Koordinator verpflichtend bei den Wirtschaftskammern und den Kammern der freien Berufe an.

Die Handwerkskammer weist in diesem Zusammenhang ein großes Potenzial zur Verwirklichung einer wirkungsorientierten Verwaltungsführung auf, denn bereits die One-Stop-Shops weisen eine gesteigerte Kundenorientierung auf und verstärken somit gleichzeitig den Aspekt der Bürgernähe. Insbesondere bietet es sich in sachlicher Hinsicht an, die bereits vorhandenen Erfahrungen der Kammern mit einschlägigen Beratungs- und Informationsangeboten und – im Idealfall – auch mit den Angeboten der One-Stop-Shops fruchtbar zu machen[881]. Gerade im Hinblick auf die Existenz von „anschlussfähigen Leistungsangeboten“[882] ist die Einbindung der Handwerkskammer im Hinblick auf die Effizienzsteigerung und hinsichtlich Deregulierungsbestrebungen angezeigt. Der Staat muss in Bereichen, die durch Spezialwissen geprägt sind, auf Akteure außerhalb der unmittelbaren Staatsverwaltung zurückgreifen, um diese Aufgabe effektiv meistern zu können.

Einen weiteren wichtigen Aspekt erwähnt *Windoffer*, der herausstellt, dass „die in der gegenwärtigen Epoche führenden Leitbilder der ‚Governance‘ und des ‚Gewährleistungsstaates‘ als Kerngedanken das Subsidiaritätsprinzip in sich“[883] tragen. In diesem Kontext gewinnt die funktionale Selbstverwaltung an Bedeutung, wie schon bereits im *3. Kapitel* erläutert wurde, und die DL-Rl bietet daher „die Gelegenheit, grundsätzliche Erwägungen zur Zukunft staatlicher Aufgabenwahrnehmung“[884] anzustellen. Es bleibt daher abzuwarten, wie sich die einzelnen Modelle bewähren und ob sich insbesondere bei den Modellen des Einheitlichen Ansprechpartners, die die Handwerkskammer einbeziehen, mögliche Synergieeffekte ausschöpfen lassen.

[881] Unbeschadet des Umstands, dass sich die Angebot der One-Stop-Shops nicht völlig mit dem des Einheitlichen Ansprechpartners decken, *Windoffer*, GewArch 2008, S. 97 (S. 100).

[882] So *Windoffer*, DVBl. 2006, S. 1210 (S. 1217).

[883] So *Windoffer*, GewArch 2008, S. 97 (S. 101), der betont, dass das Prinzip der Subsidiarität insbesondere im Verhältnis zwischen Staat und Wirtschaft bzw. Gesellschaft vorherrsche *Windoffer*, GewArch 2008, S. 97 (S. 101).

[884] So *Windoffer*, GewArch 2008, S. 97 (S. 101).

IV. Mitwirkung bei staatlicher Handwerksförderung

Abschließend werden die Möglichkeiten hinsichtlich der Einbindung der Handwerkskammer in die staatliche Handwerksförderung aufgezeigt. Die Wirtschaftsförderung erfolgt vor allem mittels Subventionen[885]. Die wirtschaftspolitische Finalität prägt das Wesen und die Erscheinungsform von Subventionen als einem Instrument staatlicher Wirtschaftslenkung[886].

1. Wirkungsorientierte Verwaltungsführung

Die gegenwärtige Subventionspraxis weist „eine monetäre Schlagseite auf"[887], da ausschließlich das zur Verfügung gestellte Geld im Vordergrund des Verwaltungshandelns steht. Diese verengte Sichtweise lässt außer Acht, dass die Wirtschaftsförderung nur effektiv funktionieren kann, wenn sie mit Leistungen und Wirkungen verknüpft wird und nicht als eigenständiges Steuerungsmittel angesehen wird[888]. *Stober* hebt in seinem Beitrag, der sich mit den rechtlichen Rahmenbedingungen der Wirtschaftsförderung[889] beschäftigt, hervor, dass eine zeitgerechte Wirtschaftsförderung unter anderem auch der „Konzentration der Zuständigkeit in einer Hand"[890] bedürfe. Der Beratungs-

---

885 Als Subventionen bezeichnet man – bei allen Besonderheiten bereichsspezifischer Subventionsbegriffe – „alle Leistungen einer rechtsfähigen Einrichtung der öffentlichen Hand an eine von ihr zu unterscheidende rechtsfähige Einrichtung oder an eine Person, die ohne marktmäßige Gegenleistung gewährt werden und anregen sollen, ein im öffentlichen Interesse liegendes Ziel zu verwirklichen", so *Ruthig/Storr*, Öffentliches Wirtschaftsrecht, Rn. 770; ebenso einen weiten Subventionsbegriff verwendet *Schliesky*, Öffentliches Wirtschaftsrecht, S. 125. „Der Staat knüpft an die Hingabe öffentlicher Mittel eine Verhaltenserwartung, deren Erfüllung durch den Subventionsempfänger die Verwirklichung des mit der Subvention verbundenen Verwaltungszieles mit sich bringt, und macht somit das planmäßige Eigeninteresse dem öffentlichen Interesse dienstbar", so (*Fröhler/Oberndorfer*, Wirtschaftsrecht als Instrument der Wirtschaftspolitik, S. 114).

886 *Fröhler/Oberndorfer*, Wirtschaftsrecht als Instrument der Wirtschaftspolitik, S. 110, jedoch ist in diesem Zusammenhang zu beachten, dass die Subvention lediglich ein Mittel der indirekten Verhaltenssteuerung darstellt (*König/Dose*, Klassifizierungsansätze staatlicher Handlungsformen, S. 111, 114).

887 So die sehr treffende Formulierung von *Stober*, Allgemeines Wirtschaftsverwaltungsrecht, S. 237; diese Kritik an der Subventionspraxis bereits bei *Stober*, BB 1996, S. 1845.

888 *Schedler/Proeller*, NPM, S. 114.

889 *Stober*, BB 1996, S. 1845 (S. 1845 ff.).

890 So *Stober*, BB 1996, S. 1845 (S. 1853); nur so könne eine Effektuierung der Wirtschaftsförderung erreicht werden (*Stober*, Allgemeines Wirtschaftsverwaltungsrecht,

und Antragsservice für Existenzgründer und Förderungsinteressenten müsse gebündelt werden, damit nicht mehrere Stellen zur Informationsbeschaffung angelaufen werden müssen. Eine Stelle soll koordinierend tätig werden und dürfe folglich nicht zu weit vom Förderungsinteressenten entfernt sein. Zweckmäßig ist daher die Ansiedlung auf regionaler Ebene. Die Wirtschaftsförderung wird dadurch nachfrageorientierter, benutzerfreundlicher und adressatengerechter ausgestaltet.

Durch die Einbeziehung der Handwerkskammer kann auch der Forderung nach der Anpassung von Förderprogrammen auf einzelbetriebliche Erfordernisse[891] nachgekommen werden. Den Maßgaben der Benutzer- und Adressatenorientierung wird die Handwerkskammer – wie bereits mehrfach erläutert – durch ihre organisatorische Ausgestaltung gerecht. Somit ist die Einbeziehung der Handwerkskammer denkbar, soweit der Staat Mittel zur Handwerksförderung zur Verfügung stellt. Die Mitwirkung bei staatlicher finanzieller Handwerksförderung durch die Handwerkskammer würde das Dezentralisierungskonzept verwirklichen und eine sachnahe Verteilung der Fördergelder sicherstellen. Die Effektuierung der Wirtschaftsförderung durch Einbindung der Handwerkskammer zeigt in paradigmatischer Art und Weise, dass die Aufgabendelegation auf die Handwerkskammer zur Förderung einer wirkungsorientierten Verwaltungsführung beiträgt[892]. Eine Übertragung der Koordinierung und Abwicklung spezieller handwerksfördernder Maßnahmen erscheint somit sinnvoll. Jedoch sind entsprechende rechtliche Vorkehrungen zu beachten, die nachfolgend noch näher zu begutachten sind.

2. Legitime öffentliche Aufgabe

Die Aufgabe der Mitwirkung der Handwerkskammer bei staatlicher Wirtschaftsförderung müsste eine legitime öffentliche Aufgab darstellen. Die Übertragung liegt im öffentlichen Interesse, wenn sie die staatliche Wirtschaftsverwaltung entlastet und eine zügigere, effektivere und sachgerechtere Subventionierung gewährleistet. Die Handwerkskammer dürfte auf Grund ihrer Erfahrung am Besten in der Lage sein, die Förderprogramme an einzelbetriebliche Erfordernisse anzupassen und praxistauglich auszugestalten. Darüber hinaus dienen die Berufsbildungs- und Handwerksförderungsmittel dem öffentlichen Interesse[893].

S. 237).

891 *Stober*, BB 1996, S. 1845 (S. 1853).

892 *Stober* schreibt die Effektuierung der Wirtschaftsförderung, die eine Lichtung des Subventionsdschungels bewirken soll, als eine „verhaltenseinwirkende Wirtschaftsförderung“ (*Stober*, Allgemeines Wirtschaftsverwaltungsrecht, S. 237).

Zu fragen ist in einem nächsten Prüfungsschritt, ob es auch legitim ist, diese öffentliche Aufgabe einer Körperschaft des öffentlichen Rechts mit Pflichtmitgliedschaft zur Erledigung zu überweisen. Legitimerweise ist eine öffentliche Aufgabe einer Körperschaft des öffentlichen Rechts dann zugewiesen, wenn diese Aufgabendelegation nach den Wertungen des Grundgesetzes der Rechtsform einer öffentlich-rechtlichen Körperschaft entspricht. Hinsichtlich dieses Merkmals ist der Aspekt hervorzuheben, dass der Handwerkskammer als funktionalem Selbstverwaltungsträger nur solche Aufgaben übertragen werden dürfen, die durch den Verbandszweck als notwendig legitimiert sind. Eine über die schlicht hoheitliche Aufgaben hinausgehende Tätigkeit der Handwerkskammer in einem Zuwendungsverfahren würde hingegen ein formelles Bundes- oder Landesgesetz erfordern. Auch wäre eine Fördermaßnahme, die andere Zielsetzungen als die der Handwerksförderung wesentlich mitverfolgt, nicht umsetzbar[894]. Hier würde wohl im Ergebnis keine legitime öffentliche Aufgabe mehr vorliegen, die eine Pflichtmitgliedschaft rechtfertigen kann. Unter Beachtung dieser Maßgaben ist die Mitwirkung bei der staatlichen Handwerksförderung grundsätzlich als eine legitime öffentliche Aufgabe zu qualifizieren. In einigen Bundesländern wurde daher auch schon über eine Betrauung der Handwerkskammer mit einer Trägerschaft hinsichtlich einer umfassenden Handwerksförderstelle nachgedacht[895].

Die Einbeziehung der Handwerkskammer in handwerksfördernde staatliche Maßnahmen würde einen Beitrag zu einer verstärkt wirkungs- und kundenorientierten Wirtschaftsförderung leisten.

---

893 *Kormann/Wittmann*, Neue hoheitliche Aufgaben, S. 89.

894 *Kormann/Wittmann*, Neue hoheitliche Aufgaben, S. 89. Als Beispiel führen *Kormann/Wittmann* umwelt- und sozialpolitische Ziele auf, die in den Vordergrund rücken und eine Gemeinwohlaufgabe darstellen.

895 *Kormann/Wittmann*, Neue hoheitliche Aufgaben, S. 89. Ein Beispiel, dass diese Form der Handwerksförderung umsetzt ist die „Landes-Gewerbeförderungsstelle des nordrhein-westfälischen Handwerks e.V.“. Bei dieser Stelle handelt es sich um eine Gemeinschaftseinrichtung der Handwerkskammern und Fachverbände in Nordrhein-Westfalen. Die Aufgabe beschreibt die Förderungsstelle auf ihrer Homepage (http://www.lgh.de/die-lgh-fuer-sie/index.html (Stand: 08.12.2012) wie folgt: „Unsere Aufgabe ist es, die handwerklichen Organisationen bei der Planung und Durchführung von Gewerbeförderungsmaßnahmen zu unterstützen, die Aktivitäten in diesem Bereich auf Landesebene zu koordinieren und Serviceleistungen für die und im Auftrag der Mitglieder zu erbringen. Die LGH übernimmt die Abwicklung von Förderprogrammen und die Leitung von Sonderprojekten. Zudem wirkt sie mit bei der Beratung der Politik für die Planung und Durchführung von Gewerbeförderungsmaßnahmen.“

6. Kapitel Schlussbetrachtung

Die Gründe, die den Staat veranlassen, Aufgaben auf Träger der funktionalen Selbstverwaltung zu übertragen, sind sehr unterschiedlich. Die Betrachtung hat gezeigt, dass die Handwerkskammer einen vielschichtigen Aufgabenbereich wahrnimmt und im staatlichen Gefüge eine besondere Stellung einnimmt. Gerade im Hinblick auf die Entwicklung einer neuen Verwaltungsrechtswissenschaft und die Betonung der Wirkungsorientierung von Verwaltungshandeln zeigt sich, dass auch traditionelle Institutionen wie die Handwerkskammer mit Veränderungen Schritt halten können. Sie können den Forderungen nach mehr Effizienz, Bürgernähe und Leistungsfähigkeit gerecht werden. Traditionell gewachsene Strukturen können somit ihren Beitrag zu einer wirkungsorientierten Verwaltungsführung leisten. Ihre besondere rechtliche Stellung und Struktur darf nicht als Hemmnis, sondern muss als Chance verstanden werden, die staatliche Lenkung zu gewährleisten. Eine Reaktivierung und Weiterentwicklung des Selbstverwaltungsgedankens vor dem Hintergrund neuester staatlicher Entwicklungen kam bei der Einordnung der funktionalen Selbstverwaltung in das Modell der Neuen Verwaltungswissenschaften deutlich zum Vorschein. Dieser Gedanke zeigt sich in besonderem Maße bei der Betrachtung der Möglichkeiten staatlicher Aufgabendelegation an die Handwerkskammer. Folgende Thesen lassen sich abschließend festhalten:

(I) Die funktionale Selbstverwaltung zeichnet sich durch ihre vielschichtigen öffentlichen Funktionen aus, denen zugleich eine bestimmbare Steuerungsleistung zugeordnet werden kann.

(II) Bedingt durch die heutigen komplexen und dynamischen Lebensverhältnisse nimmt die Handwerkskammer zunehmend eine Mittlerrolle ein, die sich als Methode der Integration gesellschaftlicher Interessen und Betroffenenpartizipation auszeichnet.

(III) Die Selbststeuerung stellt eine alternative Steuerungsform dar, die den Staat entlastet. Auf die erweiterte Nutzbarmachung dieses der Handwerkskammer innewohnenden Steuerungspotenzials kommt es entscheidend an. Der Staat kann sich somit die in der Organisation der Handwerkskammer innewohnende Verwaltungs-, Ordnungs- und Disziplinierungskraft zunutze machen.

(IV) Der Aufgabendelegation sind verfassungsrechtliche Grenzen gesteckt (absolute und relative Delegationsverbote), wobei maßgebliches Kriterium bei den relativen Delegationsverboten die Wahrnehmung legitimer öffentlicher Aufgaben ist. Der Handwerkskammer als funktionalem Selbstverwaltungsträger dürfen nur solche Aufgaben übertragen werden, die durch die Verbandskompetenz als notwendig legitimiert sind. In sachlicher Hinsicht wird die Verbandskompetenz durch den in § 90 Abs. 1 HandwO generalklauselartigen Verbandszweck bestimmt. Hierbei steht der Rechtsgedanke der sachgerechten Funktionswahrnehmung im Vordergrund und legitimiert nicht nur die Übertragung von Aufgaben auf die wirtschaftsständischen Körperschaften des öffentlichen Rechts, sondern setzt dieser auch Grenzen.

(V) Innerhalb einer zunehmend von den Prinzipien der Bürgernähe dirigierten Europäischen Union ist von einer Stärkung von Kammeraktivitäten auszugehen. Durch die regionale Verankerung und örtliche Präsenz kann die Handwerkskammer kundenorientiert agieren. Insbesondere bei der Einbeziehung der Handwerkskammer in die staatliche Handwerksförderung kann die Wirtschaftsförderung wirkungsorientierter vorgehen.

(VI) Ihren Wert behält die Handwerkskammer gerade unter der zunehmenden Betonung der Programmformel der Deregulierung und Dezentralisierung, denn als funktionaler Selbstverwaltungsträger bildet sie die Grundlage für eine dezentrale Ausübung von Staatsgewalt. Durch Dezentralisation im Wege gesetzlich programmierter, in diesen Grenzen dann aber eigenverantwortlicher Disziplinierung von Wirtschaftssektoren leistet die Handwerkskammer einen großen Beitrag zur Staatsentlastung. Die Rolle der Handwerksorganisationen im Rahmen dieser Rechtsentwicklung wurde bislang unterschätzt.

(VII) Durch die Selbstverwaltung lässt sich ein Effektuierungs- und Effektivitätsgewinn erzielen, was insbesondere durch die Einrichtung von sogenannten One-Stop-Shops erreicht werden kann. Bei der Durchführung des Dienstleistungsangebots seitens der Handwerkskammer können zudem Synergieeffekte der Kammerverwaltung besser genutzt werden.

Literaturverzeichnis

Appel, Ivo: Das Verwaltungsrecht zwischen klassischem dogmatischen Verständnis und steuerungswissenschaftlichem Anspruch, in: VVDStRL 67 [2008], S. 226–285

Bachof, Otto: Teilrechtsfähige Verbände des öffentlichen Rechts, in: AöR 83 [1958], S. 208–279

Bachof, Otto: Politisches Mandat der Studentenschaft und Beitragsverweigerung, in: DÖV 1980, S. 607–610

Backherms, Johannes: Das DIN, Deutsches Institut für Normung e.V., als Beliehener: zugl. ein Beitrag zur Theorie der Beleihung, Köln 1978

Basedow, Jürgen: Die Industrie- und Handelskammern - Selbstverwaltung zwischen Staat und Verbandswesen, in: BB 1977, S. 366–374

Böckenförde, Ernst-Wolfgang: Die Bedeutung der Unterscheidung von Staat und Gesellschaft im demokratischen Sozialstaat der Gegenwart, Frankfurt am Main 1976, S. 185–220 (zitiert: *Böckenförde*, Staat, Gesellschaft, Freiheit)

Böckenförde, Ernst-Wolfgang: Die Organisationsgewalt im Bereich der Regierung: eine Untersuchung zum Staatsrecht der Bundesrepublik Deutschland, 2. Auflage, Berlin 1998 (zitiert: *Böckenförde*, Die Organisationsgewalt im Bereich der Regierung)

Bechtold, Rainer: Kartellgesetz - Gesetz gegen Wettbewerbsbeschränkungen - Kommentar, 6. Auflage, München 2010 (zitiert: *Bearbeiter*, in: *Bechtold*, Kartellgesetz Kommentar)

Bethge, Herbert: Die Grundrechtsberechtigung juristischer Personen nach Art. 19 Abs. 3 Grundgesetz, Passau 1985

Bieback, Karl-Jürgen: Die öffentliche Körperschaft : ihre Entstehung, die Entwicklung ihres Begriffs und die Lehre vom Staat und den innerstaatlichen Verbänden in der Epoche des Konstitutionalismus in Deutschland, Berlin 1976

Bieber, Roland/Epiney, Astrid/Haag, Marcel: Die Europäische Union, 8. Auflage, Baden-Baden 2009

Bremer, Heinz: Das neue Recht der Industrie- und Handwerkskammern, in: JR 1957, S. 81–85

Brohm, Winfried: Strukturen der Wirtschaftsverwaltung - Organisationsformen und Gestaltungsmöglichkeiten im Wirtschaftsrecht, Stuttgart,

Berlin, Köln, Mainz 1969 (zitiert: *Brohm*, Strukturen der Wirtschaftsverwaltung)

Brohm, Winfried: Selbstverwaltung in wirtschafts- und berufsständischen Kammern, in: Mutius, Albert von (Hrsg.): Selbstverwaltung im Staat der Industriegesellschaft - Festgabe zum 70. Geburtstag von Georg Christoph von Unruh, Heidelberg 1983, S. 777–807 (zitiert: *Brohm*, in: Festgabe von Unruh)

Brohm, Winfried: Das Verhältnis von mittelbarer Staatsverwaltung und Staatsaufsicht im Wirtschaftsrecht, in: Mestmäcker, Ernst-Joachim (Hrsg.): Kommunikation ohne Monopole II - Ein Symposium über Ordnungsprinzipien im Wirtschaftsrecht der Telekommunikation und der elektronischen Medien, 1. Auflage, Baden-Baden 1995, S. 253–289 (zitiert: *Mestmäcker [Hrsg.]*, Kommunikation ohne Monopole II)

Bull, Hans Peter: Die Staatsaufgaben nach dem Grundgesetz, 2. Auflage, Kronberg/Ts. 1977

Burgi, Martin: Funktionale Privatisierung und Verwaltungshilfe - Staatsaufgabendogmatik Phänomenologie - Verfassungrecht, Tübingen 1999 (zitiert: *Burgi*, Funktionale Privatisierung und Verwaltungshilfe)

Burgi, Martin: Selbstverwaltung angesichts von Europäisierung und Ökonomisierung, in: VVDStRL 61 [2002], S. 424 ff.

Burgi, Martin: Zweiter Abschnitt – Verwaltungsorganisationsrecht, in: Erichsen, Hans-Uwe/Ehlers, Dirk (Hrsg.): Allgemeines Verwaltungsrecht, 14. Auflage, Berlin 2010, S. 253–328 (zitiert: *Erichsen/Ehlers [Hrsg.]*, Allgemeines Verwaltungsrecht)

Czybulka, Detlef: Die Entwicklung des Handwerksrechts, in: NVwZ 1991, S. 230–238

Degenhart, Christoph: Staatsrecht I – Staatsorganisationsrecht, 26. Auflage, Heidelberg, München 2010

Dehmel, Hans-Hermann: Übertragener Wirkungskreis, Auftragsangelegenheiten und Pflichtaufgaben nach Weisungen - Die Durchführung staatlicher Aufgaben durch die Gemeinden - Grundlagen und Wandlungen, Berlin 1970

Detterbeck, Steffen: Handwerksordnung - Kommentar, 4. Auflage, München 2008

Di Fabio, Udo: Verwaltung und Verwaltungsrecht zwischen gesellschaftlicher Selbstregulierung und staatlicher Steuerung, in: VVDStRL 56 [1997], S. 235–282

Di Fabio, Udo: Privatisierung und Staatsvorbehalt. Zum dogmatischen Schlüsselbegriff der öffentlichen Aufgabe, in: JZ 1999, S. 585–592

Dietlein, Johannes: Der Begriff des „funktionalen Auftraggebers" nach § 98 Nr. 2 GWB, in: NZBau 2002, S. 136–142

Dreher, Meinrad: Öffentlich-rechtliche Anstalten und Körperschaften im Kartellvergaberecht – Der Auftraggeberbegriff vor dem Hintergrund von Selbstverwaltung, Recht und Finanzierung durch Zwangsbeiträge, in: NZBau 2005, S. 297–304

Dreher, Meinrad: Öffentlich-rechtliche Anstalten und Körperschaften im Kartellvergaberecht – Der Auftraggeberbegriff vor dem Hintergrund von Selbstverwaltung, Rechtsaufsicht und Finanzierung durch Zwangsbeiträge, in: NZBau 2008, S. 297–308

Dreier, Horst: Zur Grundrechtssubjektivität juristischer Personen des öffentlichen Rechts, in: Achterberg, Norbert (Hrsg.): Öffentliches Recht und Politik: Festschrift für Hans Ulrich Scupin zum 70. Geburtstag, Berlin 1973, S. 81–106

Dreier, Horst (Hrsg.): Grundgesetz: Kommentar Art. 20-82, Band 2, 2. Auflage, Tübingen 2006 (zitiert: *Bearbeiter*, in: *Dreier*, GG)

Dürr, Wolfram: Aufgaben der Handwerkskammern nach § 17 HwO und Position der Kammern bei der Schwarzarbeitsprävention - Beschluss des BVerfG vom 15.0.2007 - 1 BvR 2138/05, in: DVBl. 2008, S. 1356–1366

Dürr, Wolfram: Handwerkskammer als Einheitlicher Ansprechpartner – Anmerkungen zu Palige, GewArch 2007, 273, in: GewArch 2008, S. 25–26

Ehlers, Dirk: Verwaltung in Privatrechtsform, Berlin 1984

Ehlers, Jan Philip: Aushöhlung der Staatlichkeit durch die Privatisierung von Staatsaufgaben? Genuine Staatsaufgaben und das Prinzip der demokratischen Legitimation staatlichen Handelns als Grenze der Privatisierung von Aufgaben der vollziehenden Gewalt, Frankfurt am Main 2003

Eisenmenger, Sven: Hoheitliche Zusammenarbeit zwischen Industrie- und Handelskammern über Ländergrenzen hinweg – zugleich ein Beitrag zum Kammerkooperationsrecht, in: DVBl. 2009, S. 1356–1361

Emde, Ernst Thomas: Die demokratische Legitimation der funktionalen Selbstverwaltung – Eine verfassungsrechtliche Studie anhand der Kammern, der Sozialversicherungsträger und der Bundesanstalt für Arbeit, Berlin 1991

Emmerich, Volker: Unlauterer Wettbewerb, 8. Auflage, München 2009

Eschenbruch, Klaus / Hunger, Kai-Uwe: Selbstverwaltungskörperschaften als öffentliche Auftraggeber - Unterliegen Selbstverwaltungsinstitutionen der Freiberufler wie Rechts- und Ärztekammer und deren Versorgungseinrichtungen dem Kartellvergaberecht, in: NZBau 2003, S. 471–475

Fischer, Jens Henning: Steuerung in Organisationen, 1. Auflage, Wiesbaden 2009

Forsthoff, Ernst: Die öffentliche Körperschaft im Bundesstaat: eine Untersuchung über die Bedeutung der institutionellen Garantie in den Artikeln 127 und 137 der Weimarer Verfassung, Tübingen 1931 (zitiert: *Forsthoff*, Die öffentliche Körperschaft im Bundesstaat)

Forsthoff, Ernst: Lehrbuch des Verwaltungsrechts, Band 1 - Allgemeiner Teil, 10. Auflage, München 1973 (zitiert: *Forsthoff*, Verwaltungsrecht I)

Franz, Thorsten: Gewinnerzielung durch kommunale Daseinsvorsorge – Zugleich eine Untersuchung zu den Zwecken und Formen der kommunalen wirtschaftlichen Betätigung, Tübingen 2005

Freitag, Oliver: Das Beleihungsrechtsverhältnis – Rahmen, Begründung und Inhalt, 1. Auflage, Baden-Baden 2005

Frenz, Walter: Selbstverpflichtung der Wirtschaft, Tübingen 2001

Fröhler, Ludwig: Die Staatsaufsicht über die Handwerkskammern, 1957 (zitiert: *Fröhler*, Staatsaufsicht über die Handwerkskammern)

Fröhler, Ludwig: Interessen durch Wirtschaftskammern, in: Listl, Joseph/ Schambeck, Herbert (Hrsg.): Demokratie in Anfechtung und Bewährung – Festschrift für Johannes Broermann, Berlin 1982, S. 687–701 (zitiert: *Fröhler*, in: Fs Broermann)

Fröhler, Ludwig: Zur Zulässigkeit der Mitgliederklage, in: GewArch 1984, S. 237–238

Fröhler, Ludwig/Kormann, Joachim: Haushaltsaufsicht über die Handwerkskammern, in: DHI 1983, S.4 ff.

Fröhler, Ludwig/Oberndorfer, Peter: Das Wirtschaftsrecht als Instrument der Wirtschaftspolitik, Wien, New York 1969 (zitiert: *Fröhler/Oberndorfer*, Wirtschaftsrecht als Instrument der Wirtschaftspolitik)

Fröhler, Ludwig/Oberndorfer, Peter: Körperschaften des öffentlichen Rechts und Interessenvertretung, München 1974 (zitiert: *Fröhler/Oberndorfer*, Körperschaften)

Frotscher, Werner: Selbstverwaltung und Demokratie, in: Mutius, Albert von (Hrsg.): Selbstverwaltung im Staat der Industriegesellschaft – Festgabe zum 70. Geburtstag von Georg Christoph von Unruh, Heidelberg 1983, S. 127–147

Funk, Bernd-Christian: Das Wirtschaftsverwaltungsrecht als Teil des Wirtschaftsrechts - Versuch einer systematischen Bestimmung, in: Oberndorfer, Peter/Schambeck, Herbert (Hrsg.): Verwaltung im Dienste von Wirtschaft und Gesellschaft - Festschrift für Ludwig Fröhler zum 60. Geburtstag, Berlin 1980, S. 299–320

Geiger, Willi: Die Grundrechte in der Privatrechtsordnung, Stuttgart 1960

Gneist, Rudolf von: Der Rechtsstaat und die Verwaltungsgerichte in Deutschland, 3. Auflage, Darmstadt 1958

Goerlich, Helmut: Formenmissbrauch und Kompetenzverständnis – Eine exemplarische Studie zur geschriebenen Verfassung im Bundesstaat, Tübingen 1987

Grabbe, Jürgen: Verfassungsrechtliche Grenzen der Privatisierung kommunaler Aufgaben, Berlin 1979

Grimm, Dieter: Staatsaufgaben – eine Bilanz, in: Grimm, Dieter (Hrsg.): Staatsaufgaben, Baden-Baden 1994, S. 771–785

Grimm, Dieter: Vorwort, in: Grimm, Dieter (Hrsg.): Staatsaufgaben, Baden-Baden 1994, S. 9–14 (zitiert: *Grimm [Hsrg.]*, Staatsaufgaben)

Gröschner, Rolf: Das Überwachungsrechtsverhältnis: Wirtschaftsüberwachung in gewerbepolizeirechtlicher Tradition und wirtschaftsverwaltungsrechtlichem Wandel, Tübingen 1992

Götting, Horst-Peter/Nordemann, Axel (Hrsg.): UWG - Handkommentar, 2. Auflage, Baden-Baden 2013 (zitiert: *Bearbeiter*, in: *Götting/Nordemann*, UWG)

Haeberle, Peter: Öffentliches Interesse als juristisches Problem, Bad Homburg 1970

Hammen, Heinz: Verwaltungsvereinfachung im Handwerk durch Übertragung staatlicher Aufgaben auf die Handwerkskammern, in: GewArch 1995, S. 405–414

Hattig, Oliver/Maibaum, Thomas (Hrsg.): Praxiskommentar Kartellvergaberecht - Der 4. Teil des GWB und VgV, Köln 2010 (zitiert: *Bearbeiter*, in: *Hattig/Maibaum*, PK Kartellvergaberecht)

Hauschildt, Jürgen: Selbstverwaltung als Organisationsprinzip in Staat und Wirtschaft, in: Mutius, Albert von (Hrsg.): Selbstverwaltung im Staat der Industriegesellschaft - Festgabe zum 70. Geburtstag von Georg Chistoph von Unruh, Heidelberg 1983, S. 79–89

Heimburg, Sibylle von: Verwaltungsaufgaben und Private – Funktionen und Typen der Beteiligung Privater an öffentlichen Aufgaben unter besonderer Berücksichtigung des Baurechts, Berlin 1982

Heintzen, M.: Beteiligung Privater an der Wahrnehmung öffentlicher Aufgaben und staatliche Verantwortung, in: VVDStRL 62 [2003], S.220 ff.

Heinze, Rolf H.: Rückkehr des Staates? Politische Handlungsmöglichkeiten in unsicheren Zeiten, 1. Auflage, Wiesbaden 2009

Hendler, Reinhard: Selbstverwaltung als Ordnungsprinzip: zur politischen Willensbildung und Entscheidung im demokratischen Verfassungsstaat der Industriegesellschaft, Köln 1984 (zitiert: *Hendler*, Selbstverwaltung als Ordnungsprinzip)

Hendler, Reinhard: Wirtschaftliche Selbstverwaltung im Staat der Gegenwart – Betrachtungen am Beispiel der Industrie- und Handelskammern sowie der Handwerkskammern, in: DÖV 1986, S. 675–685

Hendler, Reinhard: § 2 Geschichte und Idee der funktionalen Selbstverwaltung, in: Kluth, Winfried (Hrsg.): Handbuch des Kammerrechts, 2. Auflage, Baden-Baden 2011, S. 49 – 65 (zitiert: *Kluth [Hrsg.]*, Handbuch des Kammerrechts)

Henning-Bodewig, Henning Harte-Bavendamm/Frauke (Hrsg.): Gesetz gegen den unlauteren Wettbewerb: UWG, 3. Auflage, München 2013 (zitiert: *Bearbcitcr*, in: *Harte-Bavendamm/Henning-Bodewig*, UWG)

Hesse, Joachim Jens: Aufgabe einer Staatslehre heute, in: Ellwein, Thomas et al. (Hrsg.): Jahrbuch zur Staats- und Verwaltungswissenschaft, Band 1, Baden-Baden 1987, S. 55–87

Heuer, Ernst [Begr.]/[Hrsg.], Dieter Engels/Eibelshäuser, Manfred [Hrsg.]: Kommentar zum Haushaltsrecht, München (zitiert: *Bearbeiter*, in: *Heuer*, KHR)

Heyne, Karolin: Auftragsvergabe durch Kammern, in: Aktuelle Stellungnahme/Institut für Kammerrecht e. V. 2009 Nr. 1, S. 1–9

Heyne, Karolin: § 12 Kammer als Auftraggeber im Vergaberecht, 2. Auflage, Baden-Baden 2011, S. 334–349 (zitiert: *Kluth[Hrsg.]*, Handbuch des Kammerrechts)

Hill, Hermann: Neue Organisationsfomen in der Staats- und Kommunalverwaltung, in: Schmidt-Aßmann, Eberhard/Hoffmann-Riem, Wolfgang (Hrsg.): Verwaltungsorganisationsrecht als Steuerungsressource, 1. Auflage, Baden-Baden 1997, S. 65–101

Hoffmann-Riem, Wolfgang: Ermöglichung von Flexibilität und Innovationsoffenheit im Verwaltungsrecht, in: Hoffmann-Riem, Wolfgang/ Schmidt-Aßmann, Eberhard (Hrsg.): Innovation und Flexibilität des Verwaltungshandelns, 1. Auflage, Baden-Baden 1994, S. 9–66 (zitiert: *Hoffmann-Riem/Schmidt-Aßmann [Hrsg.]*, Innovation und Flexibilität des Verwaltungshandelns)

Hoffmann-Riem, Wolfgang: Organisationsrecht als Steuerungsressource - Perspektiven der verwaltungsrechtlichen Systembildung, in: Schmidt-Aßmann, Eberhard/Hoffmann-Riem, Wolfgang (Hrsg.): Verwaltungsorganisationsrecht als Steuerungsressource, 1. Auflage, Baden-Baden 1997, S. 355 ff.

Homeister, Joachim: Öffentliche Aufgaben, Organisation und Rechtsbindungen – Eine Untersuchung der Bedeutung von Aufgabenträger und Organisationsform für die Rechtsbindungen bei der Erfüllung öffentlicher Aufgaben am Beispiel der deutschen Eisenbahnen, Berlin 2005

Honig, Gerhardt/Knörr, Matthias: Handwerksordnung mit Berufsausbildungsrecht, 4. Auflage, München 2008

Hsu, Chun-Chen: Institutionen körperschaftlicher Selbstverwaltung, Hamburg 2004

Huber, Ernst Rudolf: Wirtschaftsverwaltungsrecht, Band 1, 2. Auflage, Tübingen 1953 (zitiert: *Huber*, Wirtschaftsverwaltungsrecht I)

Huber, Ernst Rudolf: Wirtschaftsverwaltungsrecht, Band 2, 2. Auflage, Tübingen 1954 (zitiert: *Huber*, Wirtschaftsverwaltungsrecht II)

Hövelberndt, Andreas: Die Kammern als Wettbewerber – Möglichkeiten und Grenzen der wirtschaftlichen Betätigung von wirtschafts- und berufsständischen Kammern, Baden-Baden 2008

Ipsen, Jörn: Allgemeines Verwaltungsrecht, 7. Auflage, München 2011

Isensee, Josef: Der Fiskalbeamte – ein Fiskalprivileg, in: DÖV 1970, S. 397–405

Isensee, Josef: Gemeinwohl und Staatsaufgaben im Verfassungsstaat (§ 57), in: Isensee, Josef/Kirchhof, Paul (Hrsg.): Handbuch des Staatsrechts - Band III - Das Handeln des Staates, 1. Auflage, Heidelberg 1988, S. 3–82 (zitiert: *Isensee/ Kirchhof [Hrsg.]*, HdbStR, Bd III)

Isensee, Josef: Staatsaufgaben (§ 73), in: Isensee, Josef/Kirchhof, Paul (Hrsg.): Handbuch des Staatsrechts - Band IV - Aufgaben des Staates, 1. Auflage, Heidelberg 2006, S. 117–160

Jaekel, Liv: Voraussetzungen und Grenzen der Mitgliedschaft in öffentlich-rechtlichen Körperschaften, in: DVBl. 1983, S. 1133–1140

Jahn, Ralf: Wirtschaftliche und freiberufliche Selbstverwaltung durch Kammern - Standortbestimmung und Entwicklungsperspektiven, in: GewArch 2002, S. 353–361

Jahn, Ralf: Die Kontrolle von Unternehmen und Beteiligung der Kammern, in: GewArch 2006, S. 89–99

Jarass, Hans D./Pieroth, Bodo (Hrsg.): Grundgesetz für die Bundesrepublik Deutschland: Kommentar, 12. Auflage, München 2012 (zitiert: *Bearbeiter*, in: *Jarass/Pieroth*, GG)

Jellinek, Georg: Allgemeine Staatslehre, 3. Auflage, Berlin 1922

Kahl, Wolfgang: Die Staatsaufsicht: Entstehung, Wandel und Neubestimmung unter besonderer Berücksichtigung der Aufsicht über die Gemeinden, Tübingen 2000

Kannengießer, Christoph: Zulässigkeit und Grenzen wirtschaftlicher Betätigung der Industrie- und Handelskammern, in: WiVerw 1998, S. 182–191

Köckritz, Sieghardt [Begr.] weitergeführt von Norbert Dittrich v./Lamm, Christel: Bundeshaushaltsordnung (BHO), Heidelberg, München, Landsberg, Berlin (zitiert: *Bearbeiter*, in: *v. Köckritz/Lamm*, BHO)

Kelber, Markus Friedrich: Grenzen des Aufgabenbereichs der Körperschaften des öffentlichen Rechts unter verfassungsrechtlichen Gesichtspunkten - am Beispiel der Handwerkskammern, 1998

Kiefer, Günther: Regelungsbedarf und Gestaltungsspielräume bei der Beleihung, in: LKRZ 2009, S. 441–445

Kieser, Alfred/Walgenbach, Peter: Organisation, 5. Auflage, Stuttgart 2007

Kirchhof, Paul: Die Finanzierung der Landwirtschaftskammern in Nordrhein-Westfalen. Rechtsgutachten, 1982 (zitiert: *Kirchhof*, Finanzierung der Landwirtschaftskammern)

Kirchhof, Paul: Mittel staatlichen Handelns, in: Isensee, Josef/Kirchhof, Paul (Hrsg.): Handbuch des Staatsrechts - Band III - Das Handeln des Staates, Heidelberg 1988, S. 121–208 (zitiert: *Isensee/ Kirchhof [Hrsg.]*, HdbStR, Bd III)

Kirmer, Petra: Der Begriff der öffentlichen Aufgaben in der Rechtssprechung des Bundesverfassungsgerichts, München 1995

Kirschenmann, Dietrich: Zuständigkeit und Kompetenzen im Bereich der Verwaltung nach dem 8. Abschnitt des Grundgesetzes, in: JuS 1977, S. 565–591

Klein, Hans Hugo: Zum Begriff der öffentliche Aufgaben, in: DÖV 1965, S. 755–759

Klein, Hans Hugo: Demokratie und Selbstverwaltung, in: Schnur, Roman (Hrsg.): Festschrift für Ernst Forsthoff zum 70. Geburtstag, München 1972, S. 165–185

Klein, Hans Hugo: Legitimität und Legalität, in: Börner, Bodo/Jahrreis, Hermann/Stern, Klaus (Hrsg.): Einigkeit und Recht und Freiheit: Festschrift für Karl Carstens zum 70. Geburtstag am 14. Dezember 1984, Band 2 (Staatsrecht), Köln 1984, S. 645–651 (zitiert: *Klein*, in: Fs Carstensen)

Kleine-Cosack, Michael: Berufsständische Autonomie und Grundgesetz, Baden-Baden 1986

Kluth, Winfried: Schutz individueller Freiheit und durch öffentlich-rechtliche Körperschaften, in: DVBl. 1986, S. 716–727

Kluth, Winfried: Funktionale Selbstverwaltung: verfassungsrechtlicher Status, verfassungsrechtlicher Schutz, Tübingen 1997 (zitiert: *Kluth*, Funktionale Selbstverwaltung)

Kluth, Winfried: Selbstverwaltung in der Wirtschaft, in: WAB 4 [2008], S. 1–3

Kluth, Winfried: § 11 Einrichtungen, wirtschaftliche Betätigung und Beteiligungen, in: Kluth, Winfried (Hrsg.): Handbuch des Kammerrechts, 2. Auflage, Baden-Baden 2011, S. 304–333 (zitiert: *Kluth [Hrsg.]*, Handbuch des Kammerrechts)

Kluth, Winfried: § 3 Entwicklungsgeschichte der deutschen Kammern, in: Kluth, Winfried (Hrsg.): Handbuch des Kammerrechts, 2. Auflage, Baden-Baden 2011, S. 66 91

Kluth, Winfried: § 5 Verfassungs- und europarechtliche Grundlagen des Kammerrechts, in: Kluth, Winfried (Hrsg.): Handbuch des Kammerrechts, 2. Auflage, Baden-Baden 2011, S. 106–172 (zitiert: *Kluth [Hrsg.]*, Handbuch des Kammerrechts)

Kluth, Winfried: § 6 Aktuelle Rechtsgrundlagen der Kammer im Überblick, in: Kluth, Winfried (Hrsg.): Handbuch des Kammerrechts, 2. Auflage, Baden-Baden 2011, S. 173–222 (zitiert: *Kluth[Hrsg.]*, Handbuch des Kammerrechts)

Kluth, Winfried/Voigt, Jens: Rechtliche Rahmenbedingungen für die Betätigung von Kammern im Bereich von Bildungsdienstleistungen - Eine Analyse am Beispiel des Bildungszentrums der IHK Halle- Dessau, in: Kluth, Winfried (Hrsg.): Jahrbuch des Kammerrechts 2002, Baden-Baden 2003, S. 351–384

König, Klaus: Öffentliches Management und Governance als Verwaltungskonzept (Zehn Thesen), in: DÖV 2001, S. 617–625

König, Klaus/Dose, Nicolai: Klassifizierungsansätze staatlicher Handlungsformen – Eine steuerungstheoretische Abhandlung, Speyer 1989

Kopp, Ferdinand: Die Staatsaufsicht über Handwerkskammern, München 1992

Kopp, Stephan: Die Kammer in Europa – eine Tagung der Europäischen Rechtsakademie Trier in Brüssel, in: NVwZ 2001, S. 172–174

Korinek, Karl: Selbstverwaltung in Gemeinden und Kammern – Ein Abgrenzungsversuch, in: ZAS Öst. 1967, S. 65–73

Korinek, Karl: Wirtschaftliche Selbstverwaltung – Eine rechtswissenschaftliche Untsuchung am Beispiel der österreichischen Rechtsordnung, Wien, New York 1970 (zitiert: *Korinek*, Wirtschaftliche Selbstverwaltung)

Kormann, Joachim: Sieben Thesen zur Kammeraufsicht über Innung und Kreishandwerkerschaft, in: GewArch 1987, S. 249–258

Kormann, Joachim/Wittmann, Johann: Neue hoheitliche Aufgaben für die Handwerkskammern – Möglichkeiten und Grenzen, München 2005

Krautzberger, Michael: Die Erfüllung öffentlicher Aufgaben durch Private – Zum Begriff des staatlichen Bereichs, Berlin 1971

Krebs, Walter: Verwaltungsorganisation (§ 69), in: Isensee, Josef/Kirchhof, Paul (Hrsg.): Handbuch des Staatsrechts – Band III – Das Handeln des Staates, 1. Auflage, Heidelberg 1988, S. 567–621 (zitiert: *Isensee/Kirchhof [Hrsg.]*, HdbStR, Bd III)

Krebs, Walter: Verwaltungsorganisation (§ 108), in: Isensee, Josef/Kirchhof, Paul (Hrsg.): Handbuch des Staatsrechts – Band V – Rechtsquelle, Organisation, Finanzen, 3. Auflage, Heidelberg 2007, S. 457–520 (zitiert: *Isensee/Kirchhof [Hrsg.]*, HdbStR, Bd V)

Kriele, Martin: Das demokratische Prinzip im Grundgesetz, in: VVDStRL 29 [1971], S. 46–80

Kux, Wilhelm R.: Ansätze zur Privatisierung öffentlicher Aufgaben, St. Augustin 1976

Laband, Paul: Das Staatsrecht des Deutschen Reiches, Band 1, Tübingen 1876

Leisner, Walter: Die gesetzlichen Aufgaben der Industrie- und Handelskammer – Neue Entwicklungen zum Beteiligungsrecht an Infrastrukturgesellschaften, in: BayVBl. 2001, S. 609–615

Lendi, Martin: Die Zusammenarbeit von Staat und Wirtschaft – das atypische Beispiel der schweizerischen Landesversorgung, in: Oberndorfer, Peter/Schambeck, Herbert (Hrsg.): Verwaltung im Dienste von Wirtschaft und Gesellschaft - Festschrift für Ludwig Fröhler zum 60. Geburtstag, Berlin 1980, S. 391–411

Lepsius, Oliver: Steuerungsdiskussion, Systemtheorie und Parlamentarismuskritik, Tübingen 1999

Linckelmann, Karl: Zum staatsrechtlichen Lehrbegriff der mittelbaren Staatsverwaltung, in: DÖV 1959, S. 561–569

Lindner, Josef Franz: Die Deregulierungskommission der Bayerischen Staatsregierung, in: BayVBl. 2004, S. 225–233

Loewenheim, Ulrich/Meessen, Karl M./Riesenkampff, Alexander (Hrsg.): Kartellrecht Band 2: GWB - Kommentar, München 2006 (zitiert: *Bearbeiter*, in: *Loewenheim/ Meessen/Riesenkampff*, Kartellrecht Band 2)

Mallmann, Walter: Pressepflichten und die öffentliche Aufgabe der Presse, in: JZ 1966, S. 625–632

Marcks, Peter et al. (Hrsg.): Gewerbeordnung und ergänzende Vorschriften: GewO - Kommentar, Band 1, München (zitiert: *Bearbeiter*, in: *Landmann/Rohmer*, GewO (I))

Martens, Wolfgang: Öffentlich als Rechtsbegriff, Bad Homburg, Berlin, Zürich 1969

Maunz, Theodor [Begr.]/Dürig, Günter[Begr.]/Herzog, Roman (Hrsg.): Grundgesetz: Kommentar, 61. Auflage, München 2011 (zitiert: *Bearbeiter*, in: *Maunz/Dürig*, GG)

Maurer, Hartmut: Allgemeines Verwaltungsrecht, 18. Auflage, München 2011

Mayer, Christian: Die Nachbesserungspflicht des Gesetzgebers, 1. Auflage, Baden-Baden 1996

Mayer, Otto: Deutsche Verwaltungsrechtswissenschaft, Band 2, Berlin 1917

Mayntz, Renate: Regulative Politik in der Krise? in: Matthes, Joachim (Hrsg.): Sozialer Wandel in Westeuropa, Verhandlungen des 19. Deutschen Soziologentages 1979 in Berlin, Frankfurt a. M. 1979, S.55–81 (zitiert: *Matthes [Hrsg.]*, Sozialer Wandel in Westeuropa)

Mayntz, Renate: Soziologie der öffentlichen Verwaltung, 3. Auflage, Heidelberg 1985 (zitiert: *Mayntz*, Soziologie der öffentlichen Verwaltung)

Mayntz, Renate: Politische Steuerung und gesellschaftliche Steuerungsprobleme – Anmerkungen zu einem theoretischen Paradigma, in: Ellwein, Thomas et al. (Hrsg.): Jahrbuch zur Staats- und Verwaltungswissenschaft, Band 1, Baden-Baden 1987, S. 89–110 (zitiert: *Ellwein/Hesse/Mayntz/Scharpf [Hrsg.]*, Jahrbuch zur Staats- und Verwaltungswissenschaft)

Mayntz, Renate/Scharpf, F.W.: Der Ansatz des akteurzentrierten Institutionalismus, in: Gesellschaftliche Selbstregulierung und politische Steuerung Frankfurt a.M., New York 1995, S. 39–72

Mehde, Veith: Neues Steuerungsmodell und Demokratieprinzip, Berlin 2000

Meyer, Werner/Diefenbach, Wilhelm: Handwerkskammern, andere Wirtschaftskammern und Berufskammern, in: DHI 2005, S. 35 ff.

Müller, Nikolaus; Becker, Bernd/Schuppert, Gunnar Folke/Thieme, Werner (Hrsg.): Rechtsformenwahl bei der Erfüllung öffentlicher Aufgaben (Institutional choice), Köln, Berlin, Bonn, München 1993

Münch, Ingo von [Begr.]/ Kunig, Philip [Hrsg.] (Hrsg.): Grundgesetz Kommentar Präambel bis Art. 69, Band 1, 6. Auflage, München 2012 (zitiert: *Bearbeiter*, in: *von Münch/Kunig*, GG Kommentar)

Motsch, Peter: Die rechtliche Stellung der Handelskammer gegenüber Staat und Gesellschaft - Eine konkretisierende Studie zum Subsidiaritätsprinzip, Würzburg 1970

Mronz, Dieter: Körperschaften und Zwangsmitgliedschaften, Berlin 1973

Mußgnug, Reinhard: Die Selbstverwaltung des Handwerks - Aufgaben, Organisation und Grenzen, Bonn 1975

Musil, Andreas: Wettbewerb in der staatlichen Verwaltung, Tübingen 2005

Mutius, Albert von: Die Steuerung des Verwaltungshandelns durch Haushaltsrecht und Haushaltskontrolle, in: VVDStRL 42 [1984], S. 147–215

MWVLW Rheinland-Pfalz: Bilanz der Wirtschaftsförderung 2002-2007 Rheinland-Pfalz, Mainz 2008

Niedobitek, Matthias: Rechtsbindung der Verwaltung und Effizienz des Verwaltungerfahrens, in: DÖV 2000, S. 761–769

Oberndorfer, Peter: Die wirtschaftliche und berufliche Selbstverwaltung durch Kammern in der Bundesrepublik Deutschland, München 1987

Oebbecke, Janbernd: Individualrechtsschutz gegen Überschreitung der gemeindlichen Verbandskompetenz, in: NVwZ 1988, S. 393–398

Oebbecke, Janbernd: Selbstverwaltung angesichts von Europäisierung und

Ökonomisierung, in: VVDStRL 62 [2003], S. 366 ff.

Offe, Claus: Die Aufgaben von staatlichen Aufgaben: Thatcherismus und die populistische Kritik der Staatstätigkeit, in: Grimm, Dieter (unter Mitarbeit von Evelyn Hagenah) (Hrsg.): Staatsaufgaben, 1. Auflage, Baden-Baden 1994, S. 317–352

Oldiges, Martin: Verbandskompetenz, in: DÖV 1989, S. 873–884

Oppermann, Thomas/Classen, Dieter/Nettesheim, Martin: Europarecht, 5. Auflage, München 2013

Ossenbühl, Fritz: Die Erfüllung von Verwaltungaufgaben durch Private, in: VVDStRL 29 [1971], S. 137–209

Palige, Dirk: Die Handwerkskammern als Einheitlicher Ansprechpartner – Argumente für eine Lösung unter Einbeziehung der Handwerkskammer, in: GewArch 2007, S. 273–276

Pestalozza, Christian: Formenmißbrauch des Staates – Zu Figur und Folgen des Rechtsmißbrauchs und ihre Anwendung auf staatliches Verhalten, München 1973

Peters, Hans: Zentralisation und Dezentralisation – Zugleich ein Beitrag zur Kommunalpolitik im Rahmen der Staats- und Verwaltungslehre, Berlin 1928 (zitiert: *Peters*, Zentralisation und Dezentralisation)

Peters, Hans: Öffentliche und staatliche Aufgaben, in: Dietz, Rolf/Hübener, Heinz (Hrsg.): Festschrift für Hans Karl Nipperdey zum 70. Geburtstag, Band 2, München 1965, S. 877 ff. (zitiert: *Peters*, in: Fs Nipperdey)

Pietzcker, Jost: Kein allgemeinpolitisches Mandat von Berufskammern - BVerwGE 64, 298, in: JuS 1985, S. 27–31

Pitschas, Rainer: Allgemeines Verwaltungsrecht als Teil der öffentlichen Informationsordnung, in: Hoffmann-Riem, Wolfgang/Schmidt-Aßmann, Eberhardt/Schuppert, Gunnar Folke (Hrsg.): Reform des Allgemeinen Verwaltungsrechts, 1. Auflage, Baden- Baden 1993, S. 219–305

Pitschas, Rainer: § 9 Recht der freien Berufe, in: Schmidt, Reiner (Hrsg.): Wirtschaftliches Verwaltungsrecht - Besonderer Teil 2, Berlin, Heidelberg 1996, S. 1–124 (zitiert: *Schmidt [Hrsg.]*, Wirtschaftliches Verwaltungsrecht Teil 2)

Pitschas, Rainer: Struktur- und Funktionswandel im Neuen Verwaltungsmanagement, in: DÖV 1998, S. 907–912

Poetzsch-Heffter, Georg: Selbstverwaltung und Bundesstaatlichkeit, in: Mutius, Albert von (Hrsg.): Selbstverwaltung im Staat der Industriegesellschaft - Festgabe zum 70. Geburtstag von Georg Christoph von Unruh,

Heidelberg 1983, S. 111–126

Redeker, Konrad: Zur Verweigerung studentischer Beitragspflichten, in: DVBl. 1980, S. 567–572

Redeker, Konrad: Grenzen für Aufgaben und Tätigkeit öffentlichrechtlicher Zwangsverbände, in: NJW 1982, S. 1266–1268

Rehbinder, Manfred: Rechtssoziologie, 5. Auflage, München 2003

Remmert, Barbara: Private Dienstleistungen in staatlichen Verwaltungsverfahren, Tübingen 2003

Rengeling, Hans-Werner: Erfüllung staatlicher Aufgaben durch Private (Zu den Aufgaben eines privaten Dritten bei der Einrichtung von Anlagen zur Endlagerung radioaktiver Abfälle), Köln, Berlin, Bonn, München 1986

Richter, Lutz: Die Organisationsgewalt: Verwaltungsform und Rechtsstaat, Leipzig 1926

Rieger, Frank: § 13 Kammerfinanzierung, in: Kluth, Winfried (Hrsg.): Handbuch des Kammerrechts, 2. Auflage, Baden-Baden 2011, S. 350–442

Rietdorf, Fritz: Zum staatsrechtlichen Lehrbegriff der mittelbaren Staatsverwaltung, in: DÖV 1959, S. 671–674

Rinken, Alfred: Das Öffentliche als verfassungstheoretisches Problem: dargestellt am Rechtsstatus der Wohlfahrtsverbände, Berlin 1971

Ritter, Ernst-Hasso: Das Recht als Steuerungsmedium im kooperativen Staat, in: Grimm, Dieter (Hrsg.): Wachsende Staatsaufgaben - sinkende Steuerungsfähigkeit des Rechts, Baden-Baden 1990, S. 69–112

Rittner, Fritz/Dreher, Meinrad: Europäisches und deutsches Wirtschaftsrecht - Eine systematische Darstellung, 2008

Ronellenfitsch, Michael: Schranken einer Privatisierung der staatlichen Unfalluntersuchung im Bereich der Eisenbahn, in: NVwZ 1998, S. 1021–1025

Ruthig, Josef/Storr, Stefan: Öffentliches Wirtschaftsrecht, 3. Auflage, Heidelberg 2011

Scharf, Ulrich: Vertretung wirtschaftlicher Interessen durch öffentlichrechtliche Zwangsverbände, in: NJW 1983, S. 606–607

Scharpf, Fritz W.: Verhandlungssysteme, Verteilungskonflikte und Pathologien der politischen Steuerung, in: Schmidt, Manfred G. (Hrsg.): Staatstätigkeit - International und historisch vergleichende Analysen, Opladen 1988, S. 61–87 (zitiert: *Schmidt [Hrsg.]*, Staatstätigkeit)

Scharpf, Fritz W.: Interaktionsformen: akteurzentrierter Institutionalismus in der Politikforschung, Band 1, Wiesbaden 2000 (zitiert: *Scharpf*, Interaktionsformen)

Schöbener, Burkhard: Verfassungsrechtliche Aspekte der Pflichtmitgliedschaft in wirtschafts- und berufsständischen Kammern, in: VerwArch 91 [2000], S. 374–417

Schöbener, Burkhard: § 14 Rechtsschutz, 2. Auflage, Baden-Baden 2011, S. 443–508 (zitiert: *Kluth [Hrsg.]*, Handbuch des Kammerrechts)

Schedler, Kuno/Proeller, Isabella: New Public Management, 3. Auflage, Bern, Stuttgart, Wien 2006

Scheuing, Dieter H.: Europarechtliche Impulse für innovative Ansätze im deutschen Verwaltungsrecht, in: Hoffmann-Riem, Wolfgang/Schmidt-Aßmann, Eberhard (Hrsg.): Innovation und Flexibilität des Verwaltungshandelns, 1. Auflage, Baden-Baden 1994, S. 289–354

Scheuner, Ulrich: Wirtschaftliche und soziale Selbstverwaltung, in: DÖV 1952, S. 609–615

Scheuner, Ulrich: Die staatliche Intervention im Bereich der Wirtschaft: Rechtsformen und Rechtsschutz, in: VVDStRL 11 [1954], S. 1–74

Scheuner, Ulrich: Voraussetzungen und Form der Errichtung öffentlicher Körperschaften außerhalb des Kommunalrechts, in: Conrad et al. (Hrsg.): Gedächtnisschrift Hans Peters, Berlin, Heidelberg, New York 1967, S. 797–821 (zitiert: *Scheuner*, in: Gs Peters)

Schäfer, Peter: Zentralisation und Dezentralisation – Eine verwaltungswissenschaftliche Studie zur Kompetenzverteilung im politisch-administrativen System der Bundesrepublik Deutschland, empirisch illustriert am Beispiel der Funktionalreform in Nordrhein-Westfalen, Berlin 1982

Schäfer, Peter/Kaufmann, Franz-Xaver: Das Problem bürgernaher Sozialpolitik, in: Kaufmann, Franz-Xaver (Hrsg.): Bürgernahe Sozialpolitik: Planung, Organisation und Vermittlung sozialer Leistungen auf lokaler Ebene, Frankfurt/ Main 1979, S. 13–62

Schimank, Uwe/Glagow, Manfred: Formen politischer Steuerung: Etatismus, Subsidiarität, Delegation und Neokorporatismus, in: Schimank, Uwe/ Glagow, Manfred (Hrsg.): Gesellschaftssteuerung zwischen Korporatismus und Subsidiarität, Bielefeld 1984, S. 4–28

Schliesky, Utz: Öffentliches Wettbewerbsrecht – Verhaltensrechtliche Determinanten von wirtschaftsbezogenem Staatshandeln, Berlin 1997 (zitiert: *Schliesky*, Öffentliches Wettbewerbsrecht)

Schliesky, Utz: Öffentliches Wirtschaftsrecht, 3. Auflage, Heidelberg 2008 (zitiert: *Schliesky*, Öffentliches Wirtschaftsrecht)

Schmidt, Ingo Thorsten: Gesetzliche Regelung der Rechtsverhältnisse der Beliehenen, in: ZG 2002, S. 353–373

Schmidt, Reiner: Flexibilität und Innovationsoffenheit im Bereich der Verwaltungsmaßstäbe, in: Hoffmann-Riem, Wolfgang/Schmidt-Aßmann, Eberhard (Hrsg.): Innovation und Flexibilität des Verwaltungshandelns, 1. Auflage, Baden-Baden 1994, S. 67–110

Schmidt am Busch, Birgit: Die Beleihung: Ein Rechtsinstitut im Wandel, in: DÖV 2007, S. 533–542

Schmidt-Aßmann, Eberhard: Zum staatlichen Prinzip der Selbstverwaltung, in: Selmer, Peter/Münch, Ingo von (Hrsg.): Gedächtnisschrift für Wolfgang Martens, Berlin, New York 1987, S. 249–264 (zitiert: *Schmidt-Aßmann*, in: Gs Martens)

Schmidt-Aßmann, Eberhard: Zur Reform des Allgemeinen Verwaltungsrechts - Reformansatz und Reformbedarf, in: Hoffmann-Riem, Wolfgang/ Schmidt-Aßmann, Eberhard/ Schuppert Gunnar Folke (Hrsg.): Reform des Allgemeinen Verwaltungsrechts - Grundfragen, 1. Auflage, Baden-Baden 1993, S. 11–82 (zitiert: *Hoffmann-Riem/Schmidt-Aßmann/Schuppert [Hrsg.]*, Reform des Allgemeinen Verwaltungsrechts)

Schmidt-Aßmann, Eberhard: Flexibilität und Innovationsoffenheit als Entwicklungsperspektive des Verwaltungsrechts, in: Hoffmann-Riem, Wolfgang/Schmidt-Aßmann, Eberhard (Hrsg.): Innovation und Flexibilität des Verwaltungshandelns, 1. Auflage, Baden-Baden 1994, S. 407–423 (zitiert: *Hoffmann-Riem/Schmidt-Aßmann [Hrsg.]*, Innovation und Flexibilität des Verwaltungshandelns)

Schmidt-Aßmann, Eberhard: Verwaltungsorganisationsrecht als Steuerungsressource - Einleitende Problemskizze, in: Hoffmann-Riem, Wolfgang/Schmidt-Aßmann, Eberhard (Hrsg.): Verwaltungsorganisationsrecht als Steuerungsressource, 1. Auflage, Baden-Baden 1997, S. 1–64 (zitiert: *Hoffmann-Riem/Schmidt-Aßmann [Hrsg.]*, Verwaltungsorganisationsrecht als Steuerungsressource)

Schmidt-Preuß, Matthias: Verwaltung und Verwaltungsrecht zwischen gesellschaftlicher Selbstregulierung und staatlicher Steuerung, in: VVDStRL 56 [1997], S. 162–227

Scholz, Rupert: Die Koalitionsfreiheit als Verfassungsproblem, München 1971

Schuppert, Gunna Folke: Die öffentliche Aufgabe als Schlüsselbegriff der Verwaltungswissenschaft, in: VerwArch 71 [1980], S. 309–344

Schuppert, Gunnar Folke: Die Erfüllung öffentlicher Aufgaben durch verselbständigte Verwaltungseinheiten: eine verwaltungswissenschaftliche Untersuchung, Göttingen 1981 (zitiert: *Schuppert*, Die Erfüllung öffentlicher Aufgaben)

Schuppert, Gunnar Folke: Selbstverwaltung als Beteiligung Privater an der Staatsverwaltung - Elemente zu einer Theorie der Selbstverwaltung, in: Mutius, Albert von (Hrsg.): Selbstverwaltung im Staat der Industriegesellschaft - Festgabe zum 70. Geburtstag von Georg Christoph von Unruh, Heidelberg 1983, S. 183–196 (zitiert: *Schuppert*, in: Festgabe von Unruh)

Schuppert, Gunnar Folke: Selbstverwaltung, Selbststeuerung, Selbstorganisation - Zur Begrifflichkeit einer Wiederbelebung des Subsidiaritätsgedankens, in: AöR 114 1989, S. 127–148

Schuppert, Gunnar Folke: Verwaltungsrechtswissenschaft als Steuerungswissenschaft. Zur Steuerung des Verwaltungshandelns durch Verwaltungsrecht, in: Hoffmann-Riem, Wolfgang/Schmidt-Aßmann, Eberhardt/ Schuppert, Gunnar Folke (Hrsg.): Reform des Allgemeinen Verwaltungsrechts - Grundfragen, 1. Auflage, Baden-Baden 1993, S. 65–114 (zitiert: *Hoffmann-Riem/Schmidt-Aßmann/Schuppert [Hrsg.]*, Reform des Allgemeinen Verwaltungsrechts)

Schuppert, Gunnar Folke: Schlüsselbegriffe der Perspektivenverklammerung von Verwaltungsrecht und Verwaltungswissenschaft, in: Die Verwaltung (Beiheft 2) 1999, S. 103–125

Schuppert, Gunnar Folke: Verwaltungswissenschaft - Verwaltung, Verwaltungsrecht, Verwaltungslehre, 1. Auflage, Baden-Baden 2000 (zitiert: *Schuppert*, Verwaltungswissenschaft)

Seibel, Wolfgang: Der Staatsstil für Krisenzeiten: Selbststeuerung öffentlicher Aufgabenträger und das Problem der Kontrolle, in: PVS 1987, S. 197 ff.

Sicko, Corinna: Der Einheitliche Ansprechpartner in Hessen, Rheinland-Pfalz und dem Saarland, in: LKRZ 2010, S. 331–335

Silcher, Erik G.: Das kompetenzüberschreitende Handeln der juristischen Personen des öffentlichen Rechts, Frankfurt am Main 1993

Stadler, Gerrit: Die Beleihung in der neueren Bundesgesetzgebung, Hamburg 2002

Steiner, Udo: Öffentliche Verwaltung durch Private: allgemeine Lehren, Hamburg 1975 (zitiert: *Steiner*, Öffentliche Verwaltung durch Private)

Steiner, Udo: Die Senatsfähigkeit der Kammern für gewerbliche Wirtschaft, in: BayVBl. 1989, S. 705–709

Stelkens, Ulrich: Die Stellung des Beliehenen innerhalb der Verwaltungsorganisation – dargestellt am Beispiel der Beleihung nach § 44 III BHO/LHO, in: NVwZ 2004, S. 304–308

Stober, Rolf: Rechtsfragen bei Mitgliederklagen auf Einhaltung des Aufgaben- und Zuständigkeitsbereiches innerhalb der Handwerksorganisation, in: DHI 1984, S. 58–70

Stober, Rolf: Die Entwicklung des Gewerberechts in den Jahren 1984/1985, in: NJW 1986, S. 2613–2624

Stober, Rolf: Die IHK als Mittler zwischen Staat und Wirtschaft, in: GewArch 1992, S. 41–47

Stober, Rolf: Rechtliche Rahmenbedingungen, in: BB 1996, S. 1845–1854

Stober, Rolf: Rückzug des Staates im Wirtschaftsverwaltungsrecht – Zur Deregulierungsdebatte in Deutschland, Köln, Berlin, Bonn, München 1997 (zitiert: *Stober*, Rückzug des Staates im Wirtschaftsverwaltungsrecht)

Stober, Rolf: Kammern der Wirtschaft: Mehr als Pflichtmitgliedschaft? in: GewArch 2001, S. 393–399

Stober, Rolf: Allgemeines Wirtschaftsverwaltungsrecht – Grundlagen des Wirtschaftsverfassungsrechts, des Weltwirtschafts- und Binnenmarktrechts, 16. Auflage, Stuttgart 2008 (zitiert: *Stober*, Allgemeines Wirtschaftsverwaltungsrecht)

Stober, Rolf et al.: Verwaltungsrecht I, 12. Auflage, München 2007

Streinz, Rudolf: Europarecht, 9. Auflage, Heidelberg 2012

Terrahe, Jürgen: Die Beleihung als Rechtsinstitut der Staatsorganisation, Münster 1961

Tettinger, P. J.: Rechtsschutz gegen kommunale Wettbewerbsteilnahme, in: NJW 1998, S. 3473–3474

Tettinger, Peter J.: Rechtsanwendung und gerichtliche Kontrolle im Wirtschaftsverwaltungsrecht, München 1980 (zitiert: *Tettinger*, Rechtsanwendung im Wirtschaftsverwaltungsrecht)

Tettinger, Peter J.: Wirtschaftliche und freiberufliche Selbstverwaltung – Aktuelle Rechts- und Organisationsfragen, in: DÖV 1995, S. 169–175

Tettinger, Peter J.: Kammerrecht – Das Recht der wirtschaftlichen und der freiberuflichen Selbstverwaltung, München 1997 (zitiert: *Tettinger*,

Kammerrecht)

Tettinger, Peter J.: Freie Berufe und Kammerrechte im Wandel der Staatsaufgaben, in: DÖV 2000, S. 534–542

Tettinger, Peter J./Wank, Rolf/Ennuschat, Jörg (Hrsg.): Gewerbeordnung, 8. Auflage, München 2011 (zitiert: *Bearbeiter*, in: *Tettinger/Wank/Ennuschat*, GewO)

Triantiafyllou, Dimitris: Zur Europäisierung des subjektiven öffentlichen Rechts, in: DÖV 1997, S. 192 ff.

Trute, Hans-Heinrich: Funktionen der Organisation und ihre Abbildung im Recht, in: Schmidt-Aßmann, Eberhard/Hoffmann-Riem, Wolfgang (Hrsg.): Verwaltungsorganisationsrecht als Steuerungsressource, Baden-Baden 1997, S. 249 ff.

Voigt, Fritz: Die Selbstverwaltung als Rechtsbegriff und juristische Erscheinung, Leipzig 1938

Voßkuhle, Andreas: Beteiligung Privater an öffentlichen Aufgaben und staatliche Verantwortung, in: VVDStRL 62 [2003], S. 268 ff.

Voßkuhle, Andreas: § 1 Neue Verwaltungswissenschaft (Erster Teil - Verwaltung und Verwaltungsrecht als Gegenstand wissenschaftlicher Forschung), in: Hoffmann-Riem, Wolfgang/Schmidt-Aßmann, Eberhard/Voßkuhle, Andreas (Hrsg.): Grundlagen des Verwaltungsrechts, München 2006, S. 1–61 (zitiert: *Hoffmann-Riem/Schmidt-Aßmann/Voßkuhle [Hrsg.]*, Grundlagen des Verwaltungsrechts)

Wagener, Frido: Maßstäbe für die Abgrenzung von Handwerkskammerbezirken, in: GewArch 1979, S. 73–80

Wahl, Rainer: Die Aufgaben von Vewaltung und Verwaltungsrecht, in: Hoffmann-Riem, Wolfgang/Schmidt-Aßmann, Eberhard/Schuppert, Gunnar Folke (Hrsg.): Reform des Allgemeinen Verwaltungsrechts – Grundfragen, Band 1, 1. Auflage, Baden-Baden 1993, S. 177–218

Willke, Helmut: Die Steuerungsfunktion des Staates aus systemtheoretischer Sicht – Schritte zur Legitimierung einer wissensbasierten Infrastruktur, in: Grimm, Dieter (unter Mitarbeit von Evelyn Hagenah) (Hrsg.): Staatsaufgaben, 1. Auflage, Baden-Baden 1994, S. 685–711

Windoffer, Alexander: Einheitliche Ansprechpartner nach der EU-Dienstleistungsrichtlinie – Aufgabenprofil und Ansiedlungsoptionen, in: DVBl. 2006, S. 1210–1218

Windoffer, Alexander: Ein Jahr EU- Dienstleistungsrichtlinie: Zur Diskussion um den einheitlichen Ansprechpartner unter besonderer Berücksichtigung des Kammermodells, in: GewArch 2008, S. 97–102

Wolff, Hans J. et al.: Verwaltungsrecht II, 7. Auflage, München 2010

Ziekow, Jan: Öffentliches Wirtschaftsrecht, 2. Auflage, München 2010

Zuleeg, Manfred: Selbstverwaltung und Europäisches Gemeinschaftsrechts, in: Mutius, Albert von (Hrsg.): Selbstverwaltung im Staat der Industriegesellschaften - Festgabe zum 70. Geburtstag von Georg Christoph von Unruh, Heidelberg 1983, S. 91–110

www.ingramcontent.com/pod-product-compliance
Ingram Content Group UK Ltd.
Pitfield, Milton Keynes, MK11 3LW, UK
UKHW021904290926
8980IPUK00015B/1042

9 783631 646373